山东省技能型人才培养特色名校建设教材

职业规划与就业指导

主　　编：邱月玲　范守忠

副主编：阎　宏　彭明坤　孙玉芹

编　　者：王学勇　陈桂香　包仁菊　李清梅

科学技术文献出版社

SCIENTIFIC AND TECHNICAL DOCUMENTATION PRESS

·北京·

图书在版编目（CIP）数据

职业规划与就业指导 / 邱月玲，范守忠主编. —北京：科学技术文献出版社，2015.9
（2018.7 重印）
ISBN 978-7-5189-0586-7

Ⅰ.①职…　Ⅱ.①邱…　②范…　Ⅲ.①大学生—职业选择　Ⅳ.① G647.38

中国版本图书馆 CIP 数据核字（2015）第 189565 号

职业规划与就业指导

策划编辑：崔灵菲　　责任编辑：崔灵菲　　责任校对：赵　瑷　　责任出版：张志平

出　版　者	科学技术文献出版社	
地　　　址	北京市复兴路15号　　邮编　100038	
编　务　部	（010）58882938，58882087（传真）	
发　行　部	（010）58882868，58882870（传真）	
邮　购　部	（010）58882873	
官 方 网 址	www.stdp.com.cn	
发　行　者	科学技术文献出版社发行　全国各地新华书店经销	
印　刷　者	北京虎彩文化传播有限公司	
版　　　次	2015 年 9 月第 1 版　2018 年 7 月第 5 次印刷	
开　　　本	787×1092　1/16	
字　　　数	359千	
印　　　张	16.5	
书　　　号	ISBN 978-7-5189-0586-7	
定　　　价	42.00元	

前　言

　　大学生就业是目前社会关注的热门话题和难点问题。面对日趋严峻的就业形势和复杂多变的就业环境，对大学生进行系统化、专业化的职业规划与就业指导教育，多方面、多角度帮助学生做出切合自身实际的职业规划并顺利就业，成为高校人才培养的工作重心。

　　面对当前大学生就业的新形势和就业工作的新任务，编写一本体系完整、结构科学、内容充实，既融合当前先进理论成果与时代特征，又能体现出较强权威性、实用性的职业规划与就业指导教材，成为我们做好大学生职业规划与就业指导工作的当务之急。本书正是出于以上考虑，由几位热爱和长期从事高校大学生职业规划和就业指导教学的一线教师，在强烈的责任意识的驱使下，深入总结提炼自己多年来从事职业规划和就业指导教学的实践经验，潜心研究，博采众长，组织编写了这本书。本教材希望能帮助大学生认清当前的就业形势，树立正确的就业观念，认真规划好职业生涯，调整好就业心态，了解大学生就业政策、就业程序、就业维权知识，掌握求职择业的方法和技巧等，为大学生顺利求职择业、适应社会、走向成功提供必要的指导和帮助。

　　《职业规划与就业指导》是一本针对在校大学生的通用读本。全书共分四篇，分别为职业生涯规划篇、职业发展篇、就业指导篇、职业适应篇，共八个单元，包括大学生职业生涯规划、自我分析与探索、职业核心能力提升、就业指导概述、求职策略与技巧、就业权益保护、大学生职业成功策略等内容，对大学生进行全程指导，而贯穿其中的一些理念和方法又会对大学生的成长、成才、成功和走向社会后的可持续发展提供切实有效的帮助。为了使本教材更加生动活泼，激发大学生学习的积极性和主动性，编者特意增设了学习目标、案例点评、漫画图片、小资料、趣味测试、趣味活动等板块，同时精心挑选与高职财经商贸类专业就业结合紧密的典型案例，力求本土化、接近大学生的学习生活，增强实效性和针对性。

　　本书由邱月玲、范守忠同志任主编，阎宏、彭明坤、孙玉芹同志任副主编。具体撰写分工情况如下：邱月玲编写第一单元、第二单元；范守忠编写第三单元、第四单元；孙玉芹编写第五单元；彭明坤编写第六单元；阎宏编写第七单元、第八单元。本书的撰写和顺利出版自始至终都得到了山东经贸职业学院教务处、科学与人文系等部门领导的大力支持，同时也得到了山东潍坊百货集团股份有限公司人力资源部李青梅部长的悉心指导和大力支持，科学技术文献出版社的领导和编辑在本书的编写过程中给予了积极的支持和帮助，谨向他们致以最衷心的感谢！同时，本书编写过程中，借鉴、引用、参考了大量报纸、杂志、书籍、网络作者的资料，不能一一注明，在此，向文献资料的作者致以诚挚的谢意！

限于编者水平有限，时间仓促，书中难免有纰漏和不妥之处，恳请广大读者和同人批评指正。

编　者

2015 年 3 月

C目录
Contents

职业生涯规划篇——初识生涯，赢在起点

第一单元 职业生涯规划概述 3

    第一节 职业生涯规划的含义 4

        一、职业生涯与人生 4

        二、人生需求的不同层次 9

        三、职业生涯规划 10

    第二节 职业生涯规划的作用和意义 14

        一、职业生涯规划的作用 14

        二、职业生涯规划的意义 16

    第三节 大学生活与职业生涯规划 18

        一、未雨绸缪早规划 18

        二、努力是实现规划的前提条件 20

第二单元 大学生职业生涯规划综述 25

    第一节 大学生职业生涯规划的基本知识 26

        一、大学生职业生涯规划的内涵及特点 26

        二、大学生职业生涯规划的意义 28

        三、影响大学生职业生涯规划的因素 28

    第二节 大学生职业生涯规划系统工程 32

        一、大学生职业生涯规划的原则 32

        二、大学生职业生涯规划的基本方法 33

    第三节 如何撰写职业生涯规划书 37

        一、职业生涯规划的步骤 37

        二、职业生涯规划文案的内容 39

        三、大学生职业生涯规划书撰写步骤 40

职业发展篇——审视自我，决胜于行

第三单元　大学生自我分析与探索 59

　第一节　大学生自我探索概要 60

　　一、大学生自我认识 60

　　二、大学生自我探索的内容 63

　　三、大学生自我探索的方法 63

　　四、大学生自我探索存在的问题 64

　　五、大学生自我探索改进策略 65

　第二节　大学生职业个性倾向性探索 66

　　一、大学生职业兴趣探索 66

　　二、大学生职业价值观探索 75

　第三节　大学生职业个性特征探索 84

　　一、大学生职业性格探索 84

　　二、大学生职业技能探索 89

　第四节　大学生职业环境探索 93

　　一、认识职业环境 93

　　二、职业环境认知的方法 100

第四单元　稳步提升职业能力 105

　第一节　职业能力概述 106

　　一、职业能力的内涵 106

　　二、职业能力的作用和意义 107

　第二节　大学生职业能力构成 108

　　一、职业能力的一般构成 108

　　二、大学生应具备的职业能力 112

　第三节　大学生职业能力提升 117

　　一、大学生职业能力面临的问题 118

　　二、多渠道获得各种职业能力 121

　　三、如何提升大学生职业能力 122

就业指导篇——择业伊始，缜密求职

第五单元　大学生就业指导概述 139

　第一节　就业与就业指导概要 140

　　一、就业 140

二、就业指导 140

第二节　大学生就业心理调适 142
一、求职过程中常见的心理问题 143
二、大学生产生各种不良就业心理的原因 153
三、大学生就业心理问题的对策和自我调适 154

第三节　大学生求职的途径与策略 159
一、大学生求职的途径 159
二、大学生求职的策略 161

第六单元　求职策略与技巧 168
第一节　大学生就业前的准备 169
一、就业程序 169
二、就业心理准备 171
三、求职材料的准备 173

第二节　求职技巧 181
一、笔试与应对技巧 181
二、面试与应对技巧 183

第三节　大学生就业基本权益保护 193
一、大学生就业的基本权益 194
二、就业相关法律、法规 195
三、就业权益保护 197

职业适应篇——步入职场，扬帆起航

第七单元　大学生职业角色转换 205
第一节　职业角色概要 206
一、职业角色的基本概念 206
二、学生角色与职业角色的区别 207
三、培养良好的角色转换意识 212

第二节　角色转换心理调适 214
一、角色转换的定义 214
二、学生角色向职业角色转换的两个阶段 215
三、大学生角色转换过程中常见的心理问题 218
四、学会角色转换的心理调适 222
五、实现角色转换应注意的几个问题 223

第八单元　大学生职业成功策略 228
 第一节　职业成功概要 229
  一、成功和职业成功的概念 229
  二、职业成功四部曲 231
  三、大学生职业成功观的误区表现 233
  四、引导大学生树立科学的职业成功观 234
 第二节　大学生职业成功的因素 236
  一、影响大学生职业成功的价值体系 237
  二、影响大学生职业成功的知识体系 240
  三、影响大学生职业成功的态度行为 241
  四、影响大学生职业成功的人际关系 246
 第三节　大学生职业成功的技巧 248
  一、职业成功的标准 248
  二、职场成功关键：四种优秀素质 249
  三、大学生职业成功的技巧 253

参考文献 255

职业生涯规划篇
——初识生涯，赢在起点

第一单元
职业生涯规划概述

▶▶ **学习目标**

1. 掌握职业生涯规划的含义。
2. 职业生涯规划对未来职业发展的重要意义。
3. 高职学生如何根据所学专业及自身实际规划职业生涯，从而使大学时光愉快度过并学有所成，为职业发展打下坚实基础。

【案例导入】

李开复个人简历

1966—1972 年，台湾就读国立小学。

1972—1979 年，美国田纳西州就读初中、高中。

1979—1983 年，美国纽约哥伦比亚大学计算机系学士。

1983—1988 年，美国卡内基梅隆大学计算机系博士。

1988—1990 年，美国卡内基梅隆大学计算系 RCS(研究计算机科学家)，并在 1990 年 7 月获得 AP（助理教授）的职位。

1990—1996 年，美国苹果电脑公司（语音组经理、多媒体实验室主任、互动多媒体部全球副总裁）。

1996—1998 年，美国 SGI 电脑公司（网络产品部全球副总裁、Cosmo 子公司总裁）。

1998—2005 年，美国微软公司（微软中国研究院院长、自然互动部全球副总裁）。

1988 年，美国商业周刊最重要发明奖（语音识别）。

1989 年，世界 Othello 对弈冠军（黑白棋）。

1991 年，电气和电子工程师学会最佳论文奖。

2000 年，电气和电子工程师学会院士。

2005 年 7 月，李开复离开微软，闪电加盟 Google，并担任 Google 中国区总裁。

2009 年 9 月，李开复离开 Google。

2009 年 9 月，李开复在中国北京创立创新工场。

2010 年 2 月，创新工场帮助第一位大学生成功创业。

【案例点评】

　　李开复是一个不断追逐自我理想、实现自我愿望的人。他的履历让我们感到钦佩的同时，也引发我们的思考："是什么让他能够成为这样的人？"对于这个问题，李开复给出了答案，他说："人生不应浪费在没有快乐、没有成就感的领域。"李开复一直行走在追求快乐、成就感的路上，尽管他在这条路上也会遇到坎坷和波折，但是这种快乐让他不断前行。李开复的成功，是不可复制的，但是他的成功，却是可以被学习的。透过他的成功你是否也在思考，自己未来将要从事一份怎样的职业？什么样的职业能让自己从中体会快乐、感受到成就感？如果你有这样的期待，就与我们一同前行，共同走在探索职业生涯规划的路上，实现追求事业的成功。

第一节　职业生涯规划的含义

一、职业生涯与人生

　　有一对兄弟，他们的家住在 80 层楼上。有一天他们外出旅行回家，发现大楼停电了。虽然他们背着大包的行李，但看来没有什么别的选择，于是哥哥对弟弟说，我们就爬楼梯上去！于是，他们背着两大包行李开始爬楼梯。爬到 20 层的时候他们开始累了，哥哥说："包太重了，不如这样吧，我们把包放在这里，等来电后再坐电梯来拿。"于是，他们把行李放在了 20 层，轻松多了，继续向上爬。他们有说有笑地往上爬，但是好景不长，到了 40 层，两人实在累了。想到只爬了一半，两人开始互相埋怨，指责对方不注意大楼的停电公告，才会落得如此下场。他们边吵边爬，就这样一路爬到了 60 层。到了 60 层，他们累得连吵架的力气也没有了。弟弟对哥哥说："我们不要吵了，爬完它吧。"于是他们默默地继续爬楼，终于 80 层到了！兴奋地来到家门口的兄弟俩才发现他们的钥匙留在了 20 层的包里了。

　　这个故事其实就反映了我们的人生：20 岁之前，我们活在家人、老师的期望之下，背负着很多的压力、包袱，自己也不够成熟、能力不足，因此步履难免不稳。20 岁之后，离开了众人的压力，卸下了包袱，开始全力以赴地追求自己的梦想，就这样愉快地过了 20 年。可是到了 40 岁，发现青春已逝，不免产生许多的遗憾和追悔，于是开始遗憾这个、惋惜那个、抱怨这个、嫉恨那个。就这样在抱怨中度过了 20 年。到了 60 岁，发现人生已所剩不多，于是告诉自己不要再抱怨了，就珍惜剩下的日子吧！于是默默地走完了自己的余年。到了生命的尽头，才想起自己好像有什么事情没有完成。原来，所有的梦想都留在了 20 岁的青春岁月里。

人是推动社会发展的主导力量，社会进步离不开每一个人的进取与拼搏。人的发展又受到社会环境的制约，良好的社会环境为个人的发展提供了必备的舞台。我们不能等到 40 岁去抱怨，等到 60 岁去追悔，因此我们需要将职业的选择与职业生涯的发展当作生命中的一件大事来对待。

（一）职业生涯的内涵与发展阶段

1. 职业的内涵

职业的概念由来已久，但由于研究目的不同，学者们从不同的角度、不同的侧面对职业的内涵进行了不同的界定。从词义学的角度解释，职业中的"职"包含职位、职责、权利和义务的意思，"业"包含行业、事业、工作和业务的意思。职业，即承担了某种责任、义务的行业性、专门性的活动。职业的外延包含三层意思：一是有工作，即有事可做，有事可为；二是有收入，即获得工资和其他形式的经济报酬；三是有时间限度。可以说，职业在这里反映了个人与社会两个方面的内容，是个人与社会互动的范畴。

职业作为一种社会现象，是社会分工的产物。人类要生存、社会要发展，首先要解决衣食住行的问题，需要有人从事各种社会劳动，有的做工，有的务农，有的经商，有的从医，还有的执教……于是就形成了不同的职业。职业是指人们为了谋生和发展而从事的相对稳定的、有收入的、专门业务的社会劳动。这种社会劳动是对人们的社会方式、经济状况、文化水平、行为模式、思想情操等方面的综合反映，也是一个人的权利、义务、职责的具体体现。职业是人类在社会角色中一个非常重要的方面，往往还成为一个人最基本的符号和最主要的特征，能够反映一个人的社会身份、社会地位及自身的文化、能力和素质水平。生涯是指人生的发展道路和发展过程，指人的一生所扮演的系列角色和职位的综合。

2. 职业的功能

（1）职业的个人功能

职业是人类的一种社会活动和生活方式，是人们从社会中谋求各种利益的资源。从个人角度来说，职业具有以下功能：第一，职业是人类生活的主要活动。第二，职业是人们获取利益的手段。第三，职业是个人发挥才能的手段。

（2）职业的社会功能

职业和职业活动构成了人类的社会生活，是社会存在和发展的基础。从社会的角度看，职业具有以下功能：第一，职业是社会控制的重要手段。第二，职业是社会发展的主要动力。第三，职业是社会身份的体现。

（二）职业生涯的内涵

职业生涯是指个体职业发展的历程，一般是指一个人终生经历的所有职业发展的整个历程。职业生涯是贯穿一生职业历程的漫长过程。科学地将其划分为不同的阶段，明确每个阶段的特征和任务。人们常说"人生的道路虽然漫长，但紧要处往往只有几步"。因此做好规划，对更好地从事自己的职业，实现确立的人生目标，非常重要。

职业生涯是一个人的终生职业经历，是追求自我实现的重要人生阶段。与职业不同，职业生涯是一个发展的概念，是一个动态的过程，不仅包括一个人的过去、现在和未来那些可以实际观察到的连续从事的职业发展过程，还包括个人对职业生涯发展的见解和期望。具体而言，职业生涯是以人的各种潜能开发为基础，以工作内容的确定和变化、工作业绩的评价、工资待遇及职称职务的变动和晋升为标志，以满足需求为目标的工作经历和内心体验的经历。

一般来说，职业生涯有广义和狭义两种解释。狭义的职业生涯，起始于最初工作之前的职业学习和专门训练，终止于完全结束或退出职业工作，限定于直接从事职业工作的一段时光。广义的职业生涯，从个体的出生之时开始到完全结束职业工作为止，包括了个体的全部生命历程；也可以说是从职业能力的获得、职业兴趣的培养、选择职业并就职，直到最后完全退出职业劳动这样一个完整的职业发展过程。

职业生涯是一个漫长的过程，一个人可以一生只从事一种职业，持续而稳定地在该岗位上晋升、增值；也可以根据个人的兴趣、能力、价值观和工作环境的变化而经历不同的岗位、职业甚至行业。当然，大多数人还是希望从事一种相对稳定、适合自己的职业。从一定意义来说，人的生命价值就在于职业生涯方面获得的成就和成功。在一个人有限的生命中，职业生涯往往占有绝对重要的位置，大部分人的职业生涯时间占可支配社会时间的70%～90%。职业生涯伴随我们的大半生，甚至更长远，拥有成功的职业生涯才可能实现完美的人生。

（三）职业生涯发展阶段的理论

每个人在实现职业生涯目标的过程中，都会经历不同的发展阶段，产生不同的职业需求和人生追求。正确认识职业生涯发展规律和自身所处的发展阶段，对制订有效的职业生涯规划是非常重要的。一般认为，职业生涯可以分为六个阶段：①职业准备阶段；②职业选择阶段；③职业适应阶段；④职业稳定阶段；⑤职业衰退阶段；⑥职业结束阶段。

人生的发展可以分成若干个阶段进行分析，每一阶段都有不同的生活、学习和行为规律。从古至今，人类对人生发展阶段的研究从未间断，研究成果可谓是仁者见仁、智者见智，其中有两种观点具有代表性。

1. 人生八阶段分法

美籍德国精神分析理论家爱利克·埃里克森（Erik Erikson，1902—1994）曾提出人生八个阶段的发展理论。

第一阶段（婴儿期）：从出生到2岁。本阶段的婴儿主要是满足生理上的需要，并且从生理需要的满足中体验着身体的安宁，从而对周围环境产生信任感；反之，如果生理需要得不到满足，他们便会对周围环境产生怀疑感。

第二阶段(儿童早期):2～4岁。本阶段主要是获得自主感,体验意志的实现,克服羞怯和疑虑,渴望去探索新的世界。这一阶段的发展,对他们今后对于社会的态度将产生很重要的影响。

第三阶段(学前期或游戏期):4～7岁。本阶段的主要发展任务是获得主动感和克服内疚感,体验目的的实现。幼儿可以在游戏中遇到各种各样的矛盾,他们在解决这些矛盾时体现出自我治疗和自我教育的作用。

第四阶段(学龄期):7～12岁。本阶段的发展任务是获得勤奋感和克服自卑感,进一步体验能力的实现,活动范围从家庭转移到了学校。在本阶段获得的勤奋感对儿童将来的学习态度、工作态度、养成习惯等都会产生重要影响。

第五阶段(青年期):12～18岁。本阶段的发展任务是建立同一感,体验忠实的实现。这时需要做出的决断太多太快,要千方百计地延缓需要承担的义务,最终导致个人整合的一种更高级形式和真正的社会创新。

第六阶段(成年早期):18～25岁。本阶段的发展任务是获得亲密感,以避免孤独感,体验爱情的滋味。这时的青年男女已具备自愿分担、互相信任、工作调节、生儿育女和文化娱乐等生活能力,以期充分而满意地进入社会。

第七阶段(成年中期):约25～50岁。本阶段的发展任务主要为获得繁殖感而避免停滞感,体验着关怀的实现。这一时期的男女已建立家庭,把兴趣扩展到下一代,关心和指导下一代的成长。

第八阶段(老年期):65岁以上。本阶段其健康状况和工作能力逐步衰退,即将退出工作结束职业生涯,这一阶段会出现权力和责任的相对减少,主要为获得完善感,避免失望和厌倦感,体验着智慧的实现。当人生进入这个阶段时,个体要学习和接受一种新的角色,适应退休后的生活,以减缓身心的衰退。

2. 人生九阶段分法

美国的施恩教授立足于人生不同年龄段面临的问题和职业工作主要任务,将职业生涯分为九个阶段。

第一阶段:成长、幻想、探索阶段。一般0～21岁处于这一职业发展阶段。主要任务如下。

(1)发展和发现自己的需要和兴趣,发展和发现自己的能力和才干,为进行实际的职业选择打好基础。

(2)学习职业方面的知识,寻找现实的角色模式,获取丰富信息,发展和发现自己的价值观、动机和抱负,做出合理的受教育决策,将幼年的职业幻想变为可操作的现实。

(3)接受教育和培训,开发工作世界中所需要的基本习惯和技能。在这一阶段充当的角色是学生、职业工作的候选人、申请者。

第二阶段:进入工作世界。16～25岁的人步入该阶段。首先,进入劳动力市场,谋取可能成为一种职业基础的第一项工作;其次,个人和雇主之间达成正式可行的契约,个人成为一个组织或一种职业的成员,充当的角色是应聘者、新学员。

第三阶段：基础培训。处于该阶段的年龄段16～25岁。与上一正在进入职业工作或组织阶段不同，要担当实习生、新手的角色。也就是说，已经迈进职业或组织的大门。此时主要任务已是了解、熟悉组织，接受组织文化，融入工作群体，尽快取得组织成员资格，成为一名有效的成员；适应日常的操作程序，应付工作。

第四阶段：早期职业的正式成员资格。此阶段的年龄为17～30岁，取得组织新的正式成员资格。面临的主要任务如下。

（1）承担责任，成功的履行与第一次工作分配有关的任务。

（2）发展和展示自己的技能和专长，为提升或进入其他领域的横向职业成长打基础。

（3）根据自身才干和价值观，根据组织中的机会和约束，重估当初追求的职业，决定是否留在这个组织或职业中，或者在自己的需要、组织约束和机会之间寻找一种更好的配合。

第五阶段：职业中期。处于职业中期的正式成员，年龄一般在25岁以上。主要任务如下。

（1）选定一项专业或进入管理部门。

（2）保持技术竞争力，在自己选择的专业或管理领域内继续学习，力争成为一名专家或职业能手。

（3）承担较大责任，确立自己的地位。

（4）开发个人的长期职业计划。

第六阶段：职业中期危险阶段。处于这一阶段的是35～45岁者。主要任务如下。

（1）现实地估价自己的进步、职业抱负及个人前途。

（2）就接受现状或者争取看得见的前途做出具体选择。

（3）建立与他人的良师关系。

第七阶段：职业后期。从40岁以后直到退休，可说是处于职业后期阶段，此时的职业状况或任务如下。

（1）成为一名良师，学会发挥影响，指导、指挥别人，对他人承担责任。

（2）扩大、发展、深化技能，或者提高才干，以担负更大范围、更重大的责任。

（3）如果求安稳，就此停滞，则要接受和正视自己影响力和挑战能力的下降。

第八阶段：衰退和离职阶段。一般在40岁之后到退休期间，不同的人在不同的年龄会衰退或离职。此间主要的职业任务如下。

（1）学会接受权力、责任、地位的下降。

（2）基于竞争力和进取心下降，要学会接受和发展新的角色。

（3）评估自己的职业生涯，着手退休。

第九阶段：离开组织或职业——退休。在失去工作或组织角色之后，面临的两大问题或任务如下。

（1）保持一种认同感，适应角色、生活方式和生活标准的急剧变化。

（2）保持一种自我价值观，运用自己积累的经验和智慧，以各种资源角色，对他人进行传帮带。

需要指出的是，施恩教授虽然基本依照年龄增大顺序划分职业发展阶段，但并未囿于此，其阶段划分更多的是根据职业状态、任务、职业行为的重要性进行的。正如施恩教授划分职业周期阶段是依据职业状态和职业行为和发展过程的重要性，又因为每个人经历某一职业阶段的年龄有别，所以他只给出了大致的年龄跨度，并在为职业阶段上所示的年龄上有所交叉。

二、人生需求的不同层次

根据以人为本的理念，人的发展既是社会进步的动力，也是社会进步的目的。以人为本是对人在社会进步中的主体地位与作用的肯定，也是对人生需求的一种满足。人生在发展过程中因为所处的阶段不同、需求满足的程度不同，需求的层次也存在着较大的差异。

需求是人们在没有得到基本满足时的一种感受状态。根据人本主义心理学家马斯洛（Abraham Harold Maslow，1908—1970）提出的需求层次理论，人的需求由低到高依次可分为生理需求、安全需求、社交需求、尊重需求和自我实现五个层次（图1-1）。其中，生理需求是一个人对生存需要的衣、食、住、行等基本生活条件的追求，是基础也是最低层次的需求；安全需求是指人们对人身安全、生活环境上的追求；社交需求可称之为爱与被爱、归属方面的需求，即渴望自己在社会中有所归属，具有团体和组织的认同感，成为相应社会团体一员的需求；尊重需求包括懂得自尊和受到他人的尊重，当个人的尊重需求得到满足时，人们往往就会体验到自身社会价值的存在，这将会进一步增强个人的自信心；自我实现是需求中的最高层次，怀有自我实现的需求，个人就能够最大限度地发挥自己的潜能，为实现自己的理想和抱负做出最大的努力。

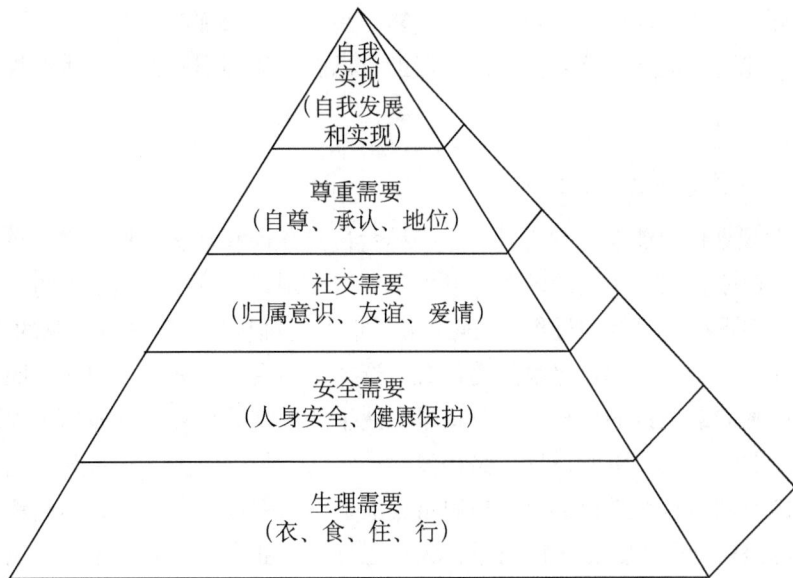

图1-1　马斯洛需要层次理论

三、职业生涯规划

作为世界知名的学府，哈佛十分强调要有长远眼光，为未来投资。要投资未来，就要定好未来的投资方向，也就是要及早地设定人生目标。没有目标，就谈不到发展，更谈不上成功。哈佛大学曾进行过这样一项跟踪调查，对象是一群在智力、学历和环境等方面条件差不多的年轻人。调查结果发现：27%的人没有目标；60%的人目标模糊；10%的人有着清晰但比较短期的目标；其余3%的人有着清晰而长远的目标。以后的岁月，他们行进在各自的人生旅途中。25年后，哈佛再次对这群学生进行了跟踪调查。结果是这样的：3%的人，在25年间朝着一个方向不懈努力，几乎都成为社会各界的成功人士，其中不乏行业领袖和社会精英；10%的人，他们的短期目标不断地实现，成为各个领域中的专业人士，大都生活在社会的中上层；60%的人，他们安稳地生活与工作，但都没有什么特别成绩，几乎都生活在社会的中下层；剩下27%的人，他们的生活没有目标，过得很不如意，并且常常在抱怨他人，抱怨社会，当然也抱怨自己。其实，他们之间的差别仅仅在于：25年前，他们中的一些人就已经知道自己最想要做的是什么，而另一些人则不清楚或不很清楚。这个调查生动地说明了明确生活目标对于人生成功的重要意义。

一位哲人这样说过："走好每一步，这就是你的人生。"古语也有云："凡事预则立，不预则废。"现代社会是一个经济迅速发展的社会，也是充满竞争的社会，机遇与挑战并存。马云说："没有比这个时代更好的时候，因为我们从来没遇上现在的机会。每一代人有每一代的职责，有每一代的机遇，This is our time。第一次和第二次工业革命分别释放了人的体能和能源，而我们在经历的这一次技术革命，是在释放人的大脑，在从IT时代向DT时代发展。"所以，提前做好自己对未来的规划可以为我们更好地适应社会打下基础。作为一名当代的大学生，就应该对社会有一个清醒的认识，对现在的就业形势，社会的政治环境、经济环境、文化环境，以及自己的性格、兴趣、特长都应该有全面的了解与认识。只有这样，才能更好地适应社会。所以，帮助自己制订详细周密的职业生涯规划，是很有必要的。

（一）职业生涯规划的含义

职业生涯规划也叫职业生涯设计，是指结合自身条件和现实环境，确定自己的职业目标，选择职业道路，制订相应的教育、培训和工作计划，并按照生涯发展的阶段实施具体的行动并努力实现这一目标的过程。换句话说，职业生涯规划要求根据自身的兴趣、特点，将自己定位在一个最能发挥自己长处的位置，选择最适合自己能力的事业。职业定位是决定职业生涯成败的最关键的一步，同时也是职业生涯规划的起点。如做出个人职业的近期和远景规划、职业定位、阶段目标、路径设计、评估与行动方案等一系列计划与行动。职业生涯设计的目的绝不只是协助个人按照自己的资历条件找一份工作，达到和实现个人目标，更重要的是帮助个人真正了解自己，为自己订下事业大计，筹划未来，拟订一生的方向，进一步详细估量内、外环境的优势和限制，在"衡外情，量己力"的情形下设计出各自合理且可行的职业生涯发展方向。职业生涯规划路线选择如图1-2所示。

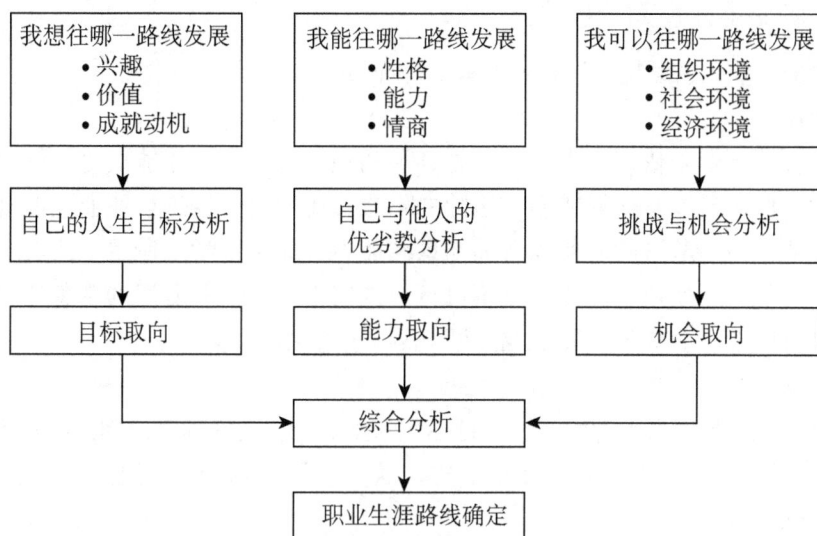

```
我想往哪一路线发展       我能往哪一路线发展       我可以往哪一路线发展
 •兴趣                  •性格                  •组织环境
 •价值                  •能力                  •社会环境
 •成就动机              •情商                  •经济环境
      │                    │                    │
      ▼                    ▼                    ▼
 自己的人生目标分析      自己与他人的            挑战与机会分析
                       优劣势分析
      │                    │                    │
      ▼                    ▼                    ▼
   目标取向              能力取向               机会取向
      │                    │                    │
      └──────────────►  综合分析  ◄────────────┘
                           │
                           ▼
                     职业生涯路线确定
```

图1-2 职业生涯规划路线选择

（二）职业生涯规划分类

1.按照职业生涯规划的对象进行分类

按照职业生涯规划的对象进行分类，分为组织的职业生涯规划和个人的职业生涯规划两种类型。组织的职业生涯规划是由人力资源管理部门根据组织发展需要而采取的一种现代管理工具，用以了解员工、激励员工，从而发掘、留用优秀人才，根本目的是为了组织的发展。个人的职业生涯规划是指个人结合自身情况及眼前的机遇和制约因素，为自己确立职业目标，选择职业道路，确定发展计划、教育计划等，并为自己实现职业生涯目标而确定行动方向、行动时间和行动方案。在任何社会、任何体制下，个人的职业生涯规划都更为重要，它是职业生涯发展的真正动力和加速器。

2.按照职业生涯的时间进行分类

按照职业生涯规划的时间进行分类，分为短期规划、中期规划、长期规划和人生规划四种类型。短期规划一般指2年以内的规划，主要是确定近期目标，规划近期应完成的任务。中期规划一般指2～5年的规划，是最常用的一种职业规划。长期规划指5～10年的规划，主要是设定较长远的职业目标和任务。人生规划是整个职业生涯的规划，时间长达40年左右，设定整个人生的发展目标。

从字面上看，个人职业生涯规划从短期到中期，再到长期，直至整个人生规划，如同上台阶一样需要一步步地发展。但在实际操作中，时间跨度太长的规划由于环境和自身的变化难以把握，而时间跨度太短的规划意义又不大，人们常常把个人职业生涯规划的重点放在2～5年的中期规划，这样既便于根据实际情况设定可行目标，又便于随时根据现实的反馈进行修正或调整。

（三）职业生涯规划的特点

一般说来，职业生涯规划具有四大基本特征。

1. 可行性

职业生涯规划必须依据个人及其所处环境的现实来制订，才能成为能够实现和落实的计划方案，而不是没有依据或不着边际的幻想。比如大学生进行职业生涯规划，要考虑所学的专业或今后从事的职业需要的知识和能力。如果所学非所用，或者不具备理想职业所要求的能力，职业生涯规划就不可行。现实中，所学非所用的现象比比皆是，那都是没有进行职业生涯规划或者职业生涯规划失败的结果。

2. 适时性

职业生涯规划是对未来的职业生涯目标和未来职业行动的预测。因此各项活动的实施及完成时间，都应该有时间和顺序上的安排，以便作为检查行动的依据。

3. 灵活性

规划未来的职业生涯目标与行动，涉及很多不确定因素，因此，规划应有弹性。随着外界环境和自身条件的变化，个人应及时调整自己的职业生涯规划方案，以增加其适应性。

4. 持续性

职业生涯目标是人生追求的重要目标，职业生涯规划应贯穿人生发展的每个阶段，通过不断地调整和持续的职业活动安排，最终实现职业生涯目标。

【案例点击】

The Dreamer
艾普丽尔（April）

我九岁的时候住在北卡罗来纳州的一个小镇上，一次在一本儿童杂志的背面发现了一则招聘明信片推销员的广告。我对自己说，我能干这事。我恳求妈妈让我去叫人送来全套货，两个星期后，货送来了，我一把撕下明信片上棕色的包装纸，冲出了家门。三个小时后，卡片已经一张不剩，倒是装着满满一口袋钱回到了家，大叫："妈妈，所有人都迫不及待地想要买我的卡片！"一个推销员诞生了。

我十二岁的时候，父亲带我去见齐格勒先生。我还记得当时坐在昏暗的礼堂里听着齐格勒先生的演说，他把每个人都说得热情高涨、跃跃欲试。离开的时候我觉得自己可以做任何事情。我们上了车，我转向父亲对他说道："爸爸，我也想让人们这样。"爸爸问我的话是什么意思。"我想当一个像齐格勒先生这样的动员演说者。"我回答道。一个梦想诞生了。

最近，我开始鼓舞他人，努力实现自己的梦想。在此之前的四年里，我在一个拥有100家公司的财团做事，从一个销售培训者做到地区销售经理，在我事业达到巅峰时我离开了这家公司。许多人都十分惊讶，在收入达到六位数时我却选择了离开。他们问我，为什么要为了梦想而去冒险？

我是在参加了一次地区销售会议后，才拿定主意离开自己的安全港湾，去开自己的公司的。在那次会议上，我们公司的副总裁作了一次演说，从而改变了我的命运。他问我们："如果神仙会满足你的三个愿望，那么你将会希望得到什么？"他让我们写下自己的愿望，然后问我们：为什么你们会需要神仙呢？如果有愿望，就请在有生之年用自己的努力去实现。

在那一刻，我永远也忘不了这句话对我的震撼。

我意识到，我有了毕业证书、成功的销售经验、做过无数演讲，为一家拥有100个公司的财团做过销售培训和管理工作，所有这一切都使我为这一刻做好了准备。我准备好了成为一名动机演说者，我不再等待神仙的帮助。

当我眼泪汪汪地告诉老板我的计划时，这个我十分尊重的领导，令人难以置信地答道："勇敢向前吧！你一定能够成功。"

我决意刚定，就遭受了考验。我辞职的一个星期后，丈夫也失业了。我们刚刚买了一座新房子，需要双方的工资来付清每个月的抵押贷款，但现在我们却一分钱收入也没有了。我想回公司去，知道他们仍想要我，可是我知道一旦回去就再也出不来了。我决定继续前进，决不做一个满口"如果"、只说不做的人。一个动机演说者诞生了。

我紧紧追随着我的梦想，甚至在最艰苦的时期也不放弃，然后奇迹果真开始出现。短短的时间内，我丈夫找到了一份更好的工作。我们没有拖欠任何一个月的抵押贷款。我也开始有新客户预约演说。我发现了梦想不可思议的力量。我热爱我过去的工作、我的同事和我开的那家公司。但是，我实现梦想的时机已经成熟了。为了庆祝我的成功，我请当地一位艺术家将我的新办公室漆成了一座花园，在一面墙的顶端，她刷下了这样一句话："这个世界永远属于追梦的人！"

【讨论】

我希望成就怎样的人生？

究竟选择什么样的职业，和你究竟要选择什么样的人生有关系，有些人就喜欢下班按时回家，看看书听听音乐，那也挺好，但就不适合找个销售的工作了，否则会是折磨自己。

一些人就喜欢出风头，喜欢成为一群人的中心，如果选择做财务工作，大概也干不久，因为一般老板不喜欢财务太积极，也不喜欢财务话太多。先想好自己要过怎样的人生，再决定要什么样的职业。有很多的不快乐，其实是源自不满足，而不满足，很多时候是源自于心不定，而心不定则是因为不清楚自己究竟要什么，不清楚要什么的结果就是什么都想要，结果什么都没得到。

第二节　职业生涯规划的作用和意义

人无远虑，必有近忧——长远的职业生涯规划能指导我们眼下的选择。只有以长期目标为计划依托，才能整合资源，让眼下的生活明确而有动力。为什么要对我们的职业生涯进行规划？

一、职业生涯规划的作用

（一）求职速度快

当我们有明确的求职目标时，我们就会有更多的理由去说服我们的用人单位，告诉用人单位，你就是最合适的人选。对企业来说，每家企业都希望能在尽可能短的时间内找到最合适的人选，当你有了明确的求职目标并把你最有利于这份工作的优势充分表达出来的时候，你离应聘成功就已经非常近了。

（二）求职成本降低

因为你有非常明确的职业目标，所以你就可以不用去漫天撒网，只需在你认为可能的工作机会前投上你的简历，不会花费太多的时间成本。

（三）工作满意度更高

因为对工作的认同，对所从事职业的认同及兴趣所在，所以会更加积极地投入到工作中，对工作的主动性也会大大增强，自然会取得更好的工作满意度。

（四）获得更高回报

当我们对工作更加投入的时候，当我们的职业竞争力提升到更高水平的时候，自然会给企业、给社会创造更多的价值、更多的财富，而你得到的回报也一定是丰厚的，包括名誉上的、物质上的、精神上的。

（五）充分提升个人职业竞争力

当我们明确自己的职业生涯规划，明确自己的选择的时候，就会很自然地明确对于自己而言，哪些是需要提升的，哪些是需要锻炼的，哪些是自己比较有竞争力的。这样在工作中自然会取得更好的发展、更高的经济收入，你的人生价值、社会价值自然就会体现出来。这时候哪怕你再跳槽，你也不需去求助别人，当你在某个领域有足够资质时，不是你去努力找好工作，而是好工作自然会来找你。

（六）正确认识自己

职业生涯规划还是个人成才的有效办法。通过对一个人职业生涯的主客观因素进行分析、总结和测定，可以发现自己所具有的潜质、优点和缺点。在此基础上，通过学习和实践，正确地认识自己，充分发挥自己的长处，努力克服弱项，挖掘潜在的能力，使之成为有用人才。

（七）工作持久性增强

当我们有了明确的职业生涯规划及明确的职业目标时，就会知道我为什么现在在这里工作，是为了积累经验还是为了提升技能，还是为了历练什么，这时候哪怕有再多的诱惑、再多的挑战，对于工作的选择也会更加慎重。

下面和大家分享一个小故事，希望对大家认识职业生涯规划的重要性有所启发。

【案例点击】

蚯蚓的目标阶梯

蚯蚓是我从小到大的朋友。蚯蚓不是原名，由于他长得黑矮瘦弱，因而得名。

18 岁分开后，我在外为生活四处漂泊奔波；蚯蚓却上了大学，什么事都挺顺当。在这分开的十年里，我们几乎每隔两三年见一次面。每一次我都喜欢问他同一个问题：你将来的目标是什么？

得到的答案总是不相同。下面记录的是蚯蚓每次谈及目标的原话：

18 岁，高中毕业典礼上：我发誓要当李嘉诚第二！我要当中国首富（好大的口气）！

20 岁，春节老同学团聚会上：我想创立自己的公司，30 岁时拥有资产 2000 万。

23 岁，在某工厂当技术员，第二职业是炒股：我正在为离开这家工厂而奋斗，因为在这里工作太没前途了。我将全力炒股，三年内用 5 万炒到 300 万元（似乎有点实现的可能）。

25 岁，炒股失意而情场得意，开始准备结婚：我希望一年后能有 10 万元，让我风风光光地结婚（挺现实的想法）。

26 岁，不太风光的结婚典礼上：我想生一个胖小子，不久的将来当个车间主任就行，别的不想了（是不是结婚就会使人成熟）。

28 岁，所在的工厂效益下滑，偏偏正是妻子怀胎十月的时候：我希望这次下岗名单里千万不要有我的名字（这时候我还能说什么）。

【案例点评】

从上面的小故事可以看出，蚯蚓显然没有对自己的人生进行合理的规划，刚开始的时候当技术员，但他没有细心研究技术，而是去炒股，想赚到 300 万，后来炒股失败忽而又想当车间主任，最后可能技术也不是很精通，担心下岗名单中不要有他的名字。他这样一个没有规划的人生，显然是很容易失败的。

实际上我们要想在未来职业生涯中获得成功，首先应该确定一个切合实际的职业定位和职业目标，并且把目标进行分解，然后设计出合理的职业生涯规划图，并且付诸行动，经过不断努力和调整，直到最后实现我们的职业发展目标，获得人生的最大成功。

二、职业生涯规划的意义

（一）可以发掘自我潜能，增强个人实力

一份行之有效的职业生涯规划有如下作用。

（1）引导你正确认识自身的个性特质、现有与潜在的资源优势，帮助你重新对自己的价值进行定位并使其持续增值。

（2）引导你对自己的综合优势与劣势进行对比分析。

（3）使你树立明确的职业发展目标与职业理想。

（4）引导你评估个人目标与现实之间的差距。

（5）引导你前瞻与实际相结合的职业定位，搜索或发现新的或有潜力的职业机会。

（6）使你学会如何运用科学的方法采取可行的步骤与措施，不断增强你的职业竞争力，实现自己的职业目标与理想。

（二）可以增强发展的目的性与计划性，提升成功的机会

职业生涯发展要有计划、有目的，不可盲目地"撞大运"，很多时候我们的职业生涯受挫就是由于职业生涯规划没有做好。好的计划是成功的开始，古语讲，凡事"预则立，不预则废"就是这个道理。

（三）可以提升应对竞争的能力

当今社会处在大变革的时代，到处充满着激烈的竞争。物竞天择，适者生存，弱者淘汰。在就业形势如此激烈的今天，大学生的就业竞争力越来越激烈，尤其是我国 2020 年要建成小康社会，2050 年达到中等发达国家水平，个人发展与实现伟大的中国梦息息相关，要想在这场激烈的竞争中脱颖而出并保持立于不败之地，必须设计好自己的职业生涯规划。这样才能做到心中有数，不打无准备之仗。而不少应届大学毕业生不是首先坐下来做好自己的职业生涯规划，而是拿着简历与求职书到处乱跑，总想会撞到好运气找到好工作。结

果是浪费了大量的时间、精力与资金，到头来感叹招聘单位是有眼无珠，不能"慧眼识英雄"，叹息自己英雄无用武之地。这部分大学毕业生没有充分认识到职业生涯规划的意义与重要性，认为找到理想工作的是学识、业绩、耐心、关系、口才等条件，认为职业生涯规划纯属纸上谈兵，简直是耽误时间，有那时间还不如多跑两家招聘单位。这是一种错误的理念，实际上未雨绸缪，先做好职业生涯规划，磨刀不误砍柴工，有了清晰的认识与明确的目标之后再把求职活动付诸实践，这样效果要好得多，也更经济、更科学。

从人力资源的角度出发，企业用人单位非常看重新进员工的职业生涯规划是否透明，是否与公司的发展一致。有一位毕业生在自己的求职资料中简要地描述了自己的职业生涯规划——"乐意从最基层的工作做起，用三至五年时间熟悉业务，掌握相应经验，然后向高级主管职位挑战"，尽管其成绩在众多竞争者中很一般，但却应聘成功。只有少数求职者会写出自己的未来发展规划。这些规划，让人觉得求职者的求职意向是经过深思熟虑的。即使其职业生涯规划只有五年甚至更短的时间用于为本企业工作，用人单位也乐意聘请这种目标明确、规划透明的人。宝洁北京市技术有限公司高级人力资源经理透露，该公司在中国每年招聘应届毕业生100名左右，凡是职业生涯规划得早的人，现在大多数都已成为总监、副总监或高级经理。

因此，职业生涯规划应该从大学生入学就开始培养、引导和训练，以便为学生未来一生的职业发展打下坚实的基础。

因此，在大学中做好职业生涯规划，有助于提高学生的综合素质，避免学习的盲目性和被动性；可以帮助学生明了自己的职业目标和实施策略，在职业探索和发展中少走弯路，节省时间和精力；能不断激励学生前行的脚步，使学生产生学习、实践的动力，激发学生不断为实现各阶段目标和终极目标而努力。大学中的职业生涯规划，是学生迈向成功的重要一步，是对未来发展负责任的表现。

【延伸阅读】

大学毕业生致李开复老师的一封信

开复老师：

就要毕业了。回头看自己所谓的大学生活，我想哭，不是因为离别，而是因为什么都没学到。我不知道，简历该怎么写，工作怎么选择。最大的收获也许是对什么都没有的忍耐和适应……

曾经有一段美好的大学生活放在我的面前，我没有珍惜。等到虚度后才追悔莫及，人世间最痛苦的事莫过于此！如果上天能够再给我一次上大学的机会，我会对大学生活说三个字："规划它！"如果一定要在这个规划前加上一个时间，我会毫不犹豫地说："从大一开始！"

第三节　大学生活与职业生涯规划

一、未雨绸缪早规划

高等教育为大学生综合素质提升搭建了良好平台，以大学生社会实践活动、课外科技活动、校园文化活动、大学生社团、大学生社区活动等为主要形式的第二课堂，为大学生拓展知识、培养能力、陶冶情操、完善人格提供了充分展示自我的舞台。

大学期间，正处于职业生涯的探索阶段，是学知识、打基础的阶段，也是对职业进行初步探索的阶段，在这个阶段，大学生应及早开展职业生涯规划，找准定位，锁定自己的职业目标，少走弯路。同时大学期间，是学习能力、自我修正能力最强的时期，及早开展职业生涯规划，也有利于大学生在大学期间尽早做好知识、能力和素质的储备。合理地制定职业生涯目标，有助于帮助大学生突破障碍，发觉潜能，自觉地将目标转化为按部就班的实际行动。总之，职业生涯规划是大学生成才的必备方法，对大学生成功成才有着重要作用。

大学生经常对自己的大学生活提出如下问题：

大学要学什么？

自己不喜欢所学的专业该怎么办？

大学里没有学习的动力怎么办？

不知道自己为什么要学习该怎么办？

学习和兴趣冲突怎么办？

如何安排好学习和业余活动？

学好大学里的课程就一定能找到好工作吗？

对于以上问题，没有一个标准答案，但是如果在大学中做好自己的学习规划和职业规划，那么上面的问题就能够得到很好的回答，并能够明确自己在大学中的目标。

一般来说，大学一年级的时候，就要开始接受职业价值观方面的教育，做一份职业生涯规划。规划可以包括以下内容。

（一）专业学习规划（表 1-1）

表 1-1　专业学习规划

目标	时间	采取措施
掌握扎实的基础知识和专业知识，力争获取奖学金	第一学年至第三学年	认真听课、积极复习、摸索高效的学习方法
通过高职高专英语应用能力（或者公共英语三级）	第二学年	认真听课、背单词、阅读、做模拟试卷

续表

目标	时间	采取措施
计算机等级证书	第二学年	认真学习计算机基本知识
获取相关职业资格证书	第三学年	取得会计从业资格证书、网络管理员资格证书等

（二）职业核心能力规划（表1-2）

表1-2　职业核心能力规划

目标	时间	采取措施
自我学习能力	第一学年至第三学年	制订学习计划，进行自我学习目标管理
道德修养能力提升	第一学年至第三学年	阅读、乐于助人、重视感恩
组织协调能力提升	第一学年至第三学年	多参加班级、校学生会组织的集体活动
沟通能力提升	第一学年至第三学年	多参加活动及社会实践
分析问题、解决问题能力提升	第一学年至第三学年	多做事，遇问题与他人商量
承受压力能力提升	第一学年至第三学年	重视心理调适，自己不能解决的求助于好朋友或者心理咨询

（三）自我修养规划（表1-3）

表1-3　自我修养规划

目标	时间	采取措施
自我修养提高	第一学年至第三学年	逛街、看电影、读书、听音乐，提高生活品位
人生经历增多	第一学年至第三学年	假期外出旅游，参加社会实践
休闲项目增多	第一、第二学年	参加健美操和羽毛球协会等
学会打扮	第一、第二学年	学习职场礼仪，提升穿衣水平

　　大学生生活美好而又短促，因此规划自己的大学生活是十分紧迫而必要的。大学生应抓紧时间，早做规划，争取在有限的时间里，学到更多的知识，增长更多的才干，提升素质。一个有着科学规划的人，他的人生目标是明确的，他的生活是积极的、高效的，他的生命是充满希望的。每个人都有梦想，职业生涯规划就是让梦想腾飞的翅膀。

二、努力是实现规划的前提条件

人生没有彩排，每天都是现场直播。大学学习的过程是一个学知识、练能力、修德行的过程。珍惜当下，努力学习，成就未来。

（一）学习知识是实现规划的基础

知识是指人类在实践中认识客观世界（包括人类自身）的成果。它可能包括事实、信息、描述或在教育和实践中获得的技能。它可能是关于理论的，也可能是关于实践的。它是各个领域物质运动和社会发展的规律，是人类改造自然、改造社会、争取自由的锐利武器。

现代社会经济快速发展，知识日新月异。知识经济时代，要终身学习。19世纪的文盲——目不识丁的人；20世纪的文盲——不会用电脑的人；21世纪的文盲——不会学习的人。美国著名未来学家阿尔温·托夫勒曾经指出："未来的文盲不再是不识字的人，而是没有学会怎样学习的人。"因此，大学生应该培养不断学习的精神，把学习当作一种习惯。不断开发自己、提升自己，为成功打好基础，做好准备。

（二）提高能力是实现规划的起点

"如果让你重新开始上大学，你觉得最重要的是什么？"这是对刚刚离开校门的毕业生的调查问卷中的一个问题。90%的毕业生认为是素质和能力的提高。

许多毕业生说，应该让大一新生和我们一起逛逛就业市场，体会一下知识经济的竞争环境，了解社会需要我们掌握什么样的技能，具备什么样的素质。

现代高等职业教育人才培养目标是培养高素质劳动者和技术技能人才。关于用人单位对高职毕业生能力要求的调查，对于专业实操能力、发现和解决问题及创新能力、语言表达能力、组织管理能力、人际交往与沟通能力、职业拓展能力、社会适应能力等能力哪个更重要的问题，得到的答案是每个工作阶段对于员工的要求是不一样的。他们认为对于刚毕业的学生来讲，专业实操能力是很重要的，最起码得有马上上手工作的能力，如果没有这个入手能力，不是企业留不留他的问题，可能连毕业生自己都会感觉到无法适应环境。但如果从长远来讲，各种能力都很重要，尤其是当企业要挖掘人才的时候，比如需要升级到班组长位置的时候，组织能力、沟通能力、发现问题和解决问题的能力则彰显其决定性力量。对于用人单位来讲，当然希望员工具有很多的能力潜质。因此，大学生在校期间不仅要学好专业知识，还要广泛涉猎其他方面的知识，通过各种途径，锻炼自己各方面的能力。

【案例点击】

电脑时代也应加强写作锻炼

某公司到一所高职院校面试时，给每位应试的考生发数张白纸和一支笔，要求考生在半个小时内写出一篇短文，唯一的要求就是该短文应能充分展示考生本人的水平，对于题目、形式、字数均没有要求，由考生自由发挥。半小时过后，考生交上的答卷让用人单位目瞪口呆，很多考生字迹潦草，错别字不少，文章格式有误，语句不通顺，用人单位大吃一惊，惊叹这还不如一个小学生写的作文。

【案例点评】

在如今的电脑时代，很多大学生忽略了文笔的练习，包括写作水平、书法等，平时要写的东西过于依赖电脑和网络，网上搜索到相关的内容后稍作修改就使用，没有结合实际认真编写，而且平时多采用打印的形式，书写的机会越来越少，因此写出的字字体很潦草，被用人单位评价为"不如一个小学生"。

（三）提升素质是实现规划的关键

在当前毕业生数量逐年增加、社会整体就业形势日益严重的背景下，进一步明确当前毕业生所面临的就业形势，分析就业策略对促进大学生就业具有积极意义。

近年来，就业市场竞争加剧，用人单位对人才的职业素质要求也在不断提高，是否能够满足用人单位对人才的职业素质需求成为高等职业学校办教育是否成功的关键。通过对用人单位进行问卷调查和实地访谈的方式，了解用人单位对高职学生的素质需求，并收集对学生职业素质培养的建设性建议，为培养学生职业素质提出相应的对策。

目前高职高专毕业生就业的突出问题是：一方面很多大学毕业生难以找到一份满意的工作，另一方面不少企业又招不到符合企业要求的大学生。很多事实证明，这种现象的存在与学生职业素质难以满足企业的要求有关。宋三弦在《我为什么不要应届毕业生》中陈述了应届大学生的种种问题，如人际关系比较差、团队合作精神欠缺等。通过大量的企业调查，我们发现刚踏入社会的大学毕业生，普遍对社会、企业缺乏了解，职业道德、职业技能等职业素质较低，职业能力非常低下，没有明确的职业目标，缺乏责任心，不愿从基层做起，心理承受能力低下，不愿吃苦，动手能力差，缺乏企业需要的职业素养，不能适应企业的需要。"满足社会需要"是高等教育的目的之一，为此有必要加强大学生职业素质的培养。

对于吃苦耐劳和敬业奉献精神、爱岗敬业和对企业的忠诚意识、团队协作意识、为人诚实、责任感强、心理素质、思维反应敏捷等素质哪个更重要的问题上，得到的答案是都很重要，可见用人单位非常重视强调员工的素质建设。如果一定要排序的话，用人单位表示学生最应具备的职业素质依次为吃苦耐劳、责任感强、团队协作、对企业的忠诚意识。而且用人单位强调素质有时候比能力更重要，正如我们大家都知道的牛根生经典语录中所说的"有德有才，破格重用；有德无才，培养使用；有才无德，限制录用；无德无才，坚决不用"。

【延伸阅读】

学生的职业态度和人生态度是用人部门最关注的

说到学生，我想以北京大学人民医院为例，医院在从社会招聘护士、医疗辅助岗位员工时曾很不尽如人意。于是，医院想与高职学校联合培养护士，把任职招聘与毕业实习结合起来，以便让学生从一开始就具备良好的职业习惯、较高的岗位忠诚度（至少是认同度）、规范的操作技能。如此一来，医院既为本行业培养了人，又更有机会能把中意的人才留下来。

在四川雅安职业技术学院，医院部门负责人随机找学生座谈，问到一个来自大山深处、家境非常困难的男生："你想去我们医院吗？"男生说："想去，但不能去。在你们之前，成都军区总医院已来招了实习生，我已经答应他们了，虽然还没有签协议。""我们可以给你提供勤工俭学岗位，实习生助学金、奖学金的比例非常高，你将来还可以续本，读研，甚至出国深造。"男生虽有些纠结但仍异常坚定地说："我还是不能去。去了，就是失信于成都的医院，失信于自己。有了第一次的失信，就会有第二次、第三次，我的人生也许从此就陷入虚伪和功利中，我不能冒险，那会让我后悔一辈子。另外，如果我去了北京，成都的医院会对我们学校有成见，以后就不会再到我们学校挑实习生，我的学弟学妹们就会失去很多机会，我要对他们负责，不能让别人觉得我们学校的学生不讲诚信。"

在现场，我们都非常感动。学生的职业生涯是从实习开始的，撒谎会付出代价，只有诚信才能为自己的职业生涯铺路。学生的真诚和善良在某种意义上促成了北大人民医院与该校的合作。医院部门负责人说："我们看重的是学生的纯真、爱心和责任感。学校关注学生专业技能的规范、熟练，这很好。但在达到基本专业水平的情况下，对于我们来说，这份诚信和责任意识，学生心地朴实、做事规矩、热爱生活、尊重职业的为人品质更重要。因为，我们可以在技术上帮助学生成长、帮助学校提高专业水平，但却无法帮助学校转变校风和学生的品质。"

摘自——范唯《高职学校：让每一个在学校里待过的人增值》

【拓展训练】

根据大学各阶段的学习特点，拟定学习目标，完成学习规划。

步骤一：拟出每学期最重要的学习目标，如表1-4所示。

表 1–4　每学期学习目标规划

学期	目标	措施
第一学期	1.	
	2.	
	3.	
第二学期	1.	
	2.	
	3.	
第三学期	1.	
	2.	
	3.	
第四学期	1.	
	2.	
	3.	
第五学期	1.	
	2.	
	3.	
第六学期	1.	
	2.	
	3.	

步骤二：对每学期学习目标的实现进行学习助力和阻力分析，如表 1–5 所示。

表 1-5 学习助力和阻力分析

学期	目标							
	目标 1		目标 2		目标 3		目标 4	
	助力	阻力	助力	阻力	助力	阻力	助力	阻力
第一学期								
第二学期								
第三学期								
第四学期								
第五学期								
第六学期								

步骤三：根据大学每学期学习目标规划表（表1-4）和学习助力和阻力分析表（表1-5）拟出消除或者弱化阻力的对策。

第二单元

大学生职业生涯规划综述

▶ **学习目标**

> 1. 认识高职院校大学生职业生涯规划的内涵及特点。
> 2. 了解大学生职业生涯规划的意义。
> 3. 把握影响大学生职业生涯规划的因素。
> 4. 掌握大学生职业生涯规划的基本方法及如何撰写大学生职业生涯规划书。

【案例导入】

小安学的是工商管理专业，专业知识多而杂，缺乏准确就业方向。小安当时的想法只是想当管理层，但是听毕业了的学长学姐们说得多了，知道刚毕业的学生不可能一工作就做管理层，必须要从基层做起。但是这个基层范围太广，很多人做了很多基层岗位工作还是升不到管理层。自己现在已经大四了，一眨眼就毕业了，很多同学都开始找实习单位了。那么自己该怎么选择呢？自己现在学的知识出去后能帮自己就业吗？现在该做些什么事情呢？小安很迷茫！希望自己往专业相关方向发展，但是就业范围广，自己根本不知道切入哪个起点是自己适合的，有发展的？怎么样去发展？发展路线是怎么样的？

【讨论】

是什么导致了小安的迷茫？你能帮他指点迷津吗？

【案例点评】

大学生求职专业相关工作困难，其表现在一方面是不清楚自己适合切入哪个起点有发展；另外一方面是不知道自己能力在什么位置，能找到什么样的工作。因为现在大学教育注重专业知识的教导，以应试教育为主，学生缺乏实际操作能力，对职场要求及背景内容不能系统化的了解，与市场需求脱离，当然这是学生自己无法改变的。那么无力改变大环境的背景下，学生必须行动起来，做好相关准备工作，否则毕业后需要走更多的弯路，浪费更多的时间和精力。小安的情况就是比较典型的一个，他学的是工商管理专业，主修企业管理，专业基础知识涉及管理学、经济学、财务学、法学等方面的内容，多而不专。那么这个时候就必须根据自己的实际情况特点结合主客观条件及职场行业岗位相关连性和发展趋势做出正确选择。小安应在确定好他适合的职业发展路线后，必须规划好在校就业准备工作，包括知识的再学习及相关实习活动，增强自己的核心竞争力，并在简历面试上进行了相关辅导，为其顺利就业发展做好前期准备。

　　不少大学生毕业后因为没有根据自身实际情况结合职场状况确定自己准确的职业规划，拿着求职简历与求职书到处求职，希望找到好工作。但是结果是求职困难，就算进入企业工作了，也觉得好像和自己想象的不一样，往往做不长久，浪费了大量的时间、精力与资金，一直在探索自己适合的职业发展之路，和同龄人的差距愈来愈大。这部分大学毕业生没有充分认识到职业生涯规划的意义与重要性，认为职业生涯规划纯属纸上谈兵，只有到时候屡屡碰壁了才会再想起。实际上大学生职业生涯规划是磨刀不误砍柴工，做好职业生涯规划，对自我及职场有更清晰的认识与明确的目标之后做好前期准备工作，更科学，更经济，也更实际。

第一节　大学生职业生涯规划的基本知识

　　大学生职业生涯规划是为我们的梦想插上翅膀，让我们在人生战略上更胜人一筹。人如果不能为自己制订一个好的目标，那么就像在大海中航行的船舶没有目的地一样，会在茫茫的大海中随波逐流，最后沉没。

一、大学生职业生涯规划的内涵及特点

（一）大学生职业生涯规划的内涵

　　大学生职业生涯规划是指大学生在大学生活阶段，通过自我评估和环境因素分析，结合职业理想与职业生涯的预期，在学校相关部门和工作人员的帮助下，规划大学期间及今后职业生涯的学习、生活和工作，为自己确定明确的职业方向和目标，选择恰当的职业发展道路，确定教育和发展计划，为实现职业生涯目标而制订的计划安排和行动方案。

　　我们可以从以下五方面来理解这个概念。

　　第一，大学生职业生涯规划的前提是大学生全面客观地认识自身条件和外在环境。

　　第二，大学生职业生涯规划的首要任务是确定个人的职业生涯发展目标。

　　第三，大学生职业生涯规划是一个连续系统的动态过程，包括理想职业目标的确定、

自我评估和环境分析、选择职业生涯路线、制订行动计划及反馈调整等步骤。

第四，大学生职业生涯规划的实现是循序渐进的，必须制订符合客观实际的计划安排。

第五，大学生职业生涯规划的最终目的是要实现最初制订的人生职业发展目标。

如艺术设计专业学生职业生涯规划如图 2-1 所示。

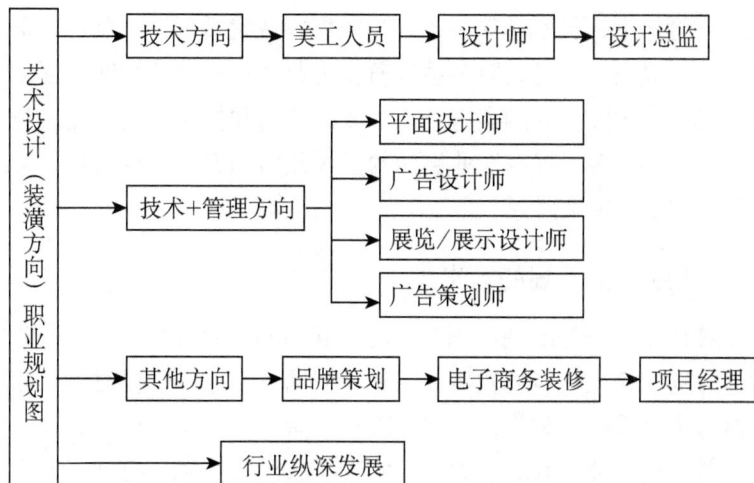

图 2-1　艺术设计专业学生职业生涯规划

（二）大学生职业生涯规划的特点

处于不同职业生涯发展阶段的人，所面对的环境要求不同，自身素质积累不同，因此，个人的职业生涯规划，应根据其规划时的所处阶段、职业发展现状而进行。大学生正处于职业的学习、准备和起步阶段，因此，与已工作过一段时间的职业者的职业生涯规划相比较，大学生的职业生涯规划有其一定的特点，大学生职业生涯规划与一般职业生涯规划的区别主要体现在以下方面。

1．设定目标不同

一般的职业生涯规划的总体目标是为了获取一定的职业地位或取得一定的职业成绩。比如规划自己 35 岁前要进入某企业的高级管理层，或为自己定下两年内销售业务量成为公司之冠的业绩目标。一般职业生涯规划的阶段目标划分也并不明晰，视个人的总体目标和现实差距而定。大学生的职业生涯规划，其最根本也最现实的目标是初次就业成功，能拥有一个与自己的兴趣、爱好、能力等相匹配的职业岗位。比如，规划自己毕业后进入某大公司的人力资源部门。大学生职业生涯规划的阶段目标可以十分明朗。比如，一年级应该达到什么要求，二年级应该完成什么计划，毕业年要实现什么目标等。

2．规划年限不同

通过学习了解职业生涯知识，我们知道职业生涯规划按时间类型可以分为短期规划、中期规划、长期规划和人生规划四种。一般的职业者可以按照自身的条件和客观环境的特点，制订期限可长可短的职业生涯规划。大学生活是一个完整和固定的阶段，其时间维度上有一个标准的划分方法——即大学的学制为大学生活的起止时限。大学生职业生涯规划中最现实、最典型的中期规划，其规划年限一般是与学生的毕业年限相同的。虽然大学生的职业生涯规划中也有长期规划或人生规划的做法，但并不具有代表性。

3. 实施策略不同

一般的职业生涯规划，其实施策略主要是根据职业发展目标，制订一定职业范围内的学习培训、专业技能提高、职场人际关系沟通、企业文化融合等行动计划。大学生处于职业的准备阶段，其职业生涯规划的实施策略主要是了解和探索职业，完成与未来可能从事职业相关的学习、培训任务，提高职业生活的基本能力和素质，行动计划必须与大学生本身的学习任务和校园活动密切联系。

二、大学生职业生涯规划的意义

大学生正处在职业生涯探索期和职业生涯建立期的转换阶段，主要任务是通过职业生涯探索明确发展方向，完成具体的发展计划和知识储备。这一阶段对于职业选择和今后的职业生涯发展具有十分重要的意义。主要体现在：有利于大学生确定职业发展目标；有利于大学生积极高效完成学业；有利于大学生实现自我潜能开发；有利于大学生提升就业竞争力；有利于大学生实现自我职业理想。

三、影响大学生职业生涯规划的因素

职业生涯规划既是个人发展的坚实基础，又是个人发展的历程体现。在这个重要而漫长的过程中，每一位大学生的职业生涯规划都会受到家庭、职业发展、性别、性格、价值观、健康状况、社会环境、机遇等主观和客观因素的影响。

（一）个人条件因素

大学生的自身条件在职业生涯规划中起着基础性作用，而且在一定程度上决定着个人的发展方向和发展前景，主要包括性别因素、健康因素、心理因素。就像世界上没有两片完全相同的树叶一样，在这个世界上也没有两个完全相同的人。人的差异可以体现在许多方面，包括性格、能力、爱好、气质等，这些个人因素是影响职业生涯的核心因素。社会上任何一种职业对从业人员都有其特定的要求，正如个体存在差异一样，各项职业也存在着差异，要想将工作做好，就必须规划好人与职业的匹配。做到人岗最佳组合，就能最大限度地调动一个人的积极性，充分挖掘和发挥他们的潜能，提高工作绩效，有利于个人的职业生涯发展。

能力是一个人能否从事某种职业、能否在职业生涯旅程中顺利成长和获得成功的条件。能力具有客观性，因此在设计职业生涯目标和选择职业生涯道路时，要从客观实际出发，要以"人职匹配"为基本原则，同时要注意搜寻自身能力的强项。如果一个人在某一方面的特殊才能得到发挥又符合社会需要，就会取得巨大成就，达到职业生涯的辉煌目标。

能力因素对于职业生涯固然重要，但是非能力因素也有着巨大的影响。它对于能力因素有着激励、补偿或者约束、限制的作用。在个人生涯道路上，能力因素与非能力因素相辅相成，缺一不可。一个人除具备和培养一定的能力条件外，还应具备和培养良好非能力因素即良好的个性心理品质，才能顺利发展取得成功。因此，在设计职业生涯目标时，要坚持"有能力说，又不唯能力说"，以取得自身能力因素与非能力因素的最佳综合效应。

所谓个性心理品质，包括人的兴趣，如兴趣的广度、兴趣的中心、兴趣的稳定性、兴趣的效能等特征。人的情感，包括人的心境、人的热情和人的激情和状态。人的意志，包括人的自觉性、果断性、坚韧性、自制力和勤奋性等多个方面。良好的个性心理品质，不仅对人的成长和成功具有不可忽视的重要作用，而且比能力因素，特别是单纯智力因素的影响要大得多。成就大的人往往具有良好的个性心理素质，比如自信、乐观、谨慎、不屈不挠、执着顽强等；成就小的人的个性心理素质则明显劣于前者。正如有位哲人所说的那样："伟大是熬出来的，对信念的执着不能靠一时的小聪明。在遇到困难时，多数人是再选择而不是将原来的选择坚持到底。成功者与常人的差别并不是智商而是一种毅力。这种固执会产生一种力量，使人勇往直前。"因此，在职业生涯目标的设计上，也要深入认识和运用自身的非能力因素。

（二）职业发展因素

1. 职业理想

"箭的力量在弦上，船的力量在帆上。"那么人的力量在哪里？在理想！职业理想可以确定人的发展方向，可以增进前进的动力，可以激励人生价值的实现。职业理想是人生理想的重要组成部分，是人们对未来职业的向往和追求。职业理想是社会发展的产物，是随着生产力的发展和社会分工的出现而逐步产生和发展起来的，它决定着人们在职业生活中的事业心和责任感。职业理想具有如下三个方面的作用。

（1）职业理想是职业选择的向导。由于职业理想是人们对未来职业的向往，一个人一旦确立了科学的职业理想，就应当朝着实现这一理想的方向去努力。而为了实现自己的职业理想，首先必须选择一个与之相适应的职业，这个职业可以是所从之业，也可以是所创之业，否则，职业理想就无法或者很难得到实现。因此，在进行职业选择时，其职业理想将起着非常重要的导向作用。

（2）职业理想是取得职业成功的推动力。由于职业理想是人们对未来职业的追求，它不仅包括了工作的部门、工作的种类，还包括了工作的成就。无论是从业，还是创业，每个人都有自己的职业理想。为了实现自己的职业理想，从学生时代起，就必须积极进行相关知识的积累和相关能力的培养，为选择自己理想中的职业做准备；走上职业岗位后，还要能够利用自己所学的知识和所掌握的能力，努力地、创造性地做好岗位工作，力争取得优异的工作成绩，并最终取得职业成功。

（3）职业理想是事业成功的精神支柱。职业理想是成就事业、推动社会进步的精神力量，有了这样的精神力量，无论是在职业准备、职业选择还是在就业或创业的过程中，无论遇到什么样的困难，无论遇到什么样的曲折，就都会朝着已经确立的职业目标前进，直到取得事业上的成功。

2. 职业兴趣

职业兴趣是一个人对待工作的态度，对工作的适应能力，表现为有从事相关工作的愿望和兴趣，拥有职业兴趣将增加个人的工作满意度、职业稳定性和职业成就感。职业兴趣可分为六种类型：常规型、艺术型、实践型、研究型、社会型、管理型。职业兴趣是以一定的素质为前提，在职业生涯实践过程中逐渐发生和发展起来的。它的形成与个人的个性、自身能力、实践活动、客观环境和所处的历史条件有着密切的关系，因此，职业规划对兴趣的探讨不能孤立进行，应当结合个人的、家庭的、社会的因素来考虑。了解这些因素，有利于深入认识自己，进行职业规划。

【案例点击】

Joson 是毕业于某名校电子专业的研究生，四年前受聘于一家中等规模的 IT 公司，职位是总经理助理。四年时间过去，薪水才勉强达到部门经理的水平。更令他不悦的是，同期毕业的同学要么比他职级高，要么比他挣得多。认清现实后，oson 终于做出了跳槽的决定。

此后三个月，他陆续面试了十几家公司，其中不少都是他理想的跳槽目标。可令他百思不得其解的是，竟然没有一家肯给他 offer。

"你之所以表示愿意来我们公司工作，是因为我们的薪酬标准远高于你的预期心理，而非你喜欢这份工作。"当 Joson 终于忍不住，给一家曾面试过的公司打电话征询时，面试过他的 HR 如此说道。

事实上，很多有过几年工作经验的职场人都有 Joson 一样的困惑或经历，原因在于他们没有认真思考职业选择。

【讨论】

你如何发现自己的职业兴趣，并依此规划目标呢？

3. 职业能力

职业能力是人们从事某种职业的多种能力的综合。职业能力主要包含三方面基本要素：为了胜任一种具体职业而必须要具备的能力，表现为任职资格；在步入职场后表现的职业素质；开始职业生涯后具备的职业生涯管理能力。

（三）社会环境因素

社会环境因素对大学生职业生涯规划及其发展具有重大影响。通过对社会大环境进行分析，了解所在地区的经济、法制建设发展方向，可以帮助我们寻求更多的职业发展机会。

　　社会是人才得以活动、发挥才干的舞台。社会大环境是影响人才成长的根本因素。一个国家政治上安定，经济上发展，科学不断进步，就能对人才产生极大的需求，并能为人才的成长提供多方面的条件。而社会动乱、经济衰退、科技停滞，人才就难以产生。改革开放以来，随着我国市场经济体制的建立，为人们的成才提供了根本的机会，也为人的发展提供了良好的社会环境。用人单位是人们工作和生活的微观社会组织。经济发展和科技进步使用人单位对人力资源的素质要求越来越高。许多有前瞻意识的单位都重视对员工的培养，积极为人才成长创造条件，鼓励员工从事专业学习更新知识，以提高技能、积累经验，不断有所发展，不仅从组织的角度实施职业生涯设计与员工培养，而且还积极支持员工的个人生涯设计及相应的活动。社会因素有着丰富的内容，除上述政治、经济、科技发展形势和用人单位的培养外，还包括个人的亲戚朋友等人际关系网络、在职业发展过程中可能获得的帮助、提高素质所需的学习机会和图书资料、成才的社会舆论、与职业生涯发展方面有关的制度与政策（如岗位培训制度，培训、考核与待遇相结合制度）等。社会因素不是个人所能决定的。社会大环境对于同一时期的人来说，都是相同的。对同一单位的不同人来说，条件也是相同的。而其他社会条件的差异则可能较大。发掘这方面的潜力，吸收、借鉴成功者的经验，寻求他们的帮助则是一种聪明的做法，这也是积极地、理性地设计职业生涯的体现。

　　社会的政治经济形势、社会文化与习俗、职业的社会评价及其时尚等，这些大环境因素决定着社会职业岗位的数量与结构，决定着其出现的随机性与波动性，也决定了人们对不同职业的认定和步入职业生涯、调整职业生涯的规划。家庭是人的第一学校，人从幼年起就会受到家庭的深刻的和潜移默化的影响，导致形成一定的价值观和行为模式。有的人还从家庭中自觉或不自觉地习得某些职业知识或技能。在个人职业生涯发展过程中，不可避免地也会受到某些被称为机遇的偶然性因素的影响。有的时候，这些因素的作用甚至是巨大的或难以抗拒的。

　　（四）人际关系因素

　　社会是大群体，在这个大群体中，个体不是孤立存在的，而是借助一定的方式与别人交往。人际交往的最基本功能在于传递信息、交流感情，并逐渐形成较和谐的社会关系。人的社会属性就决定了人要处在一定的社会关系中，而人所进行的一切社会活动又都是要与人有关联的，甚至可以说人就是在人际关系中生存与发展的，人际关系对人的影响是无法回避的。因此，在职业生涯发展中，人际关系的影响是不可避免且不容忽视的。

　　国外研究表明，受人欢迎的人一般具有如下特征：聆听重于表达，尊重别人的隐私，不过分谦虚，犯错误时勇于承认及坦诚道歉，不为自己的不当行为找借口，不过分讨好别人，珍惜自己和别人的时间。

　　总之，影响大学生职业生涯规划的因素是多方面的，因此在进行职业生涯规划时，不仅要全面考虑多方面的因素，还要重点考虑那些影响较大的因素，特别是对个人影响较大的因素，更要重点考虑。同时，大学生在进行职业生涯设计时，一定要考虑到发展因素，找出其中规律性的东西，并预测未来。

第二节　大学生职业生涯规划系统工程

一、大学生职业生涯规划的原则

大学生制定职业生涯规划一般要遵循以下原则。

（一）实事求是原则

准确的自我认知和外部环境评估是制订个人职业计划的前提。个人的职业目标一定要同自己的能力、特质及工作适应性相符合。职业目标和职业道路的确定，要考虑到客观环境条件。例如，在一个论资排辈的企业里，刚毕业的大学生就不宜把担当重要管理工作确定为自己的短期职业目标。

（二）清晰性原则

一个好的职业生涯规划，无论是目标，还是行动计划与措施，都要清晰、明确，各阶段的目标、计划及实施过程一定要具体、可行。

（三）长期性原则

职业生涯规划一定要从长远来考虑，只有这样才能给人生设定一个大方向，紧紧围绕这个方向做出努力，逐步实现每个阶段的目标，少走弯路，早日实现职业生涯目标。

（四）创新性原则

一旦开始理解职业规划并掌握事业的哲理，便会发现这是一个无止境的过程。设法获得一份今年很适合的工作，并不意味着以后就可以舒舒服服地休息和享受了。自己和工作都会不断地变化，今年适合自己的工作，有可能两年之后就完全不适合了。不断地获得成功的唯一保障，就是刻苦努力和献身精神。付出与收获总成正比，工作越卖力，得到的报偿也就越大。为了确保成功，必须以逻辑而系统的方式，仔细地规划每个职业阶段。这就需要具有对前瞻性、相关性和可能性的思考。

（五）全面评价原则

职业生涯规划中每个阶段的目标要明确，易于评估，以便自己随时掌握计划的执行情况，据此对后期的计划做出修正和调整，保证计划实施的效率。

二、大学生职业生涯规划的基本方法

对许多大学生来说，职业生涯规划也许是一个比较模糊的概念，因而就更谈不上对自己进行职业生涯规划了。其实，只要大学生对自己有一个基本认识，同时掌握一定的方法，就能对自己进行职业生涯规划，为自己的未来发展描绘一个美好的蓝图，职业生涯规划的方法较多，每一种方法都有自己的优缺点，在制订规划时要根据自身的实际情况加以选择。

（一）5W 法

许多职业咨询机构和心理学专家在为别人进行职业咨询和职业规划时，常常采用 5W 法：从自己是谁开始，然后顺着这个问题一路问下去。5W 是指：

（1）Who am I?（我是谁？）

（2）What will I do?（我想做什么？）

（3）What can I do?（我会做什么？）

（4）What does the situation allow me to do?（环境支持或允许我做什么？）

（5）What is the plan of my career and life?（我的职业与生活规划是什么？）

认真回答了这五个问题，找到它们的共同点，就基本有了自己的职业生涯规划。

第一个问题"我是谁"。首先要考虑自己扮演的社会角色，然后对自己进行一次深刻的反思，把自己的特征、能力素质、优点和缺点一一罗列出来。

第二个问题"我想做什么"。是对自己职业发展的一个心理趋向的检查。在回答这个问题时，需要回忆儿时到现在每个阶段的理想，依次列出。每个人在不同阶段的兴趣和目标并不完全一致，有时甚至是完全对立的。但随着年龄和经历的增长，则会逐渐固定下来，并最终锁定自己的终生理想。

第三个问题"我会做什么"。这是对自己职业能力与潜力的考察。一个人职业定位的高低要归结于他的能力，而他职业发展空间的大小则取决于他的潜力。对于一个人潜力的了解，应该从几个方面着手去认识，如对个人的兴趣、做事的毅力、临事的判断力及知识的结构等。

第四个问题"环境支持或允许我做什么"。这是考察影响大学生职业生涯规划的因素，客观因素包括当地的经济发展、人事政策、企业制度、职业空间等；主观因素则主要包括同事关系、领导态度、亲戚关系等。这两方面的因素应该综合加以判断。

清楚了前面四个问题，就会从各个问题的答案中找到有关对实现职业目标有利和不利的条件，列出不利条件最少的、自己想做而且又能够做的职业目标，那么第五个问题有关"自己最终的职业目标是什么"，自然就有了一个清楚明了的框架。

【案例点击】

某重点高校女生小张，计算机专业毕业生，各方面表现优秀，在临近毕业时却对自己的职业方向难以确定。作为计算机专业毕业生，小张考虑到自己是女生，择业的优势和职业的发展前景肯定不如同班的男生。而她心底里最喜欢的却是教师这个职业，但又怕自己竞争不过师范类院校的毕业生。在这种犹豫不决的情况下，她向学校就业指导中心老师咨询，希望老师能帮她指点迷津，找到适合自己的职业发展之路。

Who am I?

某重点高校计算机专业毕业生，优秀学生干部，学业成绩优秀，英语通过国家六级，辅修过心理学、管理学等课程，参加过高校演讲比赛，拿过名次；家庭经济状况一般，父母工作稳定，身体健康，暂时还不需要人特别照顾；自己身体健康，性格上喜欢安静，但不内向，也不特别活跃。

What will I do?

首先，很想成为一名教师，这不仅是儿时的梦想，而且自己也确实喜欢这个职业。其次，愿意从事有关计算机方面的技术工作；当然，如果能拿到全额奖学金，出国攻读工商管理方面的硕士，回国后从事企业管理方面的工作也是可以接受的。

What can I do?

做过家教，虽然不是自己的专业，但觉得自己与孩子交流有天生的优势，学生成绩进步时很有成就感；当过学生干部，与其他学生干部相处较好，组织过几次比较有影响的大型活动。实习时在一家计算机公司做过一些技术研发工作，虽然没有大的成就，但感觉还行。

What does the situation allow me to do?

亲戚推荐去一家公司做技术开发；"托福"、"CRE"考得还可以，已经申请了国外几所高校，但能不能拿到全额奖学金还很难说，而且现在签证比较困难；同学开了一家公司，希望自己能够加盟，但自己不了解这个公司的具体业务，也不知道它有多大的发展前途。

What is the plan of my career and life?

最后的选择可能有四种，分别如下。

(1) 到一所学校做老师。自己有这方面的兴趣和理想，在知识方面并不欠缺，在素质教育大趋势下，与师范类专业的毕业生相比，自己有专业方面的优势，可以让学生了解更多的前沿知识，特别是现在计算机知识在中学生中有了相当的普及，自己有信心成为学生心目中理想的好老师。不足之处是缺乏作为一名教师的基本训练及一些技巧，但这可以逐步提高。

(2) 到公司做技术人员。收入上会好一些，但通过这几年的发展看，这种行业起伏较大，同时由于该领域发展较快，要随时对自己进行知识更新，压力较大，信心不足，兴趣也不是很大。

(3) 去同学的公司。要丢掉专业从头做起，风险较大，这与自己求稳的性格不符，同时家庭方面也会有阻力。

(4) 如能获得全额奖学金，能够出国读书，回国后还是去做一名企业管理人员，不确定因素较多，且自己可把握性较小，始终处于被动状态。

单纯从职业发展上看，这四种选择都有其合理性，但如果从个体的具体发展而言，第一种选择显然更符合她本人的职业取向。从心理学上看，选择第一种职业能够使她得到最大的满足，在工作中也最容易投入，做出一定的成绩后会有很大的成就感。从职业前途看，教师这个职业也日益受到社会的尊重，社会地位呈上升趋势。从性格上看，这种职业也比较符合她的职业价值观。主要困难是非师范生进入这个职业的门槛比较高，如果她能够确定自己的最终目标后努力去弥补与师范生在职业技巧方面的差距，那么她实现自己的职业理想将为时不远。

这五个问题实际上是促使毕业生从了解自己、认识自己出发，包括了解自己的基本情况、自己的兴趣爱好、自己的能力和综合素质等方面，然后再充分挖掘自己可供利用的人际环境资源，在综合各方面因素的基础上，再考虑自己最终的职业目标到底是什么。如果一个大学生认真思考了这五个问题，其职业生涯规划就建立在比较合理的基础上了。

（二）SWOT 分析法

SWOT 分析法是检查一个人技能、能力、职业、喜好和职业机会的有用工具。如求职者可以运用 SWOT 分析方法对自己的优势和弱势、一生中可能会有哪些机遇、职业生涯中可能有哪些威胁进行全面分析，并将自身条件和外部环境结合起来，制定出科学合理的职业生涯规划。S 代表 strength（优势），W 代表 weakness（弱势），O 代表 opportunity（机会），T 代表 threat（威胁）。

进行 SWOT 分析时，应遵循以下四个步骤。

1. 分析自己的优势和弱势

（1）优势：每个人都有自己独特的技能、天赋和能力，如学习成绩优秀、具备较强的能力、丰富的实践经验、广泛的人际关系等。

（2）弱势：分析比别人差的地方，如学习成绩较差；经验不足；交际能力差等。

可以做一份表格，列出自己喜欢做的事情与长处所在和不喜欢做的事情与短处所在；自认为所具备的很重要的强项和对你的职业选择产生影响的弱势，然后再从中标出那些你认为对你很重要的强势、弱势。

2. 找出你的职业机会和受到的威胁

每个行业和公司都处在各种各样的机会和威胁中，所以，对大学生而言，准确分析某个职业能够提供的机会和威胁对求职是非常重要的，因为这些机会和威胁会影响第一份工作和今后的职业发展。如果公司处于一个常受到外界不利因素影响的行业里，那么，这个公司能提供的职业机会将是很少的，而且没有职业升迁的机会。列出自己感兴趣想涉足的一两个行业，然后认真地评估这些行业所面临的机会和威胁。

3. 列出今后 5 年内的职业目标

列出自己最想实现的 3～5 个目标：希望从事哪一方面的工作、何种职位、薪水多少等。

4. 列出一份今后 5 年的职业行动计划

当综合了自己和环境因素，为自己的职业生涯制订了明确的目标后，还要拟出要达成上述每一目标的具体行动计划，如怎样做、何时完成、需要哪些资源和帮助等。

拥有一份自己喜欢、薪酬丰厚的职业是每个人的梦想，但在当今竞争非常激烈的市场经济社会里，并不是每一个人都能实现这一梦想。因此，为了使个人职业发展更具有竞争性，请花一些时间界定自己的个人优势和弱势，然后制订一份策略性的行动计划，务必保证有效地完成它，那么，职业前景将灿烂辉煌。

【案例点击】

解开世界马拉松冠军山田本一的谜团

1984 年，在东京国际马拉松邀请赛中，名不见经传的选手山田本一出人意料地夺得了世界冠军，当记者问他凭什么取得如此惊人的成绩时，他说了这么一句话："凭智慧战胜对手。"当时许多人都认为，这个偶然跑在前面的矮个子选手是故弄玄虚。马拉松是体力和耐力的运动，只要身体素质好又有耐性就有望夺冠，爆发力和速度都在其次，说用智慧取胜，确实有点勉强。

两年后，在意大利国际马拉松邀请赛上，山田本一又获得了冠军。有记者问他："上次在你的国家比赛，你获得了世界冠军，这一次远征米兰，又压倒所有的对手取得第一名，你能谈一谈经验吗？"山田本一性情木讷，不善言谈，回答记者的仍是上次那句让人摸不着头脑的话："用智慧战胜对手。"这回记者在报纸上没再挖苦他，只是对他所谓的智慧迷惑不解。

十年后，这个谜团终于被解开了。山田本一在他的自传中这么说每次比赛之前："我都要乘车把比赛的线路仔细看一遍，并把沿途比较醒目的标志画下来，比如第一个标志是银行，第二个标志是一棵大树，第三个标志是一座红房子，这样一直画到赛程的终点。比赛开始后，我就以百米冲刺的速度奋力向第一个目标冲去，等到达第一个目标，我又以同样的速度向第二个目标冲去。四十几公里的赛程，就被我分解成这么几个小目标轻松地跑完了。起初，我并不懂这样的道理，我把我的目标定在四十几公里处的终点线上，结果我跑到十几公里时就疲惫不堪了，我被前面那段遥远的路程给吓倒了。"

【案例点评】

山田本一说的不是假话，心理学家做的实验也证明了山田本一的正确。这个心理实验是组织三组人，让他们分别向着 10 公里以外的三个村子进发。

第一组的人既不知道村庄的名字，又不知道路程有多远，只告诉他们跟着向导走就行了。刚走出两三公里，就开始有人叫苦不迭；走到一半的时候，有人几乎愤怒了，他们抱怨为什么要走这么远，何时才能走到头，有人甚至坐在路边不愿走了。越往后走，他们的情绪也就越低落。

第二组的人知道村庄的名字和路程有多远，但路边没有里程碑，只能凭经验来估计行程的时间和距离。走到一半的时候，大多数人想知道已经走了多远，比较有经验的人说："大概走了一半的路程。"于是，大家又簇拥着继续向前走。当走到全程的四分之三的时候，大家情绪开始低落，觉得疲惫不堪，而路程似乎还有很长。当有人说："快到了！"大家又振作起来，加快了行进的步伐。

第三组的人不仅知道村子的名字、路程，而且公路旁每一公里就有一块里程碑。人们边走边看里程碑，每缩短一公里大家便有一小阵的快乐。行进中他们用歌声和笑声来消除疲劳，情绪一直很高涨，所以很快就到达了目的地。

心理学家得出了这样的结论：当人们的行动有了明确目标，并能把自己的行动与目标不断地加以对照，进而清楚地知道自己的行进速度和与目标之间的距离，人们行动的动机就会得到维持和加强，就会自觉地克服一切困难，努力达到目标。

确实，要达到目标，就要像上楼梯一样，一步一个台阶，把大目标分解为多个易于达到的小目标，脚踏实地向前迈进。每前进一步，达到一个小目标，就会体验到"成功的喜悦"，这种"感觉"将推动人们充分调动自己的潜能去达到下一个目标。

在生活中，之所以很多人做事会半途而废，往往不是因为难度较大，而是觉得距离成功太遥远。他们不是因失败而放弃，而是因心中无明确而具体的目标乃至倦怠而失败。如果我们懂得分解自己的目标，一步一个脚印地向前走，也许成功就在眼前。

在实现大目标的过程中，我们需要把目标进行切割，一步步去实现小目标，从而会发现成功离我们并不遥远。

第三节　如何撰写职业生涯规划书

职业生涯规划理论在近几年普遍受到重视，许多高校在现代职业教育理念指导下，非常重视大学生就业指导工作，开展全程、全员、全方位的就业指导和职业生涯规划，帮助大学生树立正确的就业观念，根据所学专业科学合理地规划大学生的职业生涯。为了更进一步帮助学生进行职业生涯规划可以遵循一定的步骤和内容来进行操作。

一、职业生涯规划的步骤

根据职业生涯发展领域专家的观点，一个完整有效的职业生涯规划应包括自我评估、外部环境分析、目标确立、实施策略和评估反馈五个环节。

（一）自我评估

自我评估是职业生涯规划的基础，也是能否获得可行的规划方案的前提。只有深刻地认识自我和了解自我，才能对自己未来的职业生涯做出准确的把握和合理的规划。没有建立在自我评估基础之上的职业生涯规划，既不现实，也缺乏可操作性，很容易中途夭折。

自我评估的主要内容是与个人相关的所有因素，包括兴趣、个性、能力、特长、身体状况、学识水平、思维方式、价值观、情商及潜能等。通俗地说，即弄清楚自己是谁、想要什么、能做什么。值得留意的是，在自我评估中还应当借鉴他人的意见，即"角色意见"，这样才能得到比较客观、中肯的评估结论。

（二）外部环境分析

环境因素对个人职业生涯发展有极大的影响，作为社会生活中的一个个体，只有顺应外部环境的需要，才能最大限度地发挥个人的优势，实现职业生涯的目标。如果缺乏对外部环境的了解和分析，个人的职业生涯规划便只能流于空泛，成为水中月镜中花。

外部环境分析的主要内容包括对社会政治环境、经济环境和组织（企业）环境的分析，即评估和分析环境条件的特点、发展与需求变化趋势，自己与环境的关系及环境对自己的有利条件与不利条件等。

（三）目标定位

制订个人职业生涯规划的最终目的就是实现自己的职业目标，因此，目标抉择是职业生涯规划的核心。职业生涯规划中所确立的目标，应该是可预想到的、有一定实现可能的最长远目标，包括终极目标、长期目标、中期目标和短期目标。

目标确立的方法通常是先结合自身条件和现实环境选择终极目标和长期目标，然后通过目标分解，分化为符合阶段目标要求的中期目标、短期目标。

（四）策略实施

职业生涯策略指的是为实现职业生涯目标而制订的行动计划。当确定了职业生涯目标后，就要制订相应的具体实施方案，以达成此目标。策略实施的内容包括职业生涯发展路线设计、教育培训安排、实践计划等。

（五）评估反馈

任何事物都处在变化之中，绝大部分变化是难以预见的。现实社会中种种不确定因素的存在，会使原定职业生涯目标在策略实施过程中出现偏差，这时需要根据反馈的情况，及时反省、修正规划目标并调整行动方案。

二、职业生涯规划文案的内容

职业生涯规划是对个人职业发展道路进行选择和设计的过程，规划的内容和结果应该在规划过程中及规划后形成文字性的方案，以便理顺规划的思路，提供操作指引，随时评估与修正。结合有关专家学者的观点和建议，我们认为，一个完整有效的职业生涯规划文案应该包括以下内容。

（一）标题

包括姓名、规划年限、年龄跨度、起止时间。规划年限不分长短，可以是半年、三年、五年，甚至是二十年，视个人的具体情况而定。

（二）目标确定

确立职业方向、阶段目标和总体目标。职业方向即从业方向，是对职业的选择；阶段目标是职业规划中每个时间段的目标；总体目标即当前可预见的最长远目标，也是在特定规划中的终极目标。在确定总体目标时，如果能适当地看得远些，定得高点儿，则有助于最大限度地激发规划者的潜能。

（三）个人分析结果

包括对自己目前状况的分析和对自己将来的基本展望，同时也包括对自己职业生涯有一定影响的角色建议。

（四）社会环境分析结果

指对政治、经济、文化、法律和职业环境等社会外部环境的分析。

（五）组织（企业）分析结果

主要是对职业、行业与用人单位的分析，包括对用人单位制度、背景、文化、产品或服务、发展领域等的分析。

（六）目标分解与目标组合

分析制订、实现目标的主要影响因素，通过目标分解和目标组合的方法做出果断明确的目标选择。目标分解是根据观念、知识、能力、心理素质等方面的差距，将职业生涯中的远大目标分解为有一定时间规定的阶段性分目标；目标组合是将若干阶段性目标按照内在的相互关系组合起来，达成更为有利的可操作目标。

（七）实施方案

首先找出自身观念、知识、能力、心理素质等方面与实现目标要求之间的差距，然后制订具体方案逐步缩小差距以实现各阶段目标。

（八）评估标准

设定衡量此规划是否成功的标准，如果在实施过程中，无法达到制定的目标或要求应当如何修正和调整。

需要注意的是，文案内容的顺序与规划的步骤不是完全一致的。比如职业生涯规划的开始就是要进行自我评估，其次是进行外部环境分析，然后才是职业目标的确立；而文案内容的顺序是先写出职业方向和总体目标，然后再写出自我分析和外部环境分析的结果。其实，这并不矛盾。因为文案的形成是建立在按正常步骤进行规划的基础之上的，将职业方向与目标提前，是为了阅读上的方便，突出核心主题——规划的目标，并有利于与实施方案进行对照、检查和修订。

三、大学生职业生涯规划书撰写步骤

（一）认识自我

在求职找工作之前，清楚的自我认识能够了解自己的职业价值观、兴趣、爱好、能力特长、人格特征及弱点和不足，以便做出明智的选择，找到一份真正适合自己的工作；在职业转换和职业发展中，通过对自己的总结、盘点、找到成功和失败的原因，从中汲取教训和经验，可以促使自己的职业生涯成功。

"人贵有自知之明"，心理学的研究及日常工作生活的经验提示我们，准确地认识自己并不是一件简单的事情。在很多情况下，我们每个人对自己的认识常常是模棱两可、含糊不清，有时甚至是完全错误的。我们不知道自己希望从工作中获得什么，不知道自己真正适合做什么。有些人在进行职业决策时，常常是为了取悦他人——父母、教授、配偶或老板。他们让别人来判断什么适合自己。有些人追逐社会上的热门职业，被所谓的"流行"、"时尚"、"声望"牵着鼻子走。这些人不是根据自己的能力、兴趣来选择自己的工作或职业。如果职业目标不能满足自己的需要，或与自己的价值观不一致，如果对工作不感兴趣，或不具备这项工作所要求的才能，那么所达成的职业目标对自己的意义就会大打折扣。

此外还有许多人处在一种无意识的职业生涯状态，不愿意承担职业生涯管理的个人职责，让客观情况左右自己的行动和选择，他们常把职业生涯管理当作危机管理，即使有信号提示他们该做出改变了，他们仍然待在原来的位置上，一直等到必须做改变的时刻到来。人们不会从过去的经历中学习，重复同样的错误，这些也都和不认识自己、不了解自己有关。解决这些问题可以从两方面入手：首先，人们必须认清自己的价值观、兴趣、才能及自己所偏爱的生活方式；其次，必须意识到个人所从事的职业与个人的个性特征相协调的重要性。这都要求我们从认识自我开始，进行有意识的职业生涯管理。

（二）评估环境

我们这里重点讲对社会环境的认知和对组织环境的认知两部分。

1. 对社会环境的认知

（1）社会政治、经济发展趋势。国家政治环境的稳定水平、经济发展状况、就业政策等对个体的择业与就业都有重大的影响。人一生的发展与社会环境密切相关，要分析哪些事情自己可以做，哪些事情不能做。而且不仅要分析现在，还要预测未来的经济增长率、经济景气度、经济建设的重点转移等。当经济振兴时，百业待举，新的行业不断出现，新的组织不断产生，机构增加，编制扩容，为就业及晋升创造了条件；反之，就会带来不利条件。特别是经济模式的变化对人的影响更大。例如，我国由过去的计划经济转为市场经济，加上知识经济社会的到来，这无疑给人的生活方式带来了巨大的变化，对人的就业、人的发展、人的素质也相应提出了更高的要求。此外，国际化经营、经营贸易国界的消失，对人的素质提出了更高的要求。其要求经营人才不但要精通专业技术与经营知识，还要精通外语、熟悉国际贸易法及异国他乡的风俗习惯等。

（2）社会热点职业门类分布与需求状况。社会的变迁与价值观念对于生活在社会中的个体来说也有重大的影响，人们要重点分析信息社会对职业生涯发展的影响，分析信息社会对人才成长的要求与挑战。还要注意人的价值观念的变化。因为随着社会的发展，人的价值观念都在不同程度地发生变化，人的需求层次也在不断提高。这些变化均将对人的职业生涯发展产生直接影响。另外，科学技术日新月异，知识更新的周期日益缩短。因此，在职业生涯设计中要充分考虑到知识的补充、理论的更新、观念的转变和思维的变革等。

（3）自己所选择职业在当前与未来社会中的地位情况。首先，要对自己所面对的劳动力市场有个大致的了解，了解自己的专业在劳动力市场是属于什么样的地位，是处于"卖方市场"还是"买方市场"。这在很大程度上决定着个体在劳动力市场是处于相对主动的地位还是被动的地位。其次，在就业之后考察自己的职业在当前及未来社会中的地位情况，这对于一个人的职业生涯成功来说无疑是非常重要的。

2. 对组织环境的认知

对组织环境的认知具体包括对自己所选企业的内部环境和企业所面临的外部环境的分析两部分。

（1）企业内部环境分析。对企业内部环境进行分析一般包括以下几点：①组织特色，包括组织规模、组织结构、组织文化和人员流动等。②经营战略，包括组织的发展战略与措施、竞争实力和发展态势等。发展态势是指该组织处于发展期、稳定期，还是衰退期。组织的发展态势，对个人人生发展影响极大，须引起重视。③人力评估，包括人才的需求预测、升迁政策、培训方法和招募方式等。重点了解组织未来需要什么样的人才，需要多少，对人才的具体要求是什么，升迁政策有哪些规定。④人力资源管理，包括人事管理方案、薪资报酬、福利措施和员工关系等。

（2）企业外部环境分析。对企业外部环境进行分析主要是对企业所面对的市场状况、在本行业中的地位与发展趋势及所从事行业的发展状况与前景进行分析预测。

在进行职业生涯设计时，我们必须对以上谈到的组织环境与社会环境的相关信息进行认真分析。

（三）确定大学生职业生涯发展的目标

对待成功，不同的人有完全不同的做法。一种人是永远活在梦幻里。另一种人则是一步一个脚印为自己的成功砍着荆棘、劈着石头、架着桥梁、修着道路。

大学生活对未来的职业生涯发展有着至关重要的影响，从职业发展的角度来看，将经历探索期、定向期、冲刺期、再到实现期四个阶段，每个年级侧重不同，因此，做好大学的行动计划具有重要意义。

（四）制订行动方案并实施

1. 大学一年级为探索期

要初步了解职业，特别是自己未来想从事的职业或与自己所学专业对口的职业，要努力提高人际沟通能力。

具体活动可包括多和师兄师姐交流，尤其是跟大三的毕业生多交流，向他们询问就业情况，了解就业信息。大学一年级时学习任务不重，要多参加学习社团活动，在社团活动中增强自己的交流技巧和人际关系能力。同时，要努力学习计算机知识和网络知识，争取通过计算机和网络辅助自己学习。有些同学对自己所学的专业不满意，这个时候也要为此多利用学生手册，了解相关的规定和信息。

2. 大学二年级为定向期和冲刺期

进入大学二年级应考虑清楚未来是就业还是继续深造，进而了解相关的活动并投入全身心的精力。如果选择就业，这时可以通过参加学生社团组织，锻炼和检验自己的各种能力，可以开始尝试兼职、社会实践活动，并要持之以恒，最好能在课余时间从事与自己未来职业或本专业有关的工作。重点是培养自己的责任感、主动性和受挫折的能力。承受挫折能力差是很多大学生普遍存在的问题，遇到一点失败或不如意就心灰意冷、垂头丧气，因此，着重培养受挫折能力是很有必要的。选择继续深造的同学这时不仅应该着手提高自己的英语、计算机应用能力，考取相应的等级证书，还要注意锻炼自己独立解决问题的能力，留心心仪的本科院校，看他们的招生简章，为赢得专升本考试、专接本的成功而有的放矢。

3. 大学三年级为实现期

大学三年级，专升本、专接本的同学都已转走，大部分同学的目标会锁定在成功就业上。这时，可对前两年的准备作一个总结：首先检验自己已确立的职业目标是否明确，前两年的准备是否已充分；然后开始注意学校就业指导中心发布的各类用人单位信息，强化求职技巧，进行模拟面试等训练和实战演练。

大学生活只是人生的一站，未来的旅途还很漫长，要在未来的职业生涯中取得成功，就必须持之以恒地贯彻自己每一天的计划，否则，你就是那个永远活在梦幻里的人。

（五）反馈与修正

在制订职业生涯规划时，由于对自身及外界环境都不是很了解，最初确定的职业生涯目标往往都是比较模糊和抽象的，有时甚至是错误的。经过一段时间的工作后，有意识地回顾自己的言行得失，可以检验自己的职业定位与职业方向是否合适，从而为自己找到合适的发展方向。目前我们常常听到"先就业，再择业"的说法。许多同学因为不了解自己也抱着这种想法，随便找了单位就工作了。工作一段时间后才发现自己并不喜欢也不胜任这项工作。这是因为，抱着"先就业，再择业"思想的人，很可能导致盲目地为了找一份工作而找工作，缺乏理性的选择和思考，更谈不上长远的规划，这样做的后果往往是人职不匹配，直接后果就是我们经常看到的频繁换工作，三五年后仍然业绩平平，结果耽误了职业发展的宝贵时间。因此，对这部分人来说，生涯规划的反馈与修正就变得更加重要。

在职业生涯规划实施和运行的时候，由于每个人的自身条件和外部环境不一样，对未来目标的设定也有区别，并且不可能对未来外部情况了如指掌，对自己的一些潜在能力也可能了解不够深入，这就需要在实施中不断根据反馈进行规划修正，使之更符合当时的客观环境。并要充分认识与了解相关的环境，评估环境因素对自己职业生涯发展的影响，分析环境条件的特点、发展变化情况，把握环境因素的优势与限制，结合本专业、本行业的地位、形势及发展趋势，对职业生涯目标与策略等进行取舍与调整。

因此，通过职业生涯规划的反馈与修正过程，可以自觉地总结经验和教训，评估职业生涯规划，修正对自我的认知。通过反馈与修正，可以纠正最终职业目标与分阶段职业目标的偏差，保证职业生涯规划的行之有效。同时，通过评估与修正还可以极大地增强自信心，从而促进职业生涯目标的实现。

总之，反馈与修正是职业生涯规划的重要环节，也是保障职业生涯规划能否实施的关键环节，只有通过反馈与修正，才能保证目标的合理性和措施的有效性，也才能最终促使职业生涯目标的实现。

整个职业生涯规划要在实施中去检验，看效果如何，及时诊断职业生涯规划各个环节出现的问题，找出相应对策，对规划进行调整与完善。

由此可以看出，整个规划流程中正确的自我评价是最为基础、最为核心的环节，这一环做不好或出现偏差，就会导致整个职业生涯规划各个环节出现问题。

打造自己理想的职业规划，规划自己理想的职业前景，多少人为之苦苦追问一生。"心有多大，舞台就有多大"，只要职业目标与自己的性格、兴趣、特长、能力等相匹配，与外在的环境相适应，就应该敢想敢为。不妄自菲薄，也不好高骛远，在人生的大舞台上定能找准自己的角色，演出最精彩的人生剧目。

【案例点击】

大学生职业生涯规划书

引言

有规划的人生最精彩！要想活出精彩的人生，就要确定自己未来的方向，早做筹谋，规划一条属于自己的道路。能够在自己的人生轨迹中留下最真实的印记，拥有自己想要的生活，实现自我的人生价值，我们才无悔于青春，无悔于未来！

一、自我认知

（一）个人概况

教育背景：

2004—2007 年就读于山东 ××××× 学院，担任班级宣传委员、院学生会干事

2001—2004 年就读于山东省潍坊市 ×× 中学，担任团支部书记、学生会宣传部长

政治面貌：团员

爱好：阅读、演讲、运动

身体状况：健康

个人技能：通过全国英语等级考试四级、全国计算机考试二级、普通话水平二甲。思维敏捷、表达流畅，人际交往能力强

自我鉴定：吃苦耐劳、严于律己、乐于奉献

（二）职业能力

1.职业测评的结果

我使用霍兰德职业兴趣测评工具进行测评，其结果是社会型 S 得 66 分，企业型 E 得 65 分，艺术型 A 得 41 分，职业码是 SEA。这类人格类型特征主要表现为喜欢人际交往，具有很好的沟通技能；关注社会问题，倾向于服务团体；喜欢领导决策；常常被认为是具有权威性的、有抱负的和具有说服力的；擅长言语技能。

推荐的职业领域主要有咨询人员、导游、商业管理经理人、市场或销售人员、零售商、采购员、公关人员、投资商、广告宣传员、保险代理商等。

2.职业能力测评的结果

（1）我使用优赛生涯在线的探险团小游戏和职业能力测评工具测评的结果是决策与管理能力类（企业型 E）得 72 分；交往与沟通能力类（社会型 S）得 68 分；研究与分析能力类（研究型 I）得 34 分，职业码是 ESI。表明我具备较高的领导决策能力、说服能力并擅长语言交流与沟通。适合的职业类型主要有商业管理经理人、市场或销售人员、零售商、采购员、公关人员、投资商、广告宣传、保险代理商、政治家、律师等。

（2）通用技能测评结果。工作中不仅需要职业能力还需要通用能力。我使用优赛生涯在线提供的通用能力测评工具对我的通用能力进行了测评，其结果是：我的 9 种通用技能都属擅长且分数较为平均，排序为：问题解决（6.1 分）、团队合作（6 分）、项目管理（6 分）、

目标管理(6分)、压力与情绪管理(6分)、沟通能力(5.8分)、时间管理(5.8分)、金钱管理(5.3分)、执行力(5分)。由此可见，我较擅长沟通、解决问题、团队合作、管理项目、执行、目标管理、时间管理、压力与情绪管理、金钱管理。

3. 职业价值观

职业价值观测评结果，使用优赛生涯在线的价值观大拍卖小游戏和职业价值观测评工具，我的职业价值观测评结果是：容易成为该领域专家或成名得10分；晋升机会多得9分；收入高得8分。具体表现在：希望成为专家或名家，非常看重自身能力能够带给自己的声望；重视学习、努力提升自己，并且一般会目标明确、重视利用资源；重视晋升机会，希望组织提供不断升迁的机会；在工作中，努力表现自己，愿意从岗位比较低的位置做起，并且常常有自己的想法和目标；重视收入高，追求殷实富足的生活，利润意识强，因此有较强的工作动力，不介意工作强度和工作环境等因素。

4. 个性特征

测评结果表明，我的个性特征及风格是直接、控制与独断，通常扮演的是一个"指挥者"。很自信，非常独立，讲道理，重事实，追求成功的动机极强。果断、反应快、擅言词。喜欢挑战，好胜心与企图心强，鲜少从困难或危险的情况中退缩，相反的，会在逆境中努力完成目标。有目标、有目光、有创意，更勇于实践目标，成就感来自把对手远远抛在后方，征服欲望甚强。相信事在人为，有很好的抗压力，活力充沛，适应力强。喜欢拥有独立的职权。以问题为导向，对现状提出质疑，勇于接受挑战。以事为主，并要求要有具体的结果，厌恶犹豫不决、没有效率的工作环境，具有创新改革的勇气，常常成为组织中的火车头。

可能适合的职业有：教师(贸易/工商类)、物业管理、项目经理、数据库经理、信息总监、后勤与供应经理、业务运作顾问、证券经纪人、电脑分析人员、保险代理、普通承包商、工厂主管、业务经理、职业经理人、各类中小型企业主管和业主。

5. 自我认知总结

通过对我的职业兴趣、职业能力、职业价值观、个性特征的探索，可以看出我的职业兴趣与职业能力非常匹配，都包含社会型和企业型。适合与人打交道，能够领导决策的工作，希望通过工作与不同的人交流思想，不断接受新的挑战。我认为从事销售行业与我的职业兴趣非常匹配，在推销自己产品的同时传播自己的理念，为他人提供高品质的服务，提高他们的生活质量，在与人交流中也促进自身成长。而我的职业能力也能很好的应对销售工作，尤其是我的职业能力和综合技能都体现了我的沟通、交流能力较强。我的职业价值观对自我实现和发展较为重视，而销售行业发展潜力巨大，自身的发展空间也相当大。再考虑到自己的女性特质，和自己天性对化妆护肤的喜爱，加之希望为女性服务的愿望，综合考虑，职业的初期目标倾向于化妆品方面的销售代表，远期希望成为一名职业经理人。

二、职业认知

1. 家庭环境认知

我生长在一个普通的工薪阶层家庭里，父亲是公务员，母亲自己做生意，家庭经济状况良好，父母都受过高等教育。从小就培养我的自理能力，从不溺爱或过多干涉我的学习、生活，但对教育非常重视，所以养成了我独立自主、大方、开朗的性格，培养了我积极的生活态度和正确的人生观、价值观。

2. 学校环境认知

我所在的学校是一所坐落在××市××区的普通高校，虽然并非全国名校，师资力量和学校资源也比较有限，但是学校注重培养学生的实践能力，严格要求学生在品德、学习、实践、生活中全方位挖掘自身潜力。学校鼓励学生参加各种实践活动，也为学生提供各种平台展示自我、发掘自我，鼓励学生勤工俭学，自主创业。这样的环境使我可以在学习专业知识的同时锻炼自己的实践能力。

3. 社会环境认知

当今中国国家安定，政治稳定，人民安居乐业，各项事业高速发展，尤其在经济实力上有了令世界瞩目的成绩。自改革开放以来中国经济迅猛发展，整体经济实力有了质的飞跃。1978年至2008年，中国国内生产总值年均增长近9.8%。中国国内生产总值从1473亿美元增长到44016亿美元，跃居世界第三位；人均GDP从381元人民币增长到约16084元人民币；国家外汇储备从1.67亿美元增长到19460亿美元，居世界第一位。

在看到希望的同时我们也要看到中国的经济社会发展受资源环境约束加剧，产业结构优化升级任务相当艰巨，城乡、区域发展不平衡等问题依然突出。而对大学生来说由于连年的扩招带来的毕业生人数急剧增加，政府机构改革、人员分流，国企深化体制改革、精兵简政，私企就业岗位少，全球性经济危机又雪上加霜，大学生就业仍然存在很大困难。

4. 行业环境分析

在很多人的眼中，销售人员地位低下，这样的歧视一度造成销售行业在中国发展极为缓慢，根本没有人想做。而今随着中国经济发展，买方市场的形成，销售人员逐渐占据了企业重要的地位。优秀的销售人员有着广阔的晋升空间和在企业中的话语权，销售行业也逐渐走俏。销售除了能迅速锻炼自己的人际交往能力、积蓄人脉资源，也可以在短期内获取不菲的收益。而其人才需求量大，门槛低，专业技能要求不高，导致越来越多的人才涌入了这个行业，竞争也越来越激烈。

5. 职业环境分析

我的理想职业是职业经理人和销售代表，这主要是从我职业生涯的两个阶段来考虑的。我预计在进入职业期时从销售代表开始做起，通过几年的销售代表工作做出优异的业绩逐步进入管理层，这也是很多销售人员必经的职业转型期，这样的转型也与我的年龄、生活相协调。尤其是30岁左右进入人生下一阶段，成立家庭，销售代表已不适应这一阶段的自我发展。这时我将转入管理层，成为企业的管理人员，并以成为一名优秀的职业经理人为目标不断努力。

三、职业决策

1.远期职业目标：职业经理人

（1）SWOT分析

我的优势 (Strength)	有上进心、敬业精神、管理艺术、领导能力和组织才能，坚忍不拔，能够果断处理各种突发问题，善于思考，能很好地与人交往，关心他人，富有同情心，注重团队合作，有很好的协调能力	我的弱势 (Weakness)	管理学理论知识掌握不足，对行业了解不深，性格有些急躁，容易情绪化，不够成熟稳重。家庭对达成这一目标能给予的帮助有限
我的机会 (Opportunity)	大学期间学生工作的平台，参加各种比赛、实践活动的机会。学校每年举行双选会可以获得信息。职业经理人市场需求很大，从销售做起更容易晋升为职业经理人	我面临的挑战 (Threat)	需要前期工作作为基础，销售代表的工作与此工作息息相关，只有在前一工作完成较好的前提下，此项工作才能顺利展开，所以具有一定制约性。达成目标的时间较长，压力大

（2）决策分析

职业经理人，需要有很强的社会调动能力，非常大的热情，能够有带动性地带领团队开创事业，这既是较高的要求又极具挑战性，可以成为奋斗目标，与自己的匹配程度较高。自己在其中的优势明显，也有机会达到这一目标，弱势可以通过努力改变，挑战也同样是机会，前一阶段工作如果可以优异完成，也为职业经理人打下了很好的基础。同时适应了自己的成长阶段，与销售代表结束后进入企业管理层适应，两者都符合自己人生阶段的需求和特点，又完美过度，可以说是综合考虑了自我探索、职业探索、环境的改变、人生阶段的发展与人生规划的统一。

2.近期职业目标：销售代表

（1）SWOT 分析

我的优势 (Strength)	我有较强的敬业精神、创新意识、冒险精神和竞争的冲动，坚忍不拔、自信果断和强烈的事业心。擅长语言表达，有很好的亲和力和团队合作意识。善于制定详细、周密的工作计划，并且能在随后的工作中不折不扣地予以执行，已经做过某化妆品牌的销售人员，并且寒、暑假参加培训课程，形象气质佳	我的弱势 (Weakness)	销售技巧掌握不纯熟，营销学的理论知识欠缺
我的机会 (Opportunity)	销售行业的不断壮大，销售代表这一职业逐渐被社会接纳认可，自身大学期间学生干部的平台，空闲时兼职促销员的机会，现在已在化妆品公司实习，有望留在公司工作	我面临的挑战 (Threat)	销售行业竞争日益加大，经济危机造成经济衰退，消费品市场萎缩，就业压力大、人才竞争大

（2）决策分析

销售代表晋升空间广阔，收入与业绩呈正比，具有挑战性，与我的职业兴趣、能力、价值观、个性特征吻合。我在其中的优势突出，尤其是自己有一定的实践经验，又有许多实习机会，弱势可以通过努力改变，挑战对每一个人都是公平的，与自己的匹配程度和发展阶段非常合适。经过几年的努力需要适时转型进入管理层，更容易成为职业经理人。这一选择符合自己对职业规划的阶段划分，统一于整体规划，为下一阶段规划做准备。

3.职业目标小结

我的目标分为远期、近期和备选目标。远期目标远大，不易实现，但是通过努力仍有实现的可能。近期目标易于达成，销售代表门槛低，对专业要求不高，与自己的匹配程度高，容易进入，通过努力可以做出骄人的业绩。备选目标与近期、远期目标关联性大，条件成熟，易于实现，灵活多变。

四、计划与路径

1.职业路径

由于在校期间已经在化妆品公司实习，大学毕业后可能留在公司先从销售代表做起，也可能自行找其他公司，通过努力逐步晋升。预计 25 年左右成为职业经理人，如果在可预计的范围内认为无法达到职业目标将会适时调整，直接创业成为一名美容院老板。这样的安排主要是由于三者联系紧密，易于达成。化妆品销售代表通过 3～10 年的时间一般都会进入管理层，而职业经理人又是最高层的管理者，两个职业目标刚好对应。通过前期的积累自己积累了较丰富的资本，包括资金、人脉、经验、顾客资源等，并且亲戚中有从事中医美容和经营美容院的，可以合作经营也可以获得许多帮助。如果是由于自身原因而无法晋升，进行系统评估，判断能否在短时间内有所改变争取晋升，如果可以将会努力完善自身，如果不可以同样考虑离开。

2. 计划实施

计划名称	时间跨度	总目标	计划内容	备注
大学期间计划	2012—2015 年	学习成绩优异，个人能力突出，综合素质全面提高	（1）大一、大二做好知识积累，尤其是自学营销方面的知识，了解大学生活，多参加学校各类比赛和社会实践活动，努力拓展眼界提高自己的综合素质 （2）大三在学习中要密切关注职场信息，与人才市场保持联系。提高就业竞争力，尤其是搜集销售行业的相关动态	学习为主，实践活动为辅，全面发展，切勿偏废一方
短期发展计划（毕业后五年内的计划）	2015—2020 年	适应职场生活，有了一定工作经验，晋升为部门主管	（1）第一年，通过调整心态、加强学习，努力适应职场生活，加强同事间沟通交流，积累社会人际关系。由于自身并非市场营销专业的学生更需要多学多练，努力做出好的业绩 （2）第二至第三年，争取升迁机会 （3）第四至第五年，加强管理艺术，成为优秀的管理者	切忌心浮气躁，急功近利，应以学习积累为本，勤奋踏实
中期发展计划	2020—2025 年	在工作上有突出表现，进行轮岗，拥有突出的综合能力和各方面业务素质，晋升为总监级别	（1）经过毕业后五到十年的努力做出一定成绩，积累一定资本，成为该领域中层领导，有了较广的人际网络 （2）争取轮岗机会，全面锻炼。十到二十年中努力成为该领域的带头人，加强管理学知识，为下一步晋升做准备	工作中积极进取，注重人际交往，扩大自身影响力

续表

计划名称	时间跨度	总目标	计划内容	备注
长期发展计划	2025—2045年	事业稳步发展，达到职业目标，争取五十岁左右能够退休，退休前成为工作领域的带头人，家庭和睦，事业有成	(1) 通过二十年的努力，积累了足够的资本，争取成为职业经理人，事业稳步发展 (2) 五十岁左右达到职业目标，做五年左右职业经理人后退休	事业稳步提升，事业、家庭和谐发展

3. 具体实施

(1) 大学期间计划

①在学好本专业知识，保证每学期获得奖学金的同时，多去图书馆涉猎营销及企业管理方面的图书。已考取秘书资格证，普通话资格证，准备考计算机二级资格证。旁听市场营销专业的课程，尤其是市场营销与我所学的专业上课时间基本不重叠，结合市场营销学的课程表，重新为自己制订一份课程安排。在图书馆借一些有关营销、企业管理和心理学的书籍，由于做一名销售员除了需要销售技巧外还需要准确把握不同人的心理，尤其是社会心理学方面的书籍应该多涉猎。已参加学校的商务礼仪、形体舞蹈的公选课，为以后的交际做准备。

②参加学生会锻炼能力，通过两到三年的学生会工作锻炼，全面提高自己的组织能力、语言表达能力、人际交往能力、判断力、决策力等，为进入社会做好准备。大一做干事，从基础做起，学会了一些基本的工作技能，包括公文写作和组织小型活动。大二、大三锻炼统筹能力、领导能力。与经管学院的学生会成员可以多进行交流，认识更多的营销学同学。他们的营销知识较全面，销售机会较多，可以通过他们接触一些营销人员。

③参加学院各种活动，包括朗诵比赛、演讲比赛、论坛报告等，进一步提高自己的组织能力、表达能力、应变能力。大一主要多参加系和学院的比赛，大二、大三继续锻造自己。

④参加社会实践活动，兼职促销员，利用假期到化妆品销售公司去实习，进行实战演练。大一、大二已经销售过一段时间的化妆品和首饰，参加过一些美容讲座，大三与现在的校内代理联系，通过与他的交流，积极争取成为某化妆品牌校内代理。寒暑假在化妆品公司进行培训，有望留在公司工作。

⑤通过各种实习机会多学多做，理论实践相结合，多发现问题、思考问题、解决问题，撰写实习报告给自己总结经验教训。

(2) 短期发展计划 (毕业后五年内的计划)

①通过大学期间的实习，毕业后进入实习的化妆品公司，或是通过应聘进入一家化妆品公司从事销售。

②毕业后第一年努力适应职场，调整角色。刚进入公司，要首先转换角色，从学生的思维方式转换为员工的思维方式。调整自己的作息时间，适应紧张的职场生活。加强与前辈的沟通，学习职场生存之道。要以谦虚的态度，努力学习。

③第二年着重积累社会人际关系，开始建立客户关系，努力提高业务素质，争取表现机会。由于刚进入公司不久，人事关系比较单薄，需要加强和同事的沟通，学习怎样处理好自我和上级、平级的关系。每周与自己的客户进行联系，包括电话、短信、面谈等，维护长期联系。

④毕业后 3 ～ 5 年积极争取升迁机会，抓住机会继续努力。如果能够升迁，努力提高管理能力，如果不能顺利升迁总结原因积极改正。经过前两年的学习和积累，第三年开始积极争取表现，做出好的成绩，维护各方面关系，在业绩方面保证每月成为销售冠军，如果升迁成功要适时调整角色，应对新的挑战和机遇。尤其是进入管理层后，一边学习与同级的相处，一边摸索对下级的管理，学会鼓励与鞭策，为下级设定适合的目标，使整体业绩更上一层楼，帮助下属自我成长。

⑤毕业后 5 年除了在工作上适应、学习、积累经验、争取升迁外，更要注重自身理论知识的学习。对销售行业的发展状况要了如指掌、对营销的理论知识要不断更新，对公司的运营状况要时时关心。尤其是成为部门经理后，对管理知识的摄取极为必要，要用科学的方法管理团队，争取团队的整体业绩有更大的提高。

(3) 中期发展计划

①毕业后 5 ～ 10 年，积累资本，扩大人脉，积极争取轮岗，提高综合业务素质。积累包括资金、经验、知识、技能、人脉，努力扩展自己的人际圈，在本公司拥有坚实的人脉资源。资金方面一部分储存一部分投资，实现资金的稳定和增值。经验方面，通过多年的工作，逐步积累，多与同行业的朋友交流心得，加强再培训。希望从区域销售经理轮到人力资源部任经理，以锻炼对人的管理能力，使管理技能更为全面纯熟，争取更高层次的升迁。

②毕业后 10 ～ 20 年，成为企业核心领导层。通过前面 10 年的努力，积累了各方面的资本，现在也到了人生的另一阶段，尤其是职业转型成功后，这一阶段将会是职业生涯的高速发展阶段。加强与本行业的人员交流，多参加各种行业研讨会、交流会，搜集行业最新信息，了解本行业的最新技术、企业、人才的各方面状况，以便全局把控。

(4) 长期发展计划

毕业后 20 ～ 35 年，积累了足够资本，确立了行业的地位，与公司董事会沟通，成为企业首席执行官，如果不行，继续努力，50 岁前如果无法达到职业目标会进行全面的评估，分析原因及未来的发展潜力，可能会考虑自行创业或直接退休与家人、朋友环游世界，做义工或从事慈善等服务社会的活动。如果成功成为职业经理人，将会做 5 年左右，然后准备退休。

五、自我监控（评估调整）

1. 评估与修正时间

大学期间每学期进行一次评估，进入职场后每一年进行一次评估，每一个职业发展阶段进行一次深入、全面的评估，如果发生突发情况或有其他因素介入，根据情况每月进行一次评估，根据现实情况不断调整计划。

2. 评估与修正内容

（1）实施策略评估与修正

我的规划看重各方面的综合发展，在规划职业的同时考虑自身追求、自身因素、愿望、家庭等方面，再根据外部环境的改变和自己每阶段目标达成的情况适时调整。如果工作与生活出现尖锐矛盾会改变原有计划，保证工作家庭协调发展。如果工作过程中出现种种阻碍因素，我也会及时分析评估，分析存在的问题找出解决方法，调整行动策略。大学期间，主要以每年的计划为标准，参考完成情况，进行评估修正。进入职场的 5 年内，评估次数会比较多，根据发展状况，考虑原有规划与现实情况的差距，进行调整。职业生涯稳定后主要是对照现实情况进行小的修正。退休的时间根据职业发展的状况最晚不超过 60 岁。

（2）职业路径评估与修正

职业路径较为灵活，如果发展不顺利职业生涯可能会延长。如果 30 岁左右还没有进入管理层将会进行一次全面、深入的评估，如果是由于玻璃天花板会考虑离开本公司选择更适合发展的公司或直接创业，如果是由于自身原因，在可预见的短期内可以有所改变的将会努力完善自己，争取升迁，如果不能在短期改变，将会考虑离开公司。如果 38 岁左右没有成为大区经理，也会进行全面评估，如果是不可改变的原因同样考虑离开本公司寻找更合适的企业或创业，如果是自身原因短时间内可以改变，能够在 1～2 年有望升迁会继续努力争取更好的表现。45 岁左右如果没有达到销售总监同样进行深入评估改变行动策略。销售行业门槛低，易进入，销售代表对专业要求不高，而销售代表只要业绩优异、各方面综合能力较强，比较容易进入管理层，再通过多年努力成为职业经理人。如果在可预期的时间里无法达到职业目标将会选择备选职业，开一家美容院，这与我的首选职业目标联系紧密，可行性高，易于实现。

（3）职业目标评估与修正

目标分为远期和近期，职业目标与人生阶段特征相符合，远期目标与初期目标又相互关联，目标的可达成性较高，如果工作晋升不顺利，可能无法达到预期目标，考虑积累资本后自行创业。由于职业经理人的目标较高，可以作为奋斗方向，但如果 30 年内无法达到有可能放弃此目标，将精力放在社会服务类工作中，在充实自己的同时为社会做贡献，更大程度地实现自身价值，与人生目标仍然统一。

结束语

马云曾说:"今天很残酷,明天更残酷,后天会很美好,但绝大多数人都死在明天晚上,却见不到后天的太阳,所以我们干什么都要坚持!"人生的历程就是我们不断抉择的过程,结果怎样,我们能做的只有锁定长期目标,坚持中期目标,根据路途中所遇到的阻碍不断修订和调整近期目标,适时调整修改规划才能确保最后的胜利,最终才能成就我们美好的未来!

"万事俱备,只欠东风",接下来最为关键的就是付诸行动,行动带来结果,结果又会促进新的行动,最终把我们带向目标的方向,成就美好的职业人生。

【延伸阅读】

大学生职业规划的七大误区认识

人的职业生涯是一个漫长的过程。我们将其划分为不同的阶段,明确每个阶段的目标,制订不同的奋斗计划,尽可能的适应未来的世界:方向比努力重要,能力比知识重要,健康比成绩重要,生活比文凭重要,情商比智商重要。

误区1:作了决定之后,绝对不能后悔!

不合理认识:既然选择了一个专业或职业就不能改变,否则一定会被别人看不起。

合理认识:做抉择是有风险的,就像任何一个投资一样,没有包挣不亏的。职业规划中的决定可以进行调整。

误区2:我一定要马上决定!

不合理认识:迟迟无法决定是懦弱、不成熟的表现。别人都知道自己要做什么,只有我太差劲,我应该立即作决定。

合理认识:不做决定是可以接受的,与我个人是否懦弱无关。只要我能多了解自己,充实和储备人生资源,机会来到时我会做最好的选择。

误区3:兴趣是万能的!

不合理认识:只要找到我的兴趣,我就一定能够成功。

合理认识:找到自己的兴趣,不见得一定能成功,但至少做起来快乐。如果培养做自己感兴趣事情的能力,将会更能使自己成功。

职业兴趣和能力是两码事。有兴趣而无能力,只会增加挫折感;无兴趣而有能力,心中缺乏满足与喜悦。因此,职业兴趣和职业能力要同时考虑,找到他们的共同点。兴趣是调料,能力是主菜,所以我们应该了解自己的兴趣,加强自己的能力。

误区4:职业生涯规划没有必要!

不合理认识:船到桥头自然直。这世界变化太快,职业生涯规划只是一时的流行,很多事情既然无法预测,再规划也是枉然。

合理认识：职业生涯规划的目的不在于你很快地找到自己的人生目标，很快作个决定，而在于对自我和环境的不断探索。通过生涯探索，更多地了解自己和环境，那就可能作更充分的准备，也更可能有意识的发挥出自己的潜能。以积极准备的态度面对人生，随时知时知势知己，自己才不会被淘汰。正是由于时代变化太快，职业生涯规划才有必要，计划时代和铁饭碗时代是不用职业生涯规划的。

误区 5：对我个人而言，职业生涯规划没有必要！

不合理认识：职业生涯规划只是属于想成功的人，我只想做个平凡人，用不着职业生涯规划。

合理认识：职业生涯规划的目的是突破障碍、激发潜能、自我实现。你可以实现当作家的梦，就如同我可以实现当导游的梦一样。生涯规划是不分贵贱的，是属于每一个踏实的人。

想得到的不一定做得到，想不到的一定做不到。不探索自己和环境的现状与未来，不积极准备人生，就有可能落后于时代，到时可能平凡人都做不了了。有部分下岗职工为证，他们工作前不是没有知识没有能力，也不是现在就弱智了，而是落后了时代一大截，要补许久的课才能重新上岗。

误区 6：现在好好规划，以后就不用了！

不合理认识：现在趁着大学里的空余时间多，多花些时间在职业生涯规划，省得以后也要去做。

合理认识：由于时代在变，自我也在变，所以对环境及自我的探索是不可能一劳永逸的。职业生涯规划除了探索、抉择和行动之外，还有一个重要的环节，那就是职业生涯反馈与调整。正确的职业生涯规划是盯紧近期目标，远望长期目标，在必要时及时调整中长期目标。

所以职业生涯规划的最终目的不在于你找到了多么完美的人生目标，而在于你了解自己和环境多少，实现了多少近期目标，积累了多少人生资源。因而生涯规划不是一劳永逸的。

误区 7：我现在很忙，没有时间去规划什么！

不合理认识：生涯规划肯定要花一些时间，而且要静下心来。我现在学习和社会工作都很多，没有时间来顾及它。

合理认识：随波逐流，被动生活也可能成功。就像砍树，不磨刀，也可以砍树。如果事先研究了树的纹理和结构，把刀磨好了，看起来是晚一步砍树，然而更早更好地完成任务的概率增加了许多。

【趣味测试】

自我测试

职业倾向测评（一）

职业观，是指一个人在选择职业前所处的状态和具体从事某一职业所具备的能力，也是指人才对职业的看法与领悟。包括职业兴趣、职业倾向、工作适应性、工作主动性、成功倾向性、事业成功指数等，其中职业倾向是测评一个人适合从事的职业，对一个人在职业生涯中的合理定位起到决策作用。

一、测试目标：职业倾向

二、测试说明：测试适合从事什么职业，进行以下职业倾向的测试。每题有两种选择：A"是"与B"否"。

三、测试题：

第一部分

1.墙上的画挂不正，我看着不舒服，总想设法将它扶正。（　　）

2.洗衣机、电视机出了故障时，我喜欢自己动手摆弄、修理。（　　）

3.我做事情时总力求精益求精。（　　）

4.我对一种服装的评价是看它的设计而不关心是否流行。（　　）

5.我能控制经济收支，很少有"月初松、月底空"的现象。（　　）

6.我书写整齐清楚，很少写错。（　　）

7.我不喜欢读长篇大作，喜欢读议论文、小品或散文。（　　）

8.闲暇时间我爱做智力测验、智力游戏一类题目。（　　）

第二部分

9.我不喜爱那些零散、琐碎的事情。（　　）

10.以我的性格来说，我喜欢与年龄较小而不是年龄大的人在一起。（　　）

11.我心目中的另一半应具有与众不同的见解和活跃的思想。（　　）

12.对于别人求助我的事情，总尽力帮助解决。（　　）

13.我做事情考虑较多的是速度和数量，而不是在精雕细琢上下功夫。（　　）

14.我喜欢新鲜这个概念，例如新环境、新旅游点、新同学等。（　　）

15.我不喜欢寂寞，希望与大家在一起。（　　）

16.我喜欢改变某些生活习惯，以使自己有一些充裕的时间。（　　）

四、测评标准：每题选A得1分；选B得0分。然后将第一部分和第二部分分别核出总分，即总分1和总分2。

五、测评分析：

1.总分1小于总分2：是一个肯钻研、很谨慎、有理性的人。适合的职业：律师、医生、工程师、编辑、会计师等。

2.总分1大于总分2：善于与人交往，思想较活跃。适合的职业：服务员、艺人、采购员、推销员、记者等。

3.总分1约等于总分2：不偏不倚、比较居中。适合的职业：美容师、美发师、护士、教师、秘书等。

职业倾向测评（二）

请回答下列问题，同意填"是"，不同意填"否"。答案没有对错，仅仅用于判断你的倾向。

1. 当你在看一本描写谋杀案的小说时，你常能在作者没告诉你之前便知道谁是凶手吗？

2. 你很少写错字、别字吗？

3. 你宁愿参加音乐会，而不待在家闲聊吗？

4. 墙上的画挂歪了，你会想着去扶正吗？

5. 你宁愿读一些散文或小品文，而不去看小说吗？

6. 你常常记得自己看过或听过的事实吗？

7. 宁愿少做几件事，但一定要做好，而不愿意多做几件马马虎虎的事吗？

8. 喜欢打牌或下棋吗？

9. 对自己的预算有控制吗？

10. 喜欢学习钟表、开关、马达的原理吗？

11. 喜欢改变日常生活中的一些惯例，使自己有充足的时间吗？

12. 闲暇时，较喜欢参加一些活动，而不愿意看书吗？

13. 对你来说数学难吗？

14. 你是否喜欢与比你年轻的人在一起？

15. 你能列出五位你认为够朋友的人吗？

16. 在能力范围之内去帮助别人，你是愿意做而不怕麻烦吗？

17. 不喜欢太细碎的工作吗？

18. 看书看的快吗？

19. 你相信"小心谨慎，稳扎稳打"这句至理名言吗？

20. 你喜欢新朋友、新地方与新东西吗？

评分：

第一步，圈出全部答"是"的答案；

第二步，算出前10题中有几个"是"的答案（第1组）；

第三步，算出后10题中有几个"是"的答案（第2组）。

判断结果：

比较两组答案，

如果第1组的"是"比第2组多，表明是个精细的人，能从事需要耐心、谨慎的琐细工作，诸如医生、律师、科学家、机械师、编辑、工程师、技术工人等。

如果第2组的"是"比第1组多，表明是个广博的人，最大的长处在于能成功地与人交往，喜欢有人来实现你的想法。适合人事、顾问、教练、服务员、演员、推销员等。

如果两组的"是"大致相等，表示不但能从事琐细的工作，也能从事维持良好人际关系的工作，如护士、教师、建筑工人、秘书、商人、艺术家、政治家、图书管理员等。

职业发展篇
——审视自我，决胜于行

第三单元

大学生自我分析与探索

▶▶ 学习目标

1. 了解自我探索的含义，掌握自我探索的方法和技巧。
2. 职业个性包括职业兴趣、职业价值观、职业性格、职业技能的自我认知与探索。
3. 职业环境的分析与探索。

【案例导入】

流水的老总铁打的"兵"

几年前，我所在的公司被另一家公司兼并，新老总找我们中层干部谈话。我想，反正命运攥在人家手里，爱咋的咋的吧。于是放开心怀，想到哪说到哪。想不到一星期后，人事部门下调令，让我做办公室副主任，负责行政内务。

我当时傻了，办公室主任需要八面玲珑，性格外向。可我是个内向的人，平时并不爱言语；办公室主任需要耐心细致，可我是个有名的马大哈。此时真是进退两难，既不能一口应承，也不能说"我不行，您换人吧"——因为一个"不"字，我就下岗了。想了一天，我想通了，办公室主任也没有固定的模式，我不会八面玲珑，但咱责任心强那也是大家公认的。

被"赶着鸭子上架"之后，我每天早上提前半小时上班，把每一件需要办的事都写在台历上，分轻重缓急处理。每天晚上睡觉前都要想一想明天需要安排的工作。

老总和几个副总之间的关系有时很微妙，我在他们中间很注意把握分寸，从来不说东道西，即便有人心里不痛快，在我这里发泄几句，我也一笑置之，坚决不当传声筒。处理部门之间的人际关系，想办法尽量做到把问题消灭在萌芽中，少给领导找麻烦。

一晃两年过去了，我得到了上面的信任。可一纸调令，老总走了。新老总上任之后，有人觉得：一朝天子一朝臣，人家得用自己的班底。但出乎意料的是，新老总继续聘任我，我们相处得依然很愉快。

我在这个岗位上一干五年，换了三任老总，我都是他们的"心腹"，被同事们称为"流水的老总，铁打的兵"。我努力适应了这个岗位，而且发挥了自己性情温和、办事低调的特点，得到了大家的认可。当然，这五年里，我的性格也发生了巨变，待人接物方式更灵活了，学会了见好就收，学会了点到为止，学会了曲线变通，也学会了对付各种各样的人。我觉得，人—职匹配不能光看表面，还要看潜质，放开胆子，尝试一下与自己个性不同的工作，从某种意义上说，是个难得的机会。

【讨论】

1.请分析自我探索对大学生职业选择的重要意义。
2.你梦想的职业是什么？它是否与你的自我探索结果相符合？

随着高校扩招的大学生陆续走上社会，大学毕业生就业困难的问题日益凸显。影响大学毕业生就业的因素很多，大学生没有找到"自我"是导致大学生就业困难的重要原因之一。自我分析与探索是大学生对自身进行全面分析，解决"我是谁"问题的过程。自我探索的程度与就业水平有着重要的联系，个体对自己越了解，就业水平就越高，而那些不了解自己的个体容易产生心理异常问题，就业水平也较低。大学生自我探索主要是对职业个性倾向性、职业个性特征和职业环境的分析与探索。只有了解自己、认识自己，才能选定适合自己的职业，才能对自己的职业生涯目标做出最佳抉择，这是大学生实施职业生涯规划的首要环节。

第一节　大学生自我探索概要

"认识你自己"这句话刻在古希腊特尔菲城那座神庙里的碑铭上，犹如千年不熄的火炬，表达了人类与生俱来的内在要求和至高无上的思考命题。大学生通过自我探索，了解自己喜欢做什么、想要做什么、擅长做什么、有何不足之处，必将有助于寻找适合自己的职业。

一、大学生自我认识

（一）什么是自我认识

心理学中关于自我的探讨有着丰富的内涵，人们可以从不同的角度和不同的方面去认识自己，自我认识是在不断整合各种线索的过程中逐渐形成的。自我认识是自我意识的认知成分，也是自我调节的心理学基础。自我认识包括自我感觉、自我概念、自我观察、自我分析和自我评价。自我分析是在自我观察的基础上对自身状况的反思。自我评价是对自已能力、品德、行为等方面社会价值的评估，它最能代表一个人自我认识的水平。

大学时期是大学生认识自己、了解自己和发展自己的关键时期。目前我国高校的大学生对自我探索的知识和方法了解不多，很多大学生对自己的认识还很局限，经常陷入迷惘的状态。自我认识是每个人自信的基础与依据，即使处境不利，遇事不顺，但只要相信自己有巨大潜能和独特个性，以及优势依然存在，就可以坚信我能行，我能成功。一个人在自己的生活经历中，在自己所处的社会境遇中，能否真正地认识自我、肯定自我，是否了解如何塑造自我形象，把握自我发展方向，将在很大程度上决定一个人的前程与命运。换句话说，职业生涯是否成功，人生是否幸福，在很大程度上取决于自我认识究竟如何，取决于是否能够拥有真正的自信。

【案例点击】

镂刻在特尔菲城神庙上的名言"认识你自己"

凯勒丰是与苏格拉底相知极深的朋友。有一天，他特意跑到特尔斐神庙，向神请教一个问题：世上到底还有谁比苏格拉底更聪明？

神谕曰：没有谁比苏格拉底更聪明。

凯勒丰高兴地向苏格拉底展示了神谕的内容，可是他从苏格拉底脸上看到的却是茫然和不安。

苏格拉底不认为他是最聪明、最有智慧的人。于是，苏格拉底要寻找一位智慧声望超过他的人，以反证神谕的不成立。

他首先找到一位政治家。政治家以知识渊博自居，和苏格拉底侃侃而谈。苏格拉底从中看清了政治家自以为是其实是无知的真面孔。他想，这个人虽然不知道善与美，却自以为无所不知，我却认识到自己的无知，看来我似乎比他聪明一点。

苏格拉底还不满足，依然继续着他的求证。他找到了一位诗人，发现诗人吟诗作赋全是出于天赋，而诗人自以为能诌几句酸诗便可以目空一切。

接下来，苏格拉底又向一位工匠讨教，想不到工匠竟重蹈诗人的覆辙。因一技在手便以为无所不能，这种狂妄反而消弭了他所固有的智慧之光。

最终，苏格拉底悟出了神谕：神并非说苏格拉底最有智慧，而是以此警醒世人——你们之中，唯有苏格拉底这样的人最有智慧，因为他自知其无知。

人世匆匆，自以为是的人大有人在。有几人能像苏格拉底那样虔诚地求证自己的无知呢？

"认识你自己"，这句镂刻在特尔斐神庙上的名言，曾赋予了苏格拉底一种深沉智慧的目光。而今，苏格拉底的证明则向我们开启了一扇智慧之门：许多时候，认识自己，或者认识真理，都是从认识自己的无知开始的。

有些人能认识到自己的执着和不足；有些人根本意识不到自己的不足，或者根本不承认自己的不足，不去找自己的问题。其实，最有智慧可能就是能够充分认识自己不足的人。

充分认识自己，知道该做什么不该做什么，敢于面对自己的弱点，严肃地修正错误，才能真正提高。

苏格拉底是先哲，还在求证自己的无知，而我们做出一点点的成绩时怎么能狂妄自大呢？当别人批评或指责我们时，是反唇相讥，还是闻过则喜，坦诚的接受并改正，越有能力的人越谦卑，就像很丰满的稻穗都是垂下去的。

图3-1　明白自己远比搞懂别人重要

（二）自我认识的核心要素

自我认识主要解决"我是谁"的问题，具体包括生理自我、心理自我、社会自我三个核心成分。

1. 生理自我

生理自我是把自我看成是客观存在的客体，这个客体作为一种物质的存在，具备一些生来就有的特征，比如性别、年龄、外貌、血型等。也就是说，生理自我是对自己生理状况的认识，是一个人对自己的外貌长相、形态特征的定位和评价。比如外貌，女孩清秀，男孩俊朗，便可以给人带来愉悦的感受。这一部分有形的自我可以说是每个人对自我的最直接感受。

2. 心理自我

心理自我是自我认识中最核心的部分，它是对自我的内部主观存在的认识，是对自身心理状况的了解，是对自我智力水平、性格、气质、能力、兴趣、爱好、价值观、理想、意志、情绪、情感等的全面认识。心理自我需要从日常生活中、从我们的成长经历中、从我们所经历过的成败事例中不断去理解和把握。

3. 社会自我

人是要在一定的社会环境中生存的，每一个人都有一定的社会属性，这些社会属性也成为个体不可分割的一部分，称为社会自我。社会自我是对自己在社会关系、人际关系中的角色、地位、作用和权力等的认识，主要包括家庭背景、家庭生活状况和社会发展过程中给每个人的机遇，也包括个人与社会发生联系过程中形成的朋友关系及婚姻关系。

二、大学生自我探索的内容

职业个性心理，是一个人在职业活动中表现出来的带有一定倾向性的、稳定的、典型的心理特征的总和。大学生自我探索就是对自己的职业个性心理特征进行全方位、深层次的量化评价和分析，以便深入和全面地认识自我，了解自己的职业兴趣、价值观、性格和能力，从而确定自己喜欢的且适合自己的职业发展目标和方向。由于人的先天素质和后天的生活环境不同，各人参与的职业实践活动也不一样。因此，职业心理过程在每一个人身上就有不同的特点和表现，具体包括职业个性倾向性和职业个性心理特征两个方面。

（一）职业个性倾向性

职业个性倾向性是人对职业活动总的看法、态度和趋向，是推动一个人职业个性发展的动因，决定着一个人对职业态度的选择性和积极性，它制约着个人全部职业心理活动的方向和行为的社会意义。职业个性倾向性体现为个体的职业理想、职业兴趣和职业价值观等。

大学生职业个性倾向性探索的目的是了解自己的职业倾向，主要包括大学生职业兴趣和职业价值观探索等。职业个性倾向是职业选择的重要依据，一旦对某种职业有浓厚的兴趣，就会坚定地追求这一职业。及早进行职业个性倾向性探索，可以帮助大学生更快地熟悉并适应职业环境和职业角色。

（二）职业个性心理特征

职业个性心理特征是个体在职业活动中表现出来的稳定的、典型的心理特点，表现出鲜明的个体差异性。具体体现为个体之间的职业能力、职业气质和职业性格等方面的差异。职业能力是顺利完成职业活动的必要的心理前提条件。职业气质是人在职业行为发生时所表现出来的动力方面的心理特点。职业性格是一个人在职业活动中表现出来的稳固态度和习惯化的行为方式，是职业个性最重要的心理表现形式，反映一个人职业本质的心理特征。

三、大学生自我探索的方法

（一）按评估工具的不同进行分类

1. 正式评估方法

也叫标准化评估，即使用一些标准化的评估技术，对大学生的职业特征进行评估的方法。这类评估常常使用的是职业心理测评，如职业兴趣测评、职业性格测评、职业价值观测评等。测评方法是基于统计技术并对大量人群施测后建立起来的。测评形式通常包括纸笔答卷和计算机测评等。

2.非正式评估方法

也叫非标准化评估，是以非结构化的和非系统的方式来搜集有关个体信息的方法。大多采用行为分析技术和自我陈述分析技术。在运用非正式评估方法时，可以根据个人的经验和技能对评价结果进行分析和解释。非正式评估方法包括分类卡、工作价值观清单、想象引导、生涯人物访谈、生涯传记等。

正式评估与非正式评估的比较见表3-1。

表3-1　正式评估与非正式评估的比较

正式评估	非正式评估
更客观	更主观
时间短	时间长
大多数需要专业人员的解释	需要自己或他人深入思考、分析
提供正式测评报告	无正式报告
信度、效度高，标准化	无信度、效度等，非标准化，谨慎得出结论

（二）按评估对象的不同进行分类

1.自我评价法

进行自我反省、自我分析的方式或是通过一些简单练习活动方式来认识自己。

2.他人评价法

借助周围人群对自己进行分析评价的方式或通过一些团体训练活动方式来认识自己。

3.心理测评法

利用专业化的心理测验工具进行测评，并通过与专家进行沟通，从而认识自己。

以上几种方法各有特点，为实现清晰认识自己的目的，在具体实践过程中经常是几种方法共同使用。

四、大学生自我探索存在的问题

（一）大学生自我探索明显滞后

国外的教育机构对学生的自我探索非常关注，很多国家从小学就开始对学生进行这方面的教育，如美国人一直非常重视引导学生对自我进行了解。小学时，学校就会聘请各行各业人士讲解岗位职责和岗位要求，让学生有大概了解。中学时，通过给学生做心理测验，并去工厂参观实践，初步把自己的性格特点与现实的职业相比较，做到心里有数。大学时，有专门的就业指导机构给学生提供咨询。与美国等一些发达国家相比，我国大学生的自我探索教育并未得到充分的重视，也迟迟未能开展。调查显示，多数大学生非常渴望能得到类似的教育和培训。因此，我国对大学生的自我探索教育现状和学生真实的需要之间存在的矛盾已经相当严重，这就需要我们去逐步加以解决。

（二）大学生自我探索意识缺乏

调查发现，好多大学生没有进行自我探索的意识，这与我国应试教育的政策有关，因为所有学生一切看成绩，与成绩无关的东西向来不会受到学生、家长和老师的重视。学生就这样带着盲目上了大学，上大学后的种种不适应逼迫大学生无意识地进行自我探索和分析，但是仍然有大部分的大学生没有进行这方面的探索和学习，造成了学生"老天真"的现象，到了社会上更是处处碰壁。因此，只有唤醒他们的自我探索意识，真正找到自我，才能度过有意义的大学生活。

（三）大学生自我探索方法缺乏

想了解自己的大学生，却由于自我探索方法的匮乏一时无法做到全面了解自己。很多大学生原以为自我探索似乎是非常简单的任务，但是真要探索时却发现无从下手。因为很多学校没有进行此方面的职业生涯教育，没有给予大学生一个自我了解的平台。所以，当务之急就是为大学生提供一个自我探索的平台，唤醒他们自我探索的意识，使他们有机会去探索自我。

五、大学生自我探索改进策略

（一）大学生自我探索应尽早开展

自我探索对大学生而言无疑是非常重要的，然而目前我国很多高校把职业生涯规划中的自我探索和就业指导混为一谈，认为只需要对毕业生进行就业教育就行了。殊不知，等到择业时才去进行自我探索教育，效果往往不够明显。因此，如果能在刚入学时就进行此类职业生涯教育，相信这对他们的大学生涯及走入社会都十分有益。

（二）使用正式和非正式评估工具

在进行自我探索时，应将正式评估工具和非正式评估工具结合起来使用。正式评估工具是由专家经过长期的实验得来的，在自我探索中有重要作用，但是正式测评报告并非就是唯一的、准确的，有时候还需要结合一些非正式评估工具进行验证。通过结合两者的优点，从而形成一份正确的测评结果。

（三）需要专业的职业规划师指导

由于正式和非正式测评是一个技术性和专业性的测评工具，因此自我探索必须要借助于专业职业规划师的指导。职业规划师的主要任务是对个体的兴趣、性格、气质、价值观和技能等特征进行评估和测量，帮助大学生对职业困惑进行解释。在此过程中，职业规划师的角色是一个解惑者，帮助大学生解释就业中遇到的困惑，并给大学生提供相应的帮助、支持和指导。

【趣味测试】

自我评估小测试

练习一：

夸夸我自己。

面试中，招聘官让你介绍一下你自己。请你用一分钟的时间来推销自己，强调突出自己的优点和特长，设法给对方留下深刻印象。

练习二：

想象一下，在你面前正站着一个魔法师，只要你说出在职业中最想要的。他就可以挥动手臂，念一句咒语，帮你实现。这样的机会只有一次，你会跟他说什么？

练习三：

小小动物园。

目的：促进自我了解，并了解他人，学习接纳每个人的独特性。

准备：每人一支笔、一张卡片，6～8人一组。

操作：要求学生仔细思考，用一种动物代表自己，并在卡片上写下这种动物的名字。等所有人写完后，同时亮出卡片，请组内成员看看在这个小小动物园中有哪些动物，哪些与自己相似，哪些与自己不同。然后让大家讨论，轮流介绍自己为什么会选这种动物代表自己，该种动物的优点和缺点是什么。

第二节　大学生职业个性倾向性探索

一、大学生职业兴趣探索

（一）职业兴趣概要

1. 兴趣

兴趣是建立在需要的基础上，是个人对其环境中的人、事、物所产生的喜爱程度，是个人力求认识、掌握某事物，并经常参与该种活动的心理倾向。研究发现，人的兴趣与需要有密切的关系。一般来说，需要的对象也就是兴趣的对象，例如，很多人在学生阶段都会憧憬自己的未来，为了满足这种需要，他们会在某些成功人士身上找到参照，于是对一些明星产生浓厚兴趣，并努力模仿他们的形象和行为。兴趣是人们选择并参与活动的巨大推动力，是推动人们寻求知识、从事活动的重要心理因素。当个人对某事物有兴趣时，会对它产生特别的注意力，针对该事物达到感知敏锐、记忆牢固、思维活跃、情感浓厚、意志坚定的理想状态。

2. 职业兴趣

职业兴趣是指人们对即将从事或正在从事的某种职业活动的喜爱程度，职业兴趣在职业活动中起着重要的作用。事实证明，职业兴趣已成为衡量职业满意度和维持职业稳定性的一个重要因素。研究发现，职业兴趣与工作效率之间有密切的关系，如果一个人对工作有热情，就能够发挥全部才能的80%左右，并能长时间保持高效的工作；而对工作不感兴趣的人，只能发挥工作能力的20%左右，而且容易疲劳厌倦。当我们对自己所从事的职业活动真正感兴趣时，才会从内心激发起对该职业强烈的求知欲和探索欲，才会全身心地投入其中，从中得到快乐和满足。反之，我们对所从事的职业活动缺乏真正的兴趣，即使外在表现不错，也会索然无味，难以得到真正的满足。

职业兴趣的发展一般经历有趣、乐趣、志趣三个阶段。对于职业活动，往往从有趣的选择，逐渐发展为工作乐趣，进而与奋斗目标和工作志向相结合，提升成为志趣，表现出方向性和意志性的特点，使人坚定地追求某种职业，并为之尽心尽力，这时的职业也就转变成了人们的事业。

（二）兴趣在职业活动中的作用

1. 兴趣是职业选择的重要因素

爱因斯坦说过，兴趣是最好的老师。兴趣是一种强大的精神力量，良好的兴趣可以充分地发掘人的职业潜能，推动人们通过不懈的努力去创造性地劳动，从而取得事业的成功。当一个人的兴趣与工作相匹配时，他就能发挥整个身心的积极性，产生肯定的、积极的情感体验，从而去克服事业发展中的一切困难；反之，当一个人对工作没有兴趣，就不可能充分发挥他的聪明才智和潜能。

2. 兴趣可以提高人的工作效率

兴趣是人保持工作活力和提高工作效率诸因素中最活跃的因素。人一旦对某种特定的工作产生兴趣，再枯燥的工作也会变得趣味无穷，很多时候还会是一种享受。兴趣可以使人集中精力、聚精会神去思考，从而获得知识的丰富和技能的提升，不断开发潜在的无穷智力并能够创造性、主动性地开展工作。天才是指具有毅力的人、勤奋的人、入迷的人和忘我的人，但天才的勤奋、毅力、入迷和忘我的出发点在于兴趣。

3. 兴趣可以促进人的事业成功

如果一个人对工作感兴趣，那么他就会不计名利报酬、忘我地去工作，就会取得工作成果及事业上的成功，这正是兴趣的作用所在，也是人获得事业成功的秘诀。一个人选择的职业，如果正是自己的兴趣所在，那么它就有可能把一个人的潜能最大限度地调动起来，使个体长期关注某一方向，最终通向成功的道路。因此，兴趣是促使事业成功的重要因素，兴趣是工作动力的源泉。

【案例点击】

兴趣是最好的老师

学计算机专业的张川爱好文学，平时常写文章，偶尔也有作品见诸报端。他希望毕业后能够在 IT 行业工作。大三暑假，张川在经常访问的某国内知名网站的主页上，发现该网站正开展征文活动。此时他正好在生活中遇到了一点烦恼，于是有感而发，写了一篇情深意长的文章《离开你的第七天》投给该网站。开学后，张川在 IT 行业中求职屡战屡败。一天，正为求职苦恼的他接到该网站的电话，告知他的文章获奖了。

于是，张川找到网站征文活动的负责人，该负责人得知张川的求职经历后，问他是否愿意到公司来做事，并许诺丰厚的待遇。张川大喜过望，求职的艰难让这份工作显得格外诱人，第二天张川便到公司实习，负责该网站校园版块的策划组稿工作。上班后，张川成功策划了网站和学校的一次联谊活动。在试用期三个月过后，张川终于迈进了自己心仪的 IT 行业。

【案例点评】

从表面上看，张川的求职成功似乎是"妙手偶得之"，其实这与他平时对文学的爱好和练习是分不开的。张川最初的求职期望是担任一名 IT 公司的技术员，然而写作方面的爱好却成为他迈入 IT 公司门槛的"通行证"。事实上，很多 IT 公司并不缺少技术过硬的研发人员，缺少的是拥有一定的技术功底、对宣传策划和活动组织具有良好领悟力和执行力的人。张川求职成功的案例，让我们看到了理工科同学加强文学修养、文理兼备的重要性。

兴趣是人们选择职业的重要依据之一。《加拿大职业分类词典》中针对不同职业提出了不同的兴趣要求，见表 3-2 所示。

表 3-2　《加拿大职业分类词典》中对不同职业提出的兴趣要求

兴趣类型	特点	适合职业
喜欢同具体事物打交道	不喜欢与人打交道	制图、勘测、工程技术、建筑、机器制造、出纳、会计等
愿与人接触	喜欢与人交往，对销售、采访、传递信息一类活动感兴趣	记者、推销员、服务员、营业员、邮递员、教师、行政管理人员、外交联络人员等

兴趣类型	特点	适合职业
愿意干有规律的工作	喜欢按常规有规律、有秩序地进行活动，习惯于在预先安排好的程序下工作	邮件分类、图书管理、档案整理、办公室工作和打字、统计等
喜欢从事社会福利和助人工作	乐于助人，试图改善他人的状况，帮助他人排忧解难	律师、咨询员、科技推广人员、医生、护士等
愿意做领导和组织工作	喜欢掌管一些事情，希望受到众人尊敬和获得声望，希望在企业单位中起重要作用	各级各类组织的领导、管理者，如行政人员、企业管理干部、学校领导、辅导员等
喜欢研究人的行为	对人的行为、举止和心理状态感兴趣，喜欢谈论人的问题	研究人、管理人的工作，如心理学、政治学、人类学、人事管理、思想政治等研究工作及教育、行为管理工作
喜欢从事科学技术事业	对分析、推理、测试等活动感兴趣，擅长理论分析，喜欢独立解决问题，也喜欢通过实验获取新发现	生物、化学、工程学、物理学、地质学等
喜欢抽象和创造性的工作	对需要想象力和创造力的工作感兴趣，或者喜欢独立地工作。对自己的学识和才能颇为自信，喜欢解决抽象的问题，而且喜欢了解周围世界	科学研究工作和实验室工作，如社会调查、经济分析、各类科学研究工作和化验、新产品开发等
喜欢操作机器的技术工作	对运用一定技术操作各种机械、制造新产品或完成其他任务感兴趣，喜欢使用工具，特别喜欢大型、马力强的先进机器，喜欢具体的东西	飞行员、驾驶员、机械制造、建筑、石油、煤炭开采等
喜欢从事具体的工作	希望能很快看到自己的劳动成果，愿意从事看得见、摸得着产品的工作，并从完成的产品中得到满足	室内装饰、园林、美容、理发、手工制作、机械维修、厨师等

（三）霍兰德理论在职业兴趣探索中的应用

1. 职业兴趣类型

霍兰德认为，某一类型的职业通常会吸引具有相同人格特质的人，这种人格特质反映在职业上就是职业兴趣。大多数人的职业兴趣可以归纳为六种类型（具体见小资料：霍兰德六种类型解析），即霍兰德类型中的实用型（R）、研究型（I）、艺术型（A）、社会型（S）、企业型（E）和事务型（C）（图3-2）。个人的职业兴趣往往是多方面的，很少只是集中在某一种类型上。大家可能或多或少地具备所有六种兴趣，只是偏好程度有所不同。为了比较全面地描述个人的职业兴趣,通常用最强的三种兴趣的字母代码来表示一个人的兴趣,这个代码就是霍兰德代码。这三个字母间的顺序表示了兴趣的强弱程度的不同。比如 SAI 和 AIS 的人具有相似的兴趣,但他们对同一类型事物的兴趣强弱程度是不同的。某高职学院学生职业兴趣类型的总体特征和某大学生的职业兴趣分析分别如图 3-3 和图 3-4 所示。

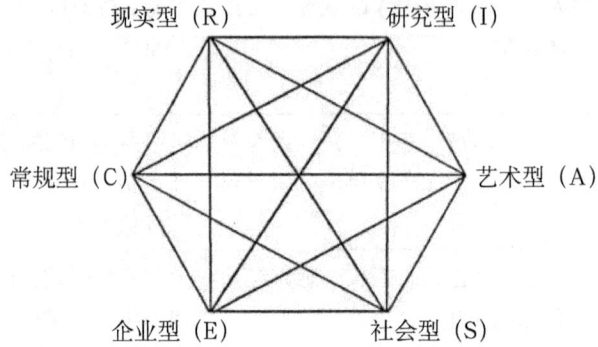

图 3-2 职业人格类型之间的关系

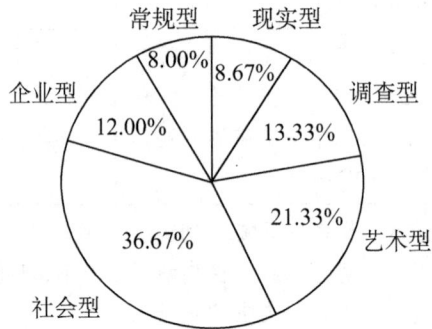

图 3-3 某高职学院学生职业兴趣类型的总体特征

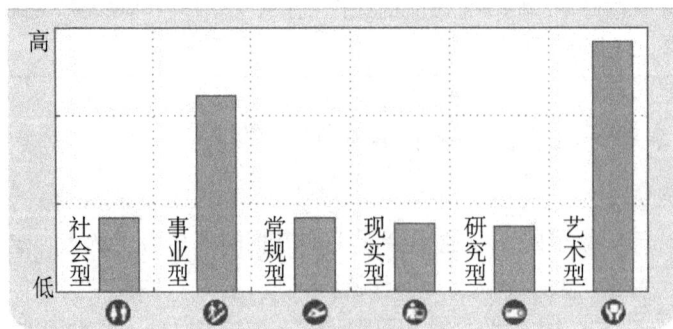

图 3-4 某大学生的职业兴趣分析

2. 职业环境类型

霍兰德经过数十年研究发现，同一职业群体内的人有相似的人格特质，从而产生特定的职业氛围亦即职业环境，它具有特定的价值观念、态度倾向和行为模式。因此，工作环境也可以分为六种类型，其名称及性质与兴趣类型的分类一致，具体职业通常也用霍兰德代码描述其工作性质和职业范围。

3. 六种类型之间的关系

霍兰德提出了六角形模型来解释六种职业类型之间的关系。每一种类型与其他类型之间存在不同程度的关系，大体可描述为三类：

第一，相邻关系，如 RI、IR、IA、AI、AS、SA、SE、ES、EC、CE、RC、CR。属于这种关系的两种类型的个体之间共同点较多，现实型（R）、研究型（I）的人就都不太偏好人际交往，这两种职业环境中也相应的都只有较少机会与人接触。

第二，相隔关系，如 RA、RE、IC、IS、AR、AE、SI、SC、EA、ER、CI、CS。属于这种关系的两种类型个体之间共同点比相邻关系少。

第三，相对关系，在六边形上处于对角位置的类型之间即为相对关系，如 RS、IE、AC、SR、EI、CA。相对关系的人格类型共同点少。因此，一个人同时对处于相对关系的两种职业环境都感兴趣的情况较为少见。

4. 个人与环境的适配

霍兰德提出，个人兴趣类型和职业环境之间的适配将增加个人的工作满意度、职业稳定性和职业成就感。因此，占主导地位的兴趣类型可以为个人选择职业和工作环境提供方向。个人可以使用霍兰德类型来了解并组织自己的兴趣，并根据它来探索及理解工作世界。通过自我探索活动或测评工具得出自己的兴趣代码后，就可以对照找出与之相匹配的职业，从而了解可能有哪些适合于自己的工作领域。

【延伸阅读】

霍兰德六种类型解析

1. 社会型 (S)

共同特征：喜欢与人交往、不断结交新的朋友、善言谈、愿意教导别人。关心社会问题、渴望发挥自己的社会作用。寻求广泛的人际关系，比较看重社会义务和社会道德。

典型职业：喜欢要求与人打交道的工作，能够不断结交新的朋友，从事提供信息、启迪、帮助、培训、开发或治疗等事务，并具备相应能力。如教育工作者（教师、教育行政人员），社会工作者（咨询人员、公关人员）。

2. 企业型 (E)

共同特征：追求权力、权威和物质财富，具有领导才能。喜欢竞争、敢冒风险、有野心、抱负。为人务实，习惯以利益得失，权力、地位、金钱等来衡量做事的价值，做事有较强的目的性。

典型职业：喜欢要求具备经营、管理、劝服、监督和领导才能，以实现机构、政治、社会及经济目标的工作，并具备相应的能力。如项目经理、销售人员、营销管理人员、政府官员、企业领导、法官、律师。

3. 常规型 (C)

共同特点：尊重权威和规章制度，喜欢按计划办事，细心、有条理，习惯接受他人的指挥和领导，自己不谋求领导职务。喜欢关注实际和细节情况，通常较为谨慎和保守，缺乏创造性，不喜欢冒险和竞争，富有自我牺牲精神。

典型职业：喜欢要求注意细节、精确度、有系统、有条理，具有记录、归档、据特定要求或程序组织数据和文字信息的职业，并具备相应能力。如秘书、办公室人员、记事员、会计、行政助理、图书馆管理员、出纳员、打字员、投资分析员。

4. 实际型 (R)

共同特点：愿意使用工具从事操作性工作，动手能力强，做事手脚灵活，动作协调。偏好于具体任务，不善言辞，做事保守，较为谦虚。缺乏社交能力，通常喜欢独立做事。

典型职业：喜欢使用工具、机器，需要基本操作技能的工作。对要求具备机械方面才能、体力或从事与物件、机器、工具、运动器材、植物、动物相关的职业有兴趣，并具备相应能力。如技术性职业（计算机硬件人员、摄影师、制图员、机械装配工），技能性职业（木匠、厨师、技工、修理工、农民、一般劳动）。

5. 调研型 (I)

共同特点：思想家而非实干家，抽象思维能力强，求知欲强，肯动脑，善思考，不愿动手。喜欢独立的和富有创造性的工作。知识渊博，有学识才能，不善于领导他人。考虑问题理性，做事喜欢精确，喜欢逻辑分析和推理，不断探讨未知的领域。

典型职业：喜欢智力的、抽象的、分析的、独立的定向任务，要求具备智力或分析才能，并将其用于观察、估测、衡量、形成理论、最终解决问题的工作，并具备相应的能力。如科学研究人员、教师、工程师、电脑编程人员、医生、系统分析员。

6. 艺术型 (A)

共同特点：有创造力，乐于创造新颖、与众不同的成果，渴望表现自己的个性，实现自身的价值。做事理想化，追求完美，不重实际。具有一定的艺术才能和个性。善于表达、怀旧、心态较为复杂。

典型职业：喜欢的工作要求具备艺术修养、创造力、表达能力和直觉，并将其用于语言、行为、声音、颜色和形式的审美、思索和感受，具备相应的能力。不善于事务性工作。如艺术方面（演员、导演、艺术设计师、雕刻家、建筑师、摄影家、广告制作人），音乐方面（歌唱家、作曲家、乐队指挥），文学方面（小说家、诗人、剧作家）。

然而，大多数人都并非只有一种性向，比如，一个人的性向中很可能是同时包含着社会性向、实际性向和调研性向。霍兰德认为，这些性向越相似，相容性越强，则一个人在选择职业时所面临的内在冲突和犹豫就会越少。为了帮助描述这种情况，霍兰德建议将这六种性向分别放在一个正六三角形的每一角。

【趣味测试】

职业兴趣探索练习

请详细回答下列问题，这个练习是都助你回忆日常生活中有关个人兴趣的一些代表性事件。请仔细思考，认真分析。

（1）我的白日梦：请列举出三种你非常感兴趣的职业（除去所有现实的考虑），这些工作的哪些特征吸引着你？

（2）请回忆三个从事某件事情时令你感到快乐（满足）的经历。请详细地描述这三次经历，是什么令你感到如此快乐（满足）？

（3）从小到大你担任过哪些职务？其中，你最喜欢的是哪些职务？不喜欢的是哪些职务？请具体说明为什么。

（4）你最敬佩的人是谁？他对你产生了什么样的影响？你最像他的是什么地方？最不像他的是什么地方？

（5）你最喜欢看哪种杂志？这些杂志中的哪些部分吸引着你？如果你到书店看书，你通常会停留在哪类书架前（不是仅仅因为学习需要的情况下）？

（6）除了单纯的娱乐放松以外，你最喜欢看哪几类电视节目？节目中的什么内容吸引着你？

（7）你喜欢浏览哪类网站？你喜欢看网站的哪部分内容？它们属于哪个专业？

（8）休闲的时候，如果只是出于兴趣的考虑，你最想做什么或学什么？这里面又是什么吸引着你？

（9）你最喜欢的科目是什么？为什么喜欢它（们）？

（10）我们生活中都有过某些时刻，因为全神贯注于做某件事情而忘了时间。什么样的事会让你如此专注？

综合上面问题的回答，进一步分析你的答案里面有什么共同点吗？是否可以归纳出主题或者关键词？这些主题或关键词可能和霍兰德的哪些类型相对应？如何能够让这样的主题在你今后的职业生活中得到更充分的体现？

【趣味活动】

我的旅游计划

恭喜你！你获得了一次免费度假游的机会，有机会去下列六个岛屿中的一个。唯一的要求是你必须在这个岛上待上至少半年的时间。请不要考虑其他因素，仅凭自己的兴趣按一、二、三的顺序挑出你最想前往的三个岛屿。

R 岛（自然原始的岛屿）：岛上保留有热带的原始植物，自然生态保持得很好，也有相当规模的动物园、植物园、水族馆。岛上居民以手工见长，自己种植花果蔬菜、修缮房屋、打造器物、制作工具。

I 岛（深思冥想的岛屿）：岛上人迹较少，建筑物多僻处一隅，平畴绿野，适合夜观星象。岛上有多处天文馆、科博馆及科学图书馆等。岛上居民喜好沉思、追求真知，喜欢和来自各地的哲学家、科学家、心理学家交换心得。

A 岛（美丽浪漫的岛屿）：岛上充满了美术馆、音乐厅，弥漫着浓厚的艺术文化气息。同时，当地的原住民还保留了传统的舞蹈、音乐与绘画，许多文艺界的朋友都喜欢来这里找寻灵感。

S 岛（温暖友善的岛屿）：岛上居民个性温和、十分友善、乐于助人。社区均自成一个密切互动的服务网络，人们多互助合作，重视教育，弦歌不辍，充满人文气息。

E 岛（显赫富庶的岛屿）：岛上的居民热情豪爽，善于企业经营和贸易。岛上的经济高度发展，处处是高级饭店、俱乐部、高尔夫球场。来往者多是企业家、经理人、政治家、律师等，衣香鬓影，夜夜笙歌。

C 岛（现代有序的岛屿）：岛上建筑十分现代化，是进步的都市形态，以完善的户政管理、地政管理、金融管理见长。岛民个性冷静保守，处事有条不紊，善于组织规划。

我最想前往的三个岛屿：(1) _____；(2) _____；(3) _____。

我最想去的岛屿关键词：_____。

说明：这6个岛屿实际上代表着霍兰德提出的6种类型。做完这个活动后，你应当能得出自己最有兴趣的前3个类型，亦即你的霍兰德代码，并对6种类型的基本特征有所了解。

（四）大学生职业兴趣培养途径

1.培养广泛职业兴趣

具有广泛兴趣的人，不仅对自己职业领域的东西有浓厚的兴趣，而且对其他方面也有一定的兴趣。只有建立起广泛的职业兴趣，具备"多技之长"，才能适应职业选择和职业变换的需要。反之，如果一个人兴趣范围狭窄、涉足面小，对新事物的适应性就弱，在职业选择上所受的限制就多。大学期间是培养广泛兴趣的关键时期，大学生应积极参加学校组织的活动，培养自己的广泛兴趣，并在此基础上发现自己将来的职业倾向。

2.重视培养中心兴趣

中心兴趣可以使人钻研自己的本职工作，发挥自己的潜能，容易获得事业的成功。如果一个人兴趣广泛，但没有一个中心的兴趣，没有确定的职业方向，就难以获得事业的成功。现代社会对人才的要求是博与专，因此学校、教师在教育和引导大学生培养广泛兴趣的基础上，还要着重培养他们在某一方面的中心兴趣，促进大学生的发展和成才。

3. 组织社会实践活动

大学生只通过书本、课堂获得职业兴趣是不够的，还必须通过一定的社会实践活动，才能对职业本身有深刻的认识和了解，才能激发自己的职业兴趣。学校应该组织有针对性的社会实践活动，让学生深入到工作一线，了解、认识职业的性质，并亲身体验工作的乐趣。指导学生根据社会和自我的需要，有意识地去培养和发展职业兴趣，为今后的事业成功创造良好的基础条件。

【案例点击】

兴趣广泛促进自身全面发展

有人评论《红楼梦》时指出，曹雪芹在写大观园的建筑时，表现出他是一个精通建筑学的建筑师；写大观园的花草树木时，他又像颇有研究的植物学家；在给病人开的药方当中，又显露了他的医学才能；而描写人物内心冲突和刻画典型性格时，他又是一个造诣很深的心理学家。没有广泛的兴趣是不可能写出这样不朽的著作的。在世界科学史、哲学史和教育史上声誉盛隆的笛卡儿，也正是由于其广阔的探索兴趣，才使其获得"百科全书"式天才的成就和美名。

【案例点评】

一个人的兴趣越广泛，思想就越活跃，求知欲就越强，涉猎的范围也就越宽，越有利于创造性思维的培养，进而也可促进自己的全面发展。

二、大学生职业价值观探索

（一）职业价值观概要

1. 价值观

价值观是我们在生活和工作中所看重的原则、标准或品质，是一个人思想意识的核心，是人们用于区别好坏、分辨是非、判别重要性的心理倾向体系。价值观对个人的思想和行为具有一定的导向或调节作用，使之指向一定的目标或带有一定的倾向性。平常我们并不时常意识到自己价值观的存在，但实际上我们无时无刻不在学习和使用价值观，尤其在必须进行选择和决策的时候，例如，我们判断"谁是朋友谁是敌人"、"学习哪个课程更有用"、"哪个老师对自己的影响更大"等问题时，都自然而然地使用到自己的价值观。

一般来说，价值观有以下三个特点：首先，价值观是因人而异的，持有不同价值观的人对待同一种事物会产生截然不同的态度和行为；其次，价值观不是与生俱来的，而是在家庭和社会的影响下逐渐形成的，价值观一旦形成，就会保持一定程度的持久性和稳定性，往往短时间内难以改变；最后，价值观的稳定性并不能保证价值观一成不变伴随人们终生，在特定环境下价值观也有可能发生改变。价值观支配着人的行为、态度、认知、信念等心理和行为过程，只有通过价值观的判别，人们才能真正明白事物对自己的意义，并为自己的行为提供充足的理由。因此，了解自己的价值观是认识自我过程中无法逾越的步骤。

【案例点击】

老和尚的人生哲学

老和尚携小和尚游方，途遇一条河，见一女子正想过河，却又不敢过。老和尚便主动背该女子趟过了河，然后放下女子，与小和尚继续赶路。小和尚不禁一路嘀咕：师父怎么了？竟敢背一女子过河？一路走，一路想，最后终于忍不住了，说："师父，你犯戒了？怎么背了女人？"老和尚叹道："我早已放下，你却还放不下！"

【案例点评】

君子坦荡荡，小人长戚戚；心胸宽广，思想开朗，遇事拿得起、放得下，才能永远保持一种健康心态。

2. 职业价值观

职业价值观是价值观的重要组成部分，是人们依据自身的需要对待职业、职业行为和工作结果的比较稳定的、具有概括性和动力作用的一套信念系统。职业价值观是个体一般价值观在职业生活中的体现，它不但决定了人们的择业倾向，而且决定了人们的工作态度；它是个体在长期的社会变化中所获得的关于职业经验和职业感受的结晶。例如，大学生在就业时通常会考虑是去政府单位还是去私人公司，是从事技术岗位还是行政岗位，是要工作轻松还是要高工资福利。这时左右大学生进行职业选择的就是职业价值观。

大学生职业价值观的形成与很多因素相关，每个人的性别、年龄、经历、个性、基本素质、受教育状况、兴趣爱好、成就动机，以及舆论宣传、家庭影响、学校引导等都会对大学生职业价值观产生影响。研究显示，当代大学生群体的职业价值观有很多相似性，大多数大学生在求职时比较务实，愿意选择那些能发挥特长、收入水平高、能实现个人抱负的岗位，而服从需要、企业规模和性质、职业社会地位的重要性在逐渐下降。

【延伸阅读】

心理学家马丁·凯茨的工作价值观

心理学家马丁·凯茨找出了十种与工作有关的价值观，认为这些东西在我们的发展中至关重要，在它们背后隐藏着我们的重要性倾向。这十种价值观分别是：

其一，高收入。特指对超出实际需要的收入的强烈预期，它不一定必须指向某个或某些具体的用途。

其二，社会声望。即对个体在社会生活中的地位和名誉等因素的重视。

其三，独立性。就是对个人自主空间的珍惜。

其四，帮助别人。即把改善他人的健康、福利、教育看作自己人生价值实现的重要途径。

其五，稳定性。是对单一性的追求。

其六，多样性。实际是对变动不居的渴望，是对挑战性的青睐。

其七，领导力。体现在对组织力量、控制力量的热爱。

其八，个人兴趣满足。即对个体成长完善的关注。

其九，休闲。对闲适生活、安逸生活的追求。

其十，尽早进入工作领域。是在对教育和实践关系上更热衷于后者的一种倾向。这一点在我国缺少必要的针对性。有人将其改为"对人际关系的重视"。

按照马丁·凯茨的思想，每个人都会在这十种类型中有几种带有明确倾向的选择，并总能按其重要程度排出一个顺序来。这种选择后的排序就体现了个人的价值观。

（二）价值观在职业选择中的作用

价值观对动机有导向作用，人们行为的动机受价值观的支配和约束。在同样的客观条件下，具有不同价值观的人，产生的行为结果也不同。一个人职业价值观的形成与发展受性别、年龄、教育程度、个人工作经验、家庭生活背景、社会发展状况等影响。

1.负面的价值观阻碍职业的选择

负面的价值观经常会影响学生择业的过程，例如，有些学生在择业中过分看重社会地位，会使学生在择业时形成过高的期望值，产生不切实际的想法，好的单位去不了，一般的单位又不愿意去，造成眼高手低的尴尬就业局面，也会使自己产生失望、怀疑、彷徨等消极的心理情绪，导致心理不和谐的状态。

2.正确的价值观促进职业的选择

职业价值观对大学生的学习态度和心理健康能够产生较为明显的影响。首先，目前很多大学生希望在学习一门课程之后能马上获得某方面的技能，而对基础课程则缺乏兴趣，学习上的实用主义倾向对他们的学习态度和学习效果产生的消极影响日益突出。很多学生毕业后才发现，自己根本体现不出专业优势，就业困难也就在情理之中。其次，当代高校毕业生就业心理问题较多，他们对于工作地点、工作环境等要求比较高，特别是对于工作单位的地理位置非常在意，这种职业价值观是造成大学生就业难的重要原因之一。因此，引导大学生正确认识自我、认识社会、认识就业形势、树立正确的职业价值观，是高校学生工作者面临的重要课题。

3. 正确的价值观促进毕业生就业

正确的价值观可以促进学生调整就业心态，明确就业的基本思路，找到适合自己的职业。例如，在职业价值观中看重发展因素的学生，其自我满意度较高，自我灵活性也较好。这些学生往往具有较强的进取心，并且对所选单位比较了解，就业准备比较充分，具备很强的竞争力，能够在短时间内顺利完成就业。

【案例点击】

领导值 800 元

一个人去买鹦鹉，看到一只鹦鹉前标：此鹦鹉会两门语言，售价 200 元。另一只鹦鹉前则标道：此鹦鹉会四门语言，售价 400 元。

该买哪只呢？两只都毛色光鲜，非常灵活可爱。这人转啊转，拿不定主意。结果突然发现一只老掉了牙的鹦鹉，毛色暗淡散乱，标价 800 元。

这人赶紧将老板叫来：这只鹦鹉是不是会说八门语言？

店主说：不。

这人奇怪了：那为什么又老又丑，又没有能力，会值这个价钱呢？

店主回答：因为另外两只鹦鹉叫这只鹦鹉老板。

【案例点评】

真正的领导人，不一定自己能力有多强，只要懂信任，懂放权，懂珍惜，就能团结比自己更强的力量，从而提升自己的身价。相反许多能力非常强的人却因为过于完美主义，事必躬亲，什么人都不如自己，最后只能做最好的公关人员、销售代表，成不了优秀的领导人。

（三）大学生职业价值观澄清步骤

职业价值观的测量是大学生职业生涯规划中的一个难题。一方面职业价值观的结构复杂，不同的学者从不同的理论出发，设计或使用不同量表测量，得出的结果无法进行有效比较；另一方面我国教育制度使多数大学生的学生生涯局限在校园内，缺少对社会和职业的直接感知，多数大学生的职业价值观都还处于探索和初建阶段，因此校园内测得的结果并不稳定。

1966 年，纽约大学的拉斯出版了《价值与教学》一书，在书中提出价值观澄清这一术语，后来拉斯等人形成了价值观澄清学派，主张以诱导的方式帮助大学生辨认自己的价值观状况，分析它们之间的关系，清醒地意识到它们的存在，从而指导自己的行动并与他人交流。价值澄清学派的倡导者们认为价值观念的形成应包括三大步骤七个完整的过程。

步骤一：选择你的价值观

（1）你是否是自主地选择了这项价值，也就是说从来没有任何人和任何方面把它强加给你？

（2）它是你从众多的价值观中挑选出来的吗？

（3）它是你在思考了所做选择的结果或后果后被挑选出来的吗？

步骤二：珍视你的价值观

（4）你是否为你选择的这一价值而感到骄傲（珍视、爱护）？

（5）你是否愿意公开地向其他人声明你的选择，也就是说在别人面前公开地为它辩护？

步骤三：践行你的价值观

（6）你是否能做一些与你选择的价值观有关的事情？

（7）你是否能与你的价值观保持一致的行为模式？

回答这些问题的过程，就是价值观的澄清过程。这样形成的价值观有助于个人从整体出发，为自己的全面发展做出正确的分析和选择。

【趣味测试】

个人价值观探索问卷

说明：下面有52道题目，每个题目都有5个备选答案，请根据自己的实际情况或想法，在题目后面圈出相应字母，每题只能选择一个答案。通过测验，你可以大致了解自己的职业价值观念倾向。

A——非常重要；B——比较重要；C——一般；D——较不重要；E——很不重要。

1. 你的工作必须经常解决新的问题。

2. 你的工作能为社会福利带来看得见的效果。

3. 你的工作奖金很高。

4. 你的工作内容经常变换。

5. 你能在你的工作范围内自由发挥。

6. 工作能使你的同学、朋友非常羡慕你。

7. 工作带有艺术性。

8. 你的工作能使人感觉到你是团体中的一分子。

9. 不论你怎么干，总能和大多数人一样晋级和长工资。

10. 你的工作使你有可能经常变换工作地点、场所或方式。

11. 在工作中你能接触到各种不同的人。

12. 你的工作上下班时间比较随便、自由。

13. 你的工作使你不断获得成功的感觉。

14. 你的工作赋予你高于别人的权力。

15. 你在工作中能试行一些自己的新想法。

16. 你在工作中不会因为身体或能力等因素，被人瞧不起。

17. 你能从工作的成果中知道自己做得不错。

18. 你的工作经常要外出参加各种集会和活动。

19. 只要你干上这份工作，就不再被调到其他意想不到的单位和工种上去。

20. 你的工作能使世界更美丽。

21. 在工作中，不会有人常来打扰你。

22. 只要努力，你的工资会高于其他同年龄的人，升级或长工资的可能性比干其他工作大得多。

23. 你的工作是一项对智力的挑战。

24. 你的工作要求你把一些事务管理得井井有条。

25. 你的工作单位有舒适的休息室、更衣室、浴室及其他设备。

26. 你的工作有可能结识各行各业的知名人物。

27. 在你的工作中，能和同事建立良好的关系。

28. 在别人眼中，你的工作是很重要的。

29. 在工作中你经常接触到新鲜的事物。

30. 你的工作使你能常常帮助别人。

31. 你在单位中有可能经常变换工作。

32. 你的作风使你被别人尊重。

33. 同事和领导人品较好，相处比较随便。

34. 你的工作会使许多人认识你。

35. 你的工作场所很好，比如有适度的灯光，安静、清洁的工作环境，甚至恒温、恒湿等优越的条件。

36. 在工作中，你为他人服务，使他人感到很满意，你自己也很高兴。

37. 你的工作需要计划和组织别人的工作。

38. 你的工作需要敏锐的思考。

39. 你的工作可以使你获得较多的额外收入，比如常发实物、常购买打折扣的商品、常发商品的提货券、有机会购买进口货等。

40. 在工作中你是不受别人差遣的。

41. 你的工作结果应该是一种艺术而不是一般的产品。

42. 在工作中你不必担心会因为所做的事情领导不满意，而受到训斥或经济惩罚。

43. 在你的工作中能和领导有融洽的关系。

44. 你可以看见你努力工作的成果。

45. 在工作中常常要你提出许多新的想法。

46. 由于你的工作，经常有许多人来感谢你。

47. 你的工作成果常常能得到上级、同事或社会的肯定。

48. 在工作中，你可能作一个负责人，虽然可能只领导很少几个人，但你信奉"宁做兵头，不做将尾"的俗语。

49. 你从事的那种工作经常在报刊、电视中被提到，因而在人们的心目中很有地位。

50. 你的工作有数量可观的夜班费、加班费、保健费或营养费等。

51. 你的工作比较轻松，精神上也不紧张。

52. 你的工作需要和影视、戏剧、音乐、美术、文学等艺术打交道。

上面的52道题分别代表13项工作价值观。每圈一个A得5分、B得4分、C得3分、D得2分、E得1分。请你根据表中每一项前面的题号，计算一下每一项的得分总数，并把它填在每一项的得分栏上（表3-3）。然后在表3-3下面依次列出得分最高和最低的三项。

表3-3　职业价值观评价表

得分	题号	价值观	说明
	2，30，36，46	利他主义	工作的目的和价值在于直接为大众的幸福和利益尽一份力
	7，20，41，52	美感	工作的目的和价值在于能不断地追求美的东西，得到美感的享受
	1，23，38，45	智力刺激	工作的目的和价值在于不断进行智力的操作、动脑思考、学习及探索新事物、解决新问题
	13，17，44，47	成就感	工作的目的和价值在于不断创新，不断取得成就，不断得到领导与同事的赞扬，不断实现自己想要做的事
	5，15，21，40	独立性	工作的目的和价值在于能充分发挥自己的独立性和主动性，按自己的方式、步调或想法去做，不受他人的干扰
	6，28，32，49	社会地位	工作的目的和价值在于所从事的工作在人们的心目中有较高的社会地位，从而使自己得到了人的重视与尊敬
	14，24，37，48	管理	工作的目的和价值在于获得对他人或某事物的管理支配权，能指挥和调遣一定范围内的人或事物
	3，22，39，50	经济报酬	工作的目的和价值在于获得优厚的报酬，使自己有足够的财力去获得自己想要的东西，使生活过得较为富足
	11，18，26，34	社会交际	工作的目的和价值在于能和各种人交往，建立比较广泛的社会联系和关系，甚至能和知名人物结识

得分	题号	价值观	说明
	9，16，19，42	安全感	不管自己能力怎样，希望在工作中有一个安稳局面，不会因为奖金、长工资、调动工作或领导训斥等经常提心吊胆、心烦意乱
	12，25，35，51	舒适	希望能将工作作为一种消遣、休息或享受的形式，追求比较舒适、轻松、自由、优越的工作条件和环境
	8，27，33，43	人际关系	希望一起工作的大多数同事和领导人品较好，相处在一起感到愉快、自然，认为这就是很有价值的事，是一种极大的满足
	4，10，29，31	变异性	希望工作的内容应该经常变换，使工作和生活显得丰富多彩，不单调枯燥

得分较高的前三项是：

1.＿＿＿＿＿＿＿＿＿＿＿＿；

2.＿＿＿＿＿＿＿＿＿＿＿＿；

3.＿＿＿＿＿＿＿＿＿＿＿＿。

得分较低的前三项是：

1.＿＿＿＿＿＿＿＿＿＿＿＿；

2.＿＿＿＿＿＿＿＿＿＿＿＿；

3.＿＿＿＿＿＿＿＿＿＿＿＿。

从得分较高和较低的前三项中，可以大致看出你的价值倾向，在选择职业时就可以加以考虑。

【趣味活动】

职业价值拍卖法

假设我们每个人有 1500 个生命单位，代表你可以自由投注于职业世界的时间、金钱和精力。每项职业的底价是 100，每次加价的幅度必须是 50 或者 50 的倍数。

正式拍卖前，我们有 5 分钟的时间来思考想要购买的拍卖物的顺利及愿意出的最高价格。以出价最先、最高者购得。

【案例点击】

这是我想要的生活吗

秀慧在银行工作了10年，30岁出头的她，猛然发现自己常常在算还有几年就可以退休。当初，她专科毕业考进银行，同学们都很美慕，父母高兴地到处炫耀，上菜市场还不忘带着她去光宗耀祖一番。考进银行，是对自己能力的一种肯定，但是到银行上班却是自己始料未及的。秀慧知道自己一直喜欢和人接触的工作，喜欢扮演大姐的角色，帮大家解决问题，虽然银行的文书事务工作是她可以做的，且做得不错，可是她并不感兴趣，她常常问自己："这是我想要的生活吗？"她喜欢慈善家的精神，希望从助人的过程中得到快乐。银行的工作和自己的价值观不相符，她早就心知肚明，这半年来升迁上的不如意，让她更加怀疑这份工作的意义。仔细思量，她很清楚离职是现实上最不明智、经济上最不划算的决定（理想与现实的冲突），但是情感上她真的很想换一换工作环境，去当修女或义工人员都不惜。有一天，她从广播上得知台北生命线在招募义工，有一连串助人的辅导训练，包括一阶段、二阶段的训练课程等。秀慧想通了，为了现实，她继续待在银行，为了理想，她到生命线当义工，两全其美，对自己、对家人都有交代。对于过程的辛苦，她相信自己撑得过来。

【案例点评】

我们的价值体系——指引我们方向的明灯。通过价值澄清，明确自己到底想要什么，分清终极价值与工具价值，通过改变价值规则来调整价值观，走出价值困惑，树立正确全面的职业价值观。

（四）大学生职业价值观培养途径

1. 树立正确的职业价值观

现在很多学生的职业价值观就是追求高收入、高回报的工作，就业思想还停留在"就业挣钱、养家糊口"等狭隘观念。因此，学校应该积极引导大学毕业生，注重培养为国家、为社会做贡献的价值观，要让学生知道只有坚持崇高的理想和信念，不断加强品德修养，才能使个体有限的生命充满价值。

2. 培养大学生的核心竞争力

目前很多在校大学生狂热的追求各种资格证书，反映出学生已经意识到了就业的压力，侧面反映了学生竞争意识的加强，但是通过对用人单位的调查发现，用人单位在招聘中比较注重的是综合素质较高的人才。因此，培养个人的职业核心竞争力，提高综合素质是择业成功的关键。学校应加强对学生组织沟通能力、语言表达能力等综合能力的培养。

3. 培养大学生的择业信心

随着就业形势的日趋严峻，很多大学生对找工作产生了恐惧，有的严重缺乏就业信心。

因此，高校要在培养大学生专业能力的同时，加强大学生心理健康教育，提高大学生的择业信心，使他们在校期间以饱满的热情投入到学习和工作中去。通过各种形式的讲座、丰富多彩的活动，让学生面对现实、了解现实，为将来的就业做好准备。

第三节　大学生职业个性特征探索

职业个性特征是职业发展的基础，良好的职业个性特征是职业成功的重要保障。大学生通过职业个性特征探索，可以及早地了解自己的职业性格及职业技能，促进大学生能力的增强、性格的优化和气质的提升。

【案例点击】

吴泽的困惑

吴泽是某高校法律系一年级的学生，法学是他高考时的第一志愿第一专业。经过半个学期的学习，他发现自己对所学专业越来越感兴趣，而且成绩也不错。按说一切都尽如人意，但他依然有困惑。他觉得自己在性格上是个很感性的人，但法律这个行业要求更多的是理性，自己的性格会不会不利于今后在专业上的发展。因此，吴泽不知道自己是否适合向法学方向发展。

【讨论】

吴泽的困惑是什么？

【案例点评】

大学生中具有代表性的困惑有：从性格的角度考虑，不清楚自己适合学什么专业，做什么工作？对自己性格的不满及是否影响未来发展和不清楚性格是否会改变（江山易改，本性难移）？要解决这些困惑，需要更清晰地了解自己的性格及性格和职业的关系。

一、大学生职业性格探索

（一）职业性格概要

1.性格含义

性格是个性心理的重要组成部分，是一个人稳定地对现实的态度及与之相适应的习惯化的行为方式。如聪明与愚笨、诚实与虚伪、自尊与自卑，都是对个人性格特征的描述。态度是指个体对事物、自己和他人所持的评价和行为倾向。个体在长期的生活实践中，逐渐形成对现实的各种稳定态度，以一定的方式表现于个体行为之中，构成个体特有的行为方式，性格便形成了。性格在个体的整个个性特征中处于重要地位，具有核心意义，因为稳定的态度和习惯化的行为方式，体现了个体的本质属性，人的个性差异首先表现在性格上。同时，性格还对个体的能力发展、潜能开发起导向和激发作用，并能掩盖或改造气质，使气质随着社会生活的变化而改变。

2. 职业性格分析

人们常说"性格决定命运"，这是有一定道理的。近年来，用人单位在选拔人才时提出了一种新的理念，即性格比能力更重要。一个人如果能力不足，可以通过培训提高，但其性格如果与职业不匹配，改变起来就相当困难。其实性格并无好坏之分，但性格类型与职业类型的匹配度，却对事业的成败有着重要影响。

职业性格是指人们在长期特定的职业生活中所形成的与职业相联系的比较稳定的心理特征。许多职业对性格品质有着特定的要求，要选择某一职业就必须具备这一职业所要求的性格特征。但是，性格在很大程度上是来源于后天的培养，并不是无法改变的，每个人在社会中都会因为种种外界原因而改变原先的性格，也许这种改变会让你意外地发现自己的潜力。研究表明，不同的职业有不同的性格要求，如对驾驶员要求具备注意力稳定、动作敏捷的职业性格特征；对医生则要求具备耐心细致、热情待人的职业性格特征。当然，每个人的性格都不能百分之百地适合某项职业，但却可以根据自己的职业方向来培养和发展相应的职业性格。不同性格特征的人，对组织而言，决定了每个雇员的工作岗位和工作业绩。对个人而言，决定着自己的事业能否成功。因此，性格是组织选人、个人择业的重要因素之一。

（二）性格与事业成功的关系

1. 性格影响人的意志过程

人的性格不是生来就有的，而是在后天的生活与实践中逐步形成的，具有很大的稳定性，但不是不可改变的。性格对生活、工作、健康、家庭、社会都有重要作用。性格的特征表现在各方面，包括性格的理智特征、情绪特征、意志特征和态度特征。在这四个方面中意志起着特殊重要的作用，既能调控态度，又能调控情绪，并且促进和保证理智的充分发挥。意志是人的行动的动力之源。例如，具有情绪性性格的人，做事拖拉，感情用事，没有恒心，事业很难成功；若为意志型的性格，则做事有恒心，自制力强，只要确定了目标就会坚持到底。

2. 性格影响人对待困难的态度

人的一生不可能不遇到困难，只是困难大小不同而已。在遇到同样困难的情况下，不同情绪性格的人有不同的处理方式和结果。如乐观的人遇到困难后，会积极地应对，而悲观的人则只看到困难，甚至夸大困难，从此一蹶不振。因此，对待困难要有正确的态度。大学生应该培养自己在逆境中看到光明、在挫折中看到希望的乐观性格。

3. 性格与职业的匹配影响事业成功

性格与职业的匹配是我们每一个人在职业选择过程中必须要考虑的因素。每一种职业除了对人有能力上的要求外，它同样要求有相匹配的性格。当性格与职业相匹配的时候，个体会感觉到顺心顺意。反之，个体会体验到不顺畅，甚至厌恶，从而影响自己在工作中的表现。比如，一个性格开朗，活泼好动的人从事出纳、仓库管理员等工作会觉得压抑、乏味，从而无法专注于工作。而一个性格内向，沉默寡言的人从事推销、公关等工作，会力不从心。

【案例点击】

性格决定职业成功

李某是一个非常活泼、外向的女生。刚毕业的时候，迫于就业形势，她没考虑自己的性格特点，匆匆选择了一家知名的杂志社担任编辑工作。半年下来，日复一日的重复工作让她感到十分厌倦。之后，她做了专业的性格和职业能力倾向性测试，职业顾问给她的建议是从事与市场策划相关的工作。正好有机会她去了一家合资的广告公司从事客户工作，这项工作特别适合她，业绩一跃成为公司客户代表之榜首。5年后，她又成功跳槽到一家跨国 4A 广告公司担任中国区经理。

【案例点评】

上述案例中的主人公李某意识到她的性格和第一份职业之间的不匹配，继而主动改变职业发展的方向，转向适合她活泼、外向性格的职业，取得了很大的职业成就。

（三）大学生职业性格探索方法

1. 标准化评估

目前国际上最普遍使用的性格测试是迈尔斯 - 布里格斯性格类型指标（Myers-Briggs type indicator，MBTI），这是一种自我报告式的人格测评工具，用以衡量和描述人们在获取信息、做出决策、对待生活等方面的心理活动规律和不同的人格类型表现。它是美国的心理学家嘉芙莲·谷嘉·布里格斯 (Katharine Cook Briggs，1875—1968) 和她的心理学家女儿伊莎贝·碧瑞斯·迈尔斯 (Isabel Briggs Myers，1897—1980)，根据瑞士著名的心理分析学家荣格（Carl Gustav Jung，1875—1961) 的心理类型理论基础上发展起来的。

MBTI 衡量的是个人的类型偏好，或称作倾向。所谓偏好是一种天生的倾向性，是一种特定的行为和思考方式。这些偏好并无优劣之分，却形成了人与人之间的不同。MBTI

的理论用四维度偏好来评估一个人的类型偏好，每个维度偏好二分法均由两极组成。

（1）心理能量倾向。主要是指我们与世界的相互作用方式，代表着心理能量的不同指向。

外向（extroversion，E）：主要关注自己如何影响外部环境，将心理能量和注意力聚集于外部世界的人和事，从与他人的交往中得到活力。例如，聚会、讨论、聊天，愿意成为注意的中心。

内向（introversion，I）：主要关注外部环境的变化对自己的影响，将心理能量和注意力聚集于内部世界，注重自己的内心体验。例如，独立思考、看书，避免成为注意的中心。

（2）信息获取方式。主要指我们获取信息的主要方式，表示人们通过感知活动获取信息时不同的用脑偏好。

感觉（sensing，S）：主要关注由感觉器官获取的具体信息，包括看到的、听到的、闻到的、尝到的、触摸到的事物。例如，关注细节、喜欢描述、喜欢使用和琢磨已知的技能。

直觉（intuition，I）：主要关注事物的整体和发展变化趋势，信息来自于灵感、预测、暗示，重视推理。例如，重视想象力和独创力，喜欢学习新技能，但容易厌倦，喜欢使用比喻，跳跃性地展现事实。

（3）处理信息方式。主要指我们的决策方式，表示人们经过判断权衡做出决定时不同的偏好。

思考（thinking，T）：重视事物之间的逻辑关系，喜欢通过客观分析行动的后果做出理性的决定。例如，理智、客观、公正，关注行为的标准和原则。

情感（feeling，F）：以自己和他人的感受为重，将价值观作为判定标准。例如，有同情心、善良、和睦、善解人意，考虑行为对他人情感的影响。

（4）采取行动方式。主要指我们的做事方式，表明个体是以一种有计划（确定）的还是随意（即兴）的方式适应外部环境，是信息获取维度和决策维度的综合效应在个人生活方式中的体现。

判断（judging，J）：喜欢做计划和决定，愿意进行管理和控制，希望生活井然有序。例如，重视结果（重点在于完成任务）、按部就班、有条理、尊重时间期限、喜欢做决定。

知觉（perceiving，P）：灵活、试图去理解、适应环境、倾向于留有余地，喜欢宽松自由的生活方式。例如，重视过程、随信息的变化不断调整目标，喜欢有多种选择。

MBTI测量的人格类型是个体内部的自然行为倾向，它具有整体性、结构性、稳定性等特点，是每个人特有的，可以对个体的外显行为、态度提供统一的内在解释。以上每个人格维度都有两种不同的功能表现形式，经组合可以得到四种心理类型16种人格类型，每种人格类型都有其固有的特征和相对应的职业（表3-4）。

表 3-4　MBTI 16 种人格类型

感觉判断型（SJ）		感觉知觉型（SP）		直觉情感型（NF）		直觉思考型（NJ）	
注重人生价值，保持机构稳定		关注现在，寻找快乐和冒险刺激		关注情感世界，注重精神理念		喜欢动脑思考，寻求发明创造	
ISTJ	检查者	STP	操作者	INFJ	咨询者	INTJ	策划者
ISFJ	保护者	STP	创作者	INFP	治疗者	INTP	设计者
ESTJ	监督者	SFP	创业者	ENFP	倡导者	ENTP	发明者
ESFJ	供应者	STP	表演者	ENFJ	教导者	ENTJ	决策者

2.非标准化评估

不识庐山真面目，只缘身在此山中。我们眼中的"自己"，常常和别人眼中的"自己"有一些甚至很大的差距。陷于"自己"这座山，一个人对自己的认识常常是有局限的。所以，对自己性格的了解，不要只局限于借助 MBTI 进行测评。可以借助其他人眼中的"我"和其他的非评估方法来了解自己。当疑惑 MBTI 类型描述与自己有些不符合时，或许借助身边的资源可以更好地认清自己是谁。

（四）大学生职业性格培养途径

1.培养大学生积极向上的人生观

正确的人生观是实现人生目标和生活信念的基础，有了坚定的人生观，大学生的职业性格就会受到生活信念的影响和熏陶，不断向积极、乐观、向上的方向前进。反之，没有树立正确的人生观，人生目标空泛而缥缈，生活的信念和意志日渐消沉，人的性格就会越来越消极、悲观。可以通过开设相关人生指导课程来引导和培养学生树立积极向上的人生观。

2.帮助大学生分析和了解自我

每个人的性格都是有差异的，良好的性格可以促进工作的进行，只有了解自己的性格才能更好地从事工作。我们需要了解个人对行为自控是有目的型还是盲动型、纪律型还是散漫型、主动型还是被动型；在学习工作中，尤其是遇到困难时的坚持性，是持之以恒还是见异思迁、半途而废；面对紧急或意外，是勇敢果断、镇定自若还是怯懦畏缩、惊慌失措等。从而使每个人都对自己的性格特征进行科学的分析与评价，使自己的性格得到锻炼，从而形成良好的性格。

3.帮助大学生认清自己性格的优缺点

性格就像一把双刃剑，关键看怎么使用。要发挥出性格的最大威力，关键在于扬长避短。不同的工作要求有不同的性格与之相适应，因此性格的优缺点也是相对而言的。在工作中应尽量发挥与工作相适应的性格特点，克服性格中与工作相抵触的方面，从而扬长避短，塑造良好的性格，以实现性格与职业的匹配。每个人都有自己的性格特点，如果能够清楚地知道自己的优点和缺点，又能扬长避短，那么一定能够成功。

二、大学生职业技能探索

（一）能力与技能

1. 能力的含义

（1）能力的概念

能力是指顺利完成某一活动所必需的主观条件，是直接影响活动效率，并使活动顺利完成的个性心理特征。能力总是和人完成一定的活动相联系在一起的。离开了具体活动既不能表现人的能力，也不能发展人的能力。但是，我们不能认为凡是与活动有关的，并在活动中表现出来的所有心理特征都是能力。只有那些完成活动所必需的直接影响活动效率的，并能使活动顺利进行的心理特征，才是能力，如人的体力、知识等。

（2）能力的分类

能力按照其获得的方式（先天具有与后天培养），可以分为能力倾向和技能两大类。能力倾向（aptitude）是指上天赋予每个人的特殊才能，如音乐、运动能力等。它是与生俱来的，不过也有可能因未被开发而荒废。遗传、环境和文化都可以影响到天赋的发展。技能（skill）则是指经过后天学习和练习培养而形成的能力，如阅读能力、人际交往能力、表达能力等。在个人成长的过程中，从什么也不会做的婴儿到一个自理生活，能够看、听、说、行走、阅读、写字的普通成年人，其实我们每个人都已经学会了无数的技能。

2. 技能的含义

（1）技能的概念

能力与技能之间既有联系又有区别。能力是人的个性心理特征；技能是在能力和知识的基础上，通过反复的练习形成的相对稳定的行动方式。二者是有紧密联系的，一方面，能力在形成技能的活动过程中发展了抽象、综合等能力；另一方面，掌握技能水平高低依赖于个人能力的发展水平。

（2）技能的分类

①可迁移技能。可迁移技能也被称为通用技能。它的特征是这种能力可以从生活中的方方面面，特别是工作之外得到发展，却可以迁移应用于不同的工作之中，是个人最能持续运用和最能够转移的技能。

②专业知识技能。专业知识技能是指那些需要通过专门的教育或培训才能获得的特别的知识或能力，可以理解为所学的专业知识和能力。其最显著的特点是：专业知识技能需要有意识的、特意的培训，并通过记忆掌握特殊的词汇、程序和学科。专业知识技能不像可迁移技能或自我管理技能那样可以迁移。

③适应性技能。这种技能经常被看作是个性品质，因为它们被用来描述或说明人具有的某种品质，这些技能能够帮助个人更好地适应周围的环境。这些技能可以从非

工作领域迁移转换到工作领域，它们有助于推销自己和发挥自己的才能，是成功所需要的品质。

3. 能力倾向的分类（多元智力论）

传统的智力理论认为人类的认知是一元的、个体的，智能是单一的、可量化的，而美国教育家、心理学家霍华德·加德纳认为："智力是多元的，是由同样重要的多种智力而不是一两种核心能力构成的，而且各种能力不是以整合的形式存在，而是以相对独立的形势表现出来的。"每个人都至少具备语言智力、数理逻辑智力、音乐智力、空间智力、身体智力、人际交往智力和自我认知智力，这一理论被称为多元智力理论。这七种智力在每个人身上以不同的方式组合，从而形成了每个人不同的智力水平和特色。例如，姚明、马拉多纳、牛顿这些人在各自领域都做出了成就，但不能说这些名人之间谁更聪明，只不过是他们智力组合的方式不同而已。因此，每个人都是独特的，谁能够把自己智力中的突出部分发挥出来，那么这个人就会在某一领域成功。

（二）技能在职业活动中的作用

1. 技能是从事某种岗位的必要条件

每个岗位都有相应的职责要求，一定的技能则是胜任这种岗位的必要条件。因此，求职者在求职时一定要明确自己的能力优势，看自己是否胜任此项工作。如果不胜任的话，那么就需要进行专门的技术培训，获得就业资格。

2. 技能可以促进事业的成功

如果说专业知识技能是进入企业的敲门砖的话，那么可迁移技能和适应性技能是事业成功的催化剂。因此，还需要注重可迁移技能和适应性技能的培养，这些技能能够帮助个人更好地适应周围的环境，从而更加有助于事业的成功。在个人的事业发展过程中，我们只有保持三种技能协调发展，才能驰骋职场，获得职业成功。

（三）大学生自我技能探索方法

在日常的学习、生活和工作中，我们除了可以通过"他人眼中的我"、"撰写成就故事"等途径和方法来了解和发掘自己的技能外，还可以通过更多的方式来发现自己的成就和技能。

1. 可衡量的业绩

回顾一下，在过往的经历中，有些什么样的业绩是可以量化的？除了一些常见的如"期末考试全年级总评第一"以外，还有没有一些其他的事情是可以用数字来说明自己的成果的？这样的一些数据可以非常详实地说明自己取得的成绩，能给人更深刻的印象。

2. 来自他人的认可和称赞

这种认可可能以自己所得到的奖励、升职的形式来体现，也可能以他人对自己直接的书面或口头表扬的形式出现。不过，更多的时候，它也许只是一种微妙的认可，需要细心思考。

3. 撰写自己的成就故事

请写下生活中令自己有成就感的具体事件，然后对其进行分析，看看自己在其中使用了哪些技能（尤其是可迁移技能）。这些成就事件不一定是工作或学习上的，也可以是课外活动或家庭生活中发生的，比如同学聚会、一次美好而难忘的旅游等。

（四）大学生职业技能培养途径

为了更好地应对职场竞争、实现自身的职业发展目标，大学生要努力培养职业发展所需的各种能力和技能，只有充分做好了准备，才有可能达到企业用人的要求，才可能实现个人可持续的职业发展。

1. 构建合理的知识结构，具备专业性的能力和素质

大学生的知识结构应该包括以下四个层面的内容：第一层面是基础理论知识，必须掌握自然科学、社会科学、人文科学等方面的基本知识；第二层面是稳固而精深的专业知识和技能，专业知识和技能是大学生走向社会、服务社会的一技之长；第三层面是广博的知识面，知识面广、兼容性强的人才比单一知识结构的专才更容易适应时代的要求；第四层面是实用知识和技能，大学阶段应该加强和提高外语及计算机应用能力与技能的学习和应用水平。

2. 加强自我管理和提升，形成积极健康的人格品质

在保证专业课程学习的基础上，关注国家和社会的动态，培养社会责任感和道德情操；积极投身校园文化和科技竞赛活动，发展广泛的兴趣爱好；主动参与组织学生活动，促进问题解决能力；通过班级、社团、学生会等渠道加强人际交往，学会团队协作；积极参加社会考察、企业实习等社会实践，树立职业观念；学习自我情绪管理和心理调适的方法，保持良好的精神状态；学习时间管理和高效工作的技术，提升学习和工作效率；借助校内外资源，虚心向师长、学长、在职人士请教，主动探寻职业发展道路。通过全方位地锻炼和发展，不断锻炼自我、充实自我，最终迈出自我的小天地，在学习、生活和职场中挥洒出出色的个人能力和人格魅力。

【案例点击】

两岸大学生职业技能赛"金点子"妙趣横飞

建个"蜗居"收纳梦想，改台脚踏车"点亮"前路，"3D打印"个机器人来"尬舞"……这些妙趣横飞的"金点子"是否会给你带来"可确定的幸福"？

第三届海峡两岸大学生职业技能大赛暨创新成果展在福建江夏学院举行，来自两岸55所高校的500余名师生相聚福州，同台竞技、展示和交流。

"骑行在台湾非常流行，但是夜间骑车的安全性一直令人担忧，因此我给大家带来这款带有无线安全警示装置的脚踏车。"台湾景文科技大学研一学生廖恒逸带来的脚踏车加入天线，可随车子转向时亮起左转灯或右转灯，"我们还特别加入无线编码的机制，让每组都有属于它的编码，才不会互相影响。"

他的"吆喝"赚来了不少眼球，江夏学院副校长叶文振饶有兴致地戴上骑行头盔，竖起大拇指给了他一个"赞"。

福建龙岩学院带来一组"变形空间"折叠厨卫家具，几块木板初看是一只箱子，在小柯同学的巧手翻飞下，变成一张8人桌；再拉一拉，变12人桌；把轮子放下来，又变成"流动餐车"。

"我已经做好了毕业后5年内都住蜗居的打算，这就算是我的第一件家具吧。"小柯同学的自嘲引来观众会意的笑声，已经有不少同学和老师跟他预定，但他希望能投产，"前提是需要申请专利，但万一没企业愿意投产，每年都得承担专利费，是一笔不小开支。"

"金点子"如何实现市场盈利，真正为增加民生幸福感助力，小柯的疑虑也是当天活动两岸学界研讨的重点，而台湾创意产业发展态势良好，成为大陆院校取经的对象。

华夏技术学院2013年列入台湾申请专利百大法人团体，与业界企业同时参评而名列50位，成效显著。该校副校长兼教务长林正祥对中新社记者说，除台湾教育主管部门提供专门的科研"预助经费"外，学校方也提供不菲的"配合款"，供学生的科技成果申请专利。

"点子不能过度，要密切对应企业、社会需求。"台湾弘光科技大学副校长易光辉支招说，台湾创意产业也是从空洞走到现在的切合实际，经验就是要有业界需求，"科技创新不能只停留在创意的意象和初体模型，一定要针对业界需求，了解之后再有针对地去做，否则科技会跟落实商品化有一定距离。"

当天活动还配套一场大型招聘会和台湾职业技能院校的推介会，主办方表示，台湾职业技能培养经验值得借鉴，未来院校将实行基于用人单位反馈的评价机制。

福建江夏学院招生就业处处长陈美荣介绍，该校2012年与台湾首府大学、台湾朝阳科技大学签署了"闽台联合培养人才项目"，双方采用"校—校—企"的产学结合模式，学生在校期间可赴台湾高校学习，并将赴台相关金融、证券、保险企业见习。

此次活动一是对接，二是满足需求，技能专业教育是台湾的特色，办学久、专业细而深，值得我们借鉴，而学科专业理论素养是我们的强项，我们和台湾开展"校—校—企"交流可帮助双方无缝对接。

【讨论】

1.台湾的专业技能教育给了我们哪些借鉴？

2.大学生职业技能的培养需要从哪些方面作出努力？

第四节　大学生职业环境探索

草率的小军

小军是一名即将毕业的大学生。前几个月他还在兴奋着，因为自己比其他同学都要幸运，在毕业前的近半年就找到了一份十分满意的工作。工作单位是一家规模不小的证券公司，工作职位是在证券公司的研究机构担任行业研究员助理，工作地点在市中心高级写字楼内，公司开出的工资收入也很合理。总之，一切条件都令小军感到满意，他与公司签订了就业协议，开始了试用期的实习工作。然而，几个月后，他开始高兴不起来了。没想到这里的工作压力非常大，经常需要加班，他所担任的这个助理的职位，在公司的地位相当低，经常被人呼来唤去。最让小军不可忍受的是部门的那种工作氛围，小军本是个活泼外向的人，可是部门里那种死气沉沉、蒙头敲键盘的环境，简直让小军呼吸不到新鲜空气。此时小军真是后悔自己当初的决定太草率了。

【案例点评】

在职业选择的过程中，我们非常强调对职业环境的充分探索和分析。而在这个案例中，我们不难发现，小军忽略了对职业环境的探索，尤其忽略了对企业环境和意向岗位的探索，在选择之后才发现自己不适合，或多或少影响了自己的职业发展。要知道企业环境对个人职业发展有着重要的影响，当环境适宜于个人发展时，个人职业更容易取得成功。因此，小军在确定意向企业与岗位后，应该及时通过各种信息渠道，探索环境状况，结合自身的发展目标，做出职业选择。

一、认识职业环境

认识职业环境是大学生进行职业生涯规划的重要环节，旨在引导学生正确认识社会形势，客观分析职业环境，了解所处环境中的各种资源和限制，结合实际、认识自我，积极进行职业生涯的规划。职业环境探索是进行职业生涯规划的必然命题，起着承上启下的作用，进行自我认知之后，必然要认识职业环境，对职业环境有了基本的了解之后，才能进行个人的职业选择。

我们对于职业环境的认知主要分为四个层面，即社会环境、行业环境、企业环境、岗位环境，这四个层面也分别从宏观、中观到微观帮助大学生深入地了解身处的大环境、小环境，对职业的充分认知有助于为职业选择打下扎实的基础。

（一）社会环境

职业的社会环境主要包括政治、经济、文化、法律、人才等各方面的发展环境，属于宏观层面的职业环境探索，主要目的是引导学生认识到社会环境对个人职业发展的重要性，从而能够顺应环境，规划自己的职业发展。

大学生进行职业规划和职业选择时，必须充分认识到社会环境对职业生涯的影响，注意分析社会环境的基本特点，了解社会环境的发展变化，还要认识社会环境中哪些条件是自己今后走向职业岗位的有利条件，哪些是不利条件。

1. 经济环境

经济环境是进行职业选择和职业发展的重要因素，具体来说，经济环境因素主要有以下方面。

（1）经济形势

经济形势的变化对职业的影响是最为明显又最为复杂的。当经济处于萧条时期，企业的效益降低，对人力资源的需求减少，因而职业选择和职业发展的机会减少；当经济处于高速发展时期，企业处于扩张阶段，对人力资源需求量增加，职业选择和职业发展的机会增多。

（2）劳动力市场供求状况

劳动力市场的供求状况对职业选择和职业发展产生重要影响。如果某类职业的人才供不应求，则职业选择和职业发展机会增多；相反，如果供过于求，机会则大大减少。

（3）收入水平

社会对人力资源的需求是一种派生需求，当人们的收入水平提高时，对商品消费的需求会增加，企业扩大生产，从而增加人力资源的需求，职业选择和职业发展的机会增多；相反，职业选择的机会减少。

（4）经济发展水平

在经济发展水平高的地区，企业相对比较集中，优秀高端企业也比较多，个人职业选择的机会就会相对多，有利于个人的职业发展；相反，在经济落后的地区，个人职业发展也会受限。

2. 政治法律环境

我们生活在一个有政治制度和法律制度的社会里，这种政治法律环境对我们的职业选择和职业发展有着重要的影响。

（1）政治环境

政治环境主要涉及国家的方针、政策，影响职业的政治因素包含教育制度、政治体制、经济管理体制、人才流动的政策等。

（2）法律环境

法律环境是指中央和地方的有关法规和规定，如政府有关人员招聘、工时制、最低工资等强制性法规，现行的户籍制度、住房制度、人事制度和社会保障制度，这些因素都会对职业选择和发展产生重要影响。

3. 文化环境

文化环境包括教育条件和社会文化设施等。在良好的文化环境中，个人能受到良好的教育和熏陶，从而为职业发展打下更好的基础。文化环境还会影响人们的行为、道德等，反映个人的基本信念、价值观和规范的变动。我国是一个文化大国，社会文化的复杂性也决定了个人职业选择和职业发展要考虑所在企业的文化因素。

4. 价值观念

一个人生活在社会环境中，必然会受到社会价值观念的影响，大多数人的价值取向，甚至都是为社会主体价值取向所左右的。一个人的思想发展、成熟的过程，其实就是认可、接受社会主体价值观念的过程。社会价值观念正是通过影响个人价值观而影响个人的职业选择。

5. 人口环境

人口环境尤其是个人所在地区的人口因素，对职业选择和职业发展也有重要影响，其主要包括人口规模、年龄结构、劳动力质量与专业结构、人口的城市化与人口老龄化等。

【案例点击】

孙女士，三年规划，中餐连锁店经营者——场所环境设计者

社会环境分析：深圳为新型移民城市，城市人口年龄较为年轻，拥有为数相当多的单身人口，并且大多数人由于工作紧张，时间宝贵，很少自己在家做饭。这样，餐饮市场，尤其是快餐市场发展空间极大。另外，由于中式餐馆普遍环境较差，从而使得环境幽雅，价位为中、低档的中式餐厅有极大发展潜力。

【案例点评】

此份行业分析简明扼要，切合本地实际情况。

（二）行业环境

行业环境属于中观层面的职业环境，是在社会环境分析的基础上进一步引导学生从比较具体的行业方面进行认知和探索，帮助学生更好地了解和分析行业环境对职业发展的影响。

行业环境的探索包含以下十个方面的因素。

1. 这个行业是什么

要对行业环境进行探索，就要了解清楚这个行业是什么，从事什么样的工作内容和范畴。

2. 行业对生活和社会的作用及发展前景

明确行业对社会和生活的作用，每个行业在社会中都具有特定的功能，在知道行业对生活和社会的影响之后，就可以在一定程度上了解它的发展前景和趋势，从而可以在选择行业和确定发展方向时有长线的准备，也是最大化行业的社会价值的一个方面。

3. 行业的细分领域

行业是大类，在行业内部还有不同的分类，了解不同行业的分类有利于全方位了解行业。分类的标准决定了具体的分类，可以选择政府、协会的分类标准，以此为线可以很好地厘清行业发展脉络。

4. 国内最著名的业内公司及介绍

当了解不同的行业细分领域以后，就可以找到此领域的标志性企业。标志性企业是此领域行业的代表，了解这些标志性企业，有助于大学生把握该行业的国际化方向。同时可以对比国内外不同标志性企业的差异，这有利于大学生了解行业核心竞争力，要注意的是要对每个行业标志性公司进行不同程度的企业探索，从而对自己的择业方向进行规划。

5. 行业的人力资源需求状况及趋势

了解某个行业都需要什么样的人才，大学生们在梳理了行业的需求状况之后就可以加速自己的职业选择，也为个人的职业定位做出了可能的探索。同时，还要对行业的未来要求进行整理和分析，便于自己站在未来的角度做出选择。

6. 从事行业需要具有的通用素质和从业资格证书

每个行业都有一定的入行要求，这些就表现为通用素质和从业证书。从业证书是证明通用素质的一种手段，比如法律的司法考试。大学生在进行行业认知的过程中去了解和熟悉从事某行业需要的基本通用素质和从业资格，有助于大学生提早做好行业的从业准备，提早通过掌握通用素质和考取从业资格来作为入行的敲门砖，提高求职竞争力，增加就业成功的砝码。

7. 有哪些名人从事过或正在该行业工作

了解行业的标杆性人物也是了解行业的良好手段之一。每个行业都有其自己的代表人物，通过调研资料查找，了解标杆人物的奋斗轨迹、目前状态等，可以加深对行业的了解，也为自己进入行业提供了一个参考。

8. 行业的著名公司负责人或人力资源总监的介绍和言论

整理或访问行业负责人、人力资源总监等个人介绍、言论思想是职业探索的一种高端调研，对这些标志性人物的探访有助于通过个人了解企业、了解行业，更从一个侧面掌握行业发展状态和人才状况，也可以进一步拓展行业知识。

9. 职业访谈，一般职员、部门职员的基本工作状态

和行业高端人物的交流相对比较困难，对于大学生而言，与行业普通部门职员沟通访谈则相对要容易很多。这样的访谈，主要是帮助大学生了解行业职员工作的基本状态，在交流中验证和拓展对行业的了解，尤其可以加强对自己所希望从事的部门或岗位的了解，

有助于大学生更有针对性地熟悉行业。

10.校园招聘职位和对应届大学生的基本能力要求

作为在校大学生，校园招聘是毕业生求职应聘的最重要途径之一。因此，详细了解企业在校园招聘中所列的岗位需求，近三年来该行业、企业的招聘状况，整理这些信息，对学生了解行业的校园职位、明确未来的努力方向都是很有帮助的。

【案例点击】

房地产行业分析与职业机会

1.行业分析

(1)房地产行业所涉足领域：土地开发和再开发；房屋开发；地产经营，包括土地使用权的出让、转让、租赁和抵押；房地产经营，包括房产（含土地使用权）买卖、租赁、抵押等；房地产金融资产投资；房地产中介服务，包括信息、咨询、估价、测量、律师、经纪和公正等；房地产售后物业管理，包括家居服务、房屋及配套设施和公共场所的维修、保安、绿化、卫生、转租代收代付等；房地产金融，包括信贷、保险等。

(2)房地产行业主要企业类型：房地产开发公司、房地产代理公司、房地产交易机构、物业管理企业、房地产中介机构。

2.职业发展路径

房地产行业为毕业生提供了不同的工作岗位和多样化的发展路径。进入房地产行业后结合自身的特点设计与选择个人职业发展，较合理的发展路径如下。

(1)新员工培训。第一年，大部分公司都有导师制的培养机制，公司为每一位新入职员工配一名导师，导师帮助员工尽快适应新环境，协助解决新员工的职业困惑与职业心理健康等问题。

(2)专业培训。至各个岗位后还将参加定期的基础管理类及专业技术类的培训：部门业务培训、工作技能培训。

(3)职业经理人培训，表现好的员工都有机会参加职业经理人培训，提高管理技能、管理水平和商业知识。

(4)专业证书考核。根据自己的学历和从业时间选择自己可以报考的资格考试。选择脱产、半脱产和业余参加本职专业技术职称或任职资格证书的培训。

(5)进修深造。想进入高层的员工就要继续深造充实自己，可以继续攻读学位。公司会根据工作的需要，选送各部门表现优秀的员工到国内、外院校脱产攻读学位或定向进修。也可以选择辞掉工作，专心地去攻读学位，根据个人实际情况而定。

(6)升职。拥有一定的业绩和实力的时候，也就能坐上项目经理的位置了。

3.基本素质要求

(1)适应力和自我管理能力较强。

(2) 善于捕捉信息、灵活应变。

(3) 时间观念强。

(4) 善解人意、劝说能力强（掌握谈判技巧）。

(5) 诚实、守信用、乐观。

(6) 性格外向、人际交往能力强。

(7) 口头表达能力强和洞察能力强。

(8) 幽默、自信。

（三）企业环境

企业环境属于微观层面的职业环境，在社会环境、行业环境的基础上进一步深化，目的是让大学生学会分析自己所要从事职业的组织环境、内部环境，使职业的选择建立在对企业的充分了解的基础上。企业环境探索的具体内容包括以下几个方面。

1. 企业调研

企业调研主要了解企业的简介历史、产品服务、经营战略、组织机构、企业文化、人力资源战略、薪酬福利、人物员工、图片活动、其他文件等。

2. 发展阶段

企业的发展，如同人的发展，也有诞生、成长、壮大、衰退直到死亡的过程。每个企业都有自己的企业生命周期，在生命周期的不同阶段，企业的发展战略、经营方针及人力资源制度都有着不同的特点。学生在了解企业的过程中深入了解企业的这些发展阶段，也有助于更好地熟悉企业，为未来的职业选择确定方向。

3. 企业选择

大学生在进行职业定位和规划的时候可能会出现改变目标的情况，可能会发现自己不喜欢目前所了解的企业，那么就需要重新开始企业探索了，以便尽快确定自己真正所喜欢的企业。

4. 确定企业

在对企业进行了以上多方面的深入了解之后，大学生就可以做出喜欢一个企业的选择了，但在衡量"喜欢"上，我们有些具体的标准：熟悉企业调查信息，知道企业及其行业的最新活动和进展，能和企业领域的相关人士对话，明确企业的校园招聘，去喜欢的企业实习进一步了解企业等。这些都是大学生确定"喜欢"企业的标准。

【案例点击】

高薪不能是指挥棒

某市某高校物理学专业的毕业生张某，自 2009 年毕业至今已是第 13 次跳槽了，他说自己越跳越苦恼，越发不知道自己到底该从事什么职业。据市教委有关负责人士讲，像小张这样对自己没有准确定位，一味选择高薪、体面的岗位，盲目就业的大学毕业生不是少数。

据了解，上文提到的张某，在毕业后短短不到3年的时间里，先后在天津、北京、重庆3个城市10多个单位谋过职，今年他又回到了北京。据他讲，刚毕业时自己凭着名牌大学的文凭，很顺利地找到了一个高薪水的职位，但不久就发现自己不适应那个岗位，工作与自己的兴趣爱好差异太大。此后，他在私企、国企都干过，也和几个朋友一起创办过公司，但干着干着都觉得不适合自己。如今，年龄越来越大了，而自己至今没有归属感，很是苦恼。

（四）岗位环境

岗位环境也属于微观范畴，即对企业内部某个具体岗位进行探索和分析，了解该岗位的基本职责及能力要求，为择业进行准备。岗位环境探索具体包括以下几个方面。

1. 岗位描述

岗位描述是对岗位的定义、工作内容及要具备的素质的概括，这是岗位的基本内容，是理解一个岗位的最直观方面。包括：这个岗位是什么；这个岗位要做什么；这个岗位要具备什么样的素质等。

2. 岗位晋升通道

岗位是在职能的基础上根据具体需要而分化产生的，所以在同一部门、同一职能上一定会有多个类似的岗位，而了解这个岗位能为自己轮岗、换岗、职位转换、升职等带来很大的方便。包括：和这个岗位相关的岗位是什么（拓展发展方向及轮岗、换岗做准备）；这个岗位的职业发展通路是什么（晋升的方向）。

3. 不同背景下的岗位要求

岗位的通用要求加上不同背景下的岗位理解构成了一个岗位的最终描述，大学生在求职时特别要考虑以下因素，因为这些因素才是制约个体在公司发展的关键。包括：不同行业对这个岗位的理解是什么（行业背景下的岗位要求）；不同类型企业及企业所处发展阶段对这个岗位的理解是什么（企业背景下的岗位要求）；不同领导和上司对这个岗位的理解和要求是什么（人为背景下的岗位要求）。

4. 个人与岗位的差距

当大学生综合了解了岗位需求之后，就可以进行差距量化和差距补充了。全面、准确地了解自己是量化与岗位差距的前提和基础。差距是可以被量化的，如组织能力的强弱、英语口语的好坏、计算机能力的强弱等。只有进行了岗位差距的量化，才能为自己的职业规划和职业道路设计找到目标和方向，自己的努力也才更有针对性。

【案例点击】

佛祖的人才策略

去过庙的人都知道，一进庙门，首先是弥勒佛，笑脸迎客，而在他的北面，则是黑口黑脸的韦陀。但相传在很久以前,他们并不在同一个庙里,而是分别掌管不同的庙。

弥勒佛热情快乐,所以来的人非常多,但他什么都不在乎,丢三落四,没有好好地管理账务,所以总是入不敷出。而韦陀虽然管账是一把好手,但成天阴着个脸,太过严肃,搞得人越来越少,最后香火断绝。

佛祖在查香火的时候发现了这个问题,就将他们俩放在同一个庙里,由弥勒佛负责公关,笑迎八方客,于是香火大旺。而韦陀铁面无私,锱铢必较,则让他负责财务,严格把关。在两人的分工合作中,庙里一派欣欣向荣景象。

其实在用人大师的眼里,没有废人,正如武功高手,无须名贵宝剑,摘花飞叶即可伤人,关键看如何运用。

二、职业环境认知的方法

正如以上所叙述的,职业环境由宏观到中观到微观有各个层次,从社会环境、行业环境、企业环境到岗位环境,需要我们对每个层次的职业环境都有一定的了解和熟悉,也就是大学生需要在职业生涯规划的过程中进行适当的职业环境探索。这种探索包含两个层面,一是进行职业描述,二是进行职业探索。

（一）职业描述

大学生在求职时,作为一个择业者,了解职业描述的内容,有助于更好地了解和认识相关的职业。

1. 职业描述的原则

职业描述需具备以下原则:

(1)完整性。对职业的描述应该完整表达职业的所有要素,包括职业名称、职业主体、职业内容、职业报酬、职业技术等。

(2)特征性。对职业的描述应该具体反映该职业所具有的典型特征,从而体现某一职业区别于其他职业的特点。

(3)应用性。对职业的描述应为不同人员的应用服务,作为求职者,使用职业描述的目的就是为了实现有效的就业和职业生涯发展。

(4)辩证性。任何职业对从业者都存在利与弊,对职业的描述应全面反映该职业对从业者的利弊,帮助求职的大学生更全面、客观、辩证地了解某一职位。

2. 职业描述的内容

对职业进行描述的文件通常我们把它称为职业描述,也就是通常我们所见的招聘简章,职业描述应该包括以下内容:

(1)职业名称。指职业的符合特征,它一般是由社会通用称谓来命名。

(2)职业定义。即对使用工具、从事的工作活动的说明。

(3)受教育程度。指职业对从业者接受正规教育程度和年限的要求。

(4)职业资格等级。反映职业胜任程度,每个职业的资格等级都有所不同。

(5) 职业能力特征。指从业者需要具备的能力素质。

(6) 职业人格特征。指从业者需要具备的人格特质。

(7) 技能技术。即从业者所必备的知识、技能基本要求，需要掌握的基本操作技术。

(8) 职业环境。即工作场所的条件。

(9) 职业报酬。通常是指工资、福利等。

针对某一特定职业，从业者如果能够了解这些职业描述内容，就能够有目的地选择职业目标、实现就业、选择培训和职业发展的机会。

【延伸阅读】

职业分类

深刻理解"职业"的概念，如同拥有一双慧眼，从而避免进入职业认识的误区，更好地看清路况和前景。如果把职业做一个形象的分类，大概有八种。

1. 曙光职业

东方已经出现亮光，但是太阳还没有升起。比如职业规划管理师这样的职业在我国尚属曙光职业。

2. 朝阳职业

就像一轮红日冉冉升起。如项目管理人员、商务策划人员、企业培训师、企业信息管理师、企业行政管理师、人力资源管理师等，这些都属于朝阳职业。

3. 如日中天的职业

指那些已经充分发展并且目前占据主流的职业。仿佛正午的太阳普照大地，是世间万物的主要能量来源，具有不可替代的稳固地位。如企业家、公务员、建筑设计师等。

4. 夕阳职业

指那些从业人员正在逐渐减少，人员数量呈下降趋势的职业，正如夕阳下山一般。有的职业虽然曾经人数众多，现在或许依然有一定的社会需求，但日落西山之势已经显而易见，如公交车售票员。

5. 黄昏职业

该职业已经暮色环绕，从业人数急剧减少。如弹棉花工、送煤工、钢笔修理工、相片着色工等。

6. 恒星职业

恒星职业是指只要人类社会延续就一定会存在下去的职业。如教师、厨师、服装设计师、医生等。

7. 流星职业

像流星般一闪而过的职业。如传呼台的传呼员，在20世纪90年代还是一个很不错的职业，但是现在随着手机的普遍使用，传呼台没有了，传呼员这个职业也消失了。

8. 昨日星辰职业

该职业曾经持续较长时间，现已完全消失。如铅字打字员。

职业产生和消亡的客观规律要求人们在选择职业类型时不仅要考虑个人职业发展意愿，更要考虑到时代前进的步伐所引起的社会需求变化。所以在找职业的时候需要考虑哪些职业是"朝阳职业"；哪些职业属于"如日中天的职业"；哪些职业已经成为"黄昏职业"；哪些职业已经是"夕阳职业"。一般来讲，越是找到一个"朝阳职业"、一个"如日中天的职业"，就越容易在职业生涯中更快进步，更早成功。

（二）职业探索

个人进行职业探索是为了更好地了解行业、企业和某一具体岗位，从宏观、中观、微观各个层面对职业进行深入了解，为未来职业生涯规划打下基础。一般大学生进行职业探索的主要方法有以下五种。

1. 查阅

将个人希望了解的职业方向通过网络、书籍、期刊及有关声像资料，进行初步查阅。选定各种典型职业，进一步对其入门所需的基本条件如学历、资格证书、身体条件等进行查阅。

通过查阅使自己对做好职业所需要的各种知识、技能、生理条件及个性特征有一个初步的认识，对该职业的生存环境与发展前途及个人借此发展可能取得的职业成就等形成初步印象。查阅方法的优点是方便、快捷、信息量大、成本低。缺点是间接的、隔离的信息，可能与现实感受差距较大。

2. 参观

即到相关职业场所进行短时间的观察、了解。通过参观，可以了解相应职业的性质、内容、职业环境及氛围，获得实质的职业感受。优点是能得到切身的感受，缺点则是无法对职业的实质深入了解，易被短时营造的氛围所迷惑。

3. 实习

即到职业场所进行一定时间的打工或教学实习、实践。实习是一种比较全面地了解职业的方法。实习可以更深入、更真实地对职业的工作任务、工作要求、工作环境及个人的适应情况进行了解、判断，可以了解工作的程序、报酬、奖罚、管理及升迁发展的各种信息，还可通过与工作人员的实地接触，感受职业对人的影响及人职匹配的情况。

4. 讨论

讨论意味着与别人分享对职业的探索结果。"理越辩越明"，个人的探索总是有局限性的，与别人一起讨论感兴趣的职业问题，共享职业探索成果，会互相打消一些不现实或前景黯淡的东西，而共同发现一些更好的东西、更多的前进道路。

讨论需注意的要点是：不要把个人已经拿定主意、不会改变的事情进行讨论，也不要把自鸣得意的结果拿出来炫耀，应该把正在探索、有些迷茫、值得探讨的问题与别人共同讨论分享。

5.访谈

通过和相关从业人员交流，了解相关职业的知识、技能、需求、待遇和发展前景，更重要的是与已有相关工作经历的人员交流，获悉他们对于工作的直观感受，能够帮助自己有更真切的感受。

访谈的好处在于结果比较客观，对工作的要求也比较客观，但不足之处是由于访谈对象的不同，结果可能差异较大，有的人对职业比较积极，赞誉较多，有的人则对职业比较消极，可能评价较低。这就需要大学生用自己的认知和判断去甄别，获取对自己有意义、有价值的访谈信息。

【趣味测试】

（一）时光隧道指示你职业走向

假如世上真的有时光隧道，可以让时间轮回，能够带领你走入各个时空幻境，甚至于连书中的虚构世界都能成为现实，你最希望去哪个时空拜访仰慕已久的人物？

A. 和摩西一起将红海开出一条路

B. 和哈利波特同乘光轮2000参加球赛

C. 追随堂吉诃德出征全世界

D. 与福尔摩斯一同侦破世上最离奇的案件

选择A：你面对困难时会有耐心和毅力，能长时间保持一种状态，你的努力全都看在老板的眼里，所以过不了多久，就能升到不错的位置，这都是靠你的毅力所挣来的。你很有事业企图心，想要在事业上开拓自己的版图，因此将来你在工作中不但会成为公司的中流砥柱，还是老板最为信任的左右手。看过很多人的丰功伟绩，你认为只要努力，也能够办得到。你会孜孜不倦埋头苦干，在别人放弃的时候，还会坚持到最后一分钟。

选择B：你对人，尤其是作为消费者的人的心理能够掌握得很透彻。你是个称职的业务员，能够清楚掌握市场的脉动，也深知客户的心理，可以把商品成功推销出去。所以在以业务挂帅的公司里，你便是个大红人，所有人说话都要让你三分，因为你的意见最有分量，你是一个超级业务员，同时也会是一个不错的领导者，可以将企业成功推入市场，朝这个方向不断努力吧！

选择C：你的思绪会一直处在波动不定的状态，所以你很适合从事创意工作，尤其是需要动脑筋的企划案，你更是擅长。可是假如交给你一些行政工作，你马上会不知所措，毫无头绪，也因为不爱做重复而烦琐的事情，表现的成效也会一路下滑。千万可别强迫自己做不感兴趣的事情，那样无论是对你自己还是对你所处的团体都是一个不小的损失。

选择D：你的最大优点就是做事细心，可以在稳定的环境中，看出一些不稳定的因素。所以你一直都保持着清醒的头脑及对事情的好奇心，这样才能看到别人没见到的问题，是个合适的智囊团成员。你所找出来的问题可能会扭转整个公司的走向和命运，所以老板也挺看重你的意见。你可要充分发挥这个优点，你的运气一直都会很不错的。

（二）谁会是你职场的克星？

一个冠盖云集的场合，有机会见到各个领域的名人，假如你找到一个机会能够邀请倾慕的人合照，你会找下列哪一位呢？

A. 大牌演员

B. 政界红人

C. 财团老板

D. 桂冠诗人

选择A：你喜欢温馨的大家庭气氛，也很爱听别人的赞美之词，假如有人多说了几句甜言蜜语，你就会被迷得团团转，忘了自己的身份地位。所以你最要注意的是那些喜欢搬弄是非的小人，他们会用谗言将你整得七荤八素，你压根儿也不会想到是身边最亲近的人出卖了你。

选择B：你这个人什么都好商量，和你沟通有个诀窍，就是要知道你是吃软不吃硬的。只要和颜悦色，好声好气和你讨论，通常不会有问题。就怕那人是个直肠子，一有不满的想法马上就说出来，指出你的失误，不给你面子，而且让你当众难堪，这实在是太糟糕了，因为你可能会记恨一辈子。

选择C：你一向爱和各种人交朋友，可是最怕遇到那种三心二意、犹豫不决的人。每次事先约定好，一切都照计划进行。偏偏那人半途又说要退出，这不仅影响全局，也坏了你的情绪。但对方又表现出一副无辜的样子，让你也不好意思发飙、开骂，只好摸摸鼻子，自认倒霉了。

选择D：你是个自由惯了的人，想到哪儿就上哪儿，一个人的机动性强，不必迁就任何人。所以你的克星就是爱唠叨、爱管你的人。你实在受不了别人紧盯着你的一举一动，等着抓小辫子，而且还记性超强，每次都能将往日的过错一条一条拿出来从头数落，你也只好认了。

【趣味活动】

角色扮演

找三四个学生，自编自演一个话剧。要求：

1. 每个人都必须有明确的职业角色，不得重复，一定要邀请观众观看。

2. 语言、行为必须职业化，要生动表现出其职业特点。

3. 情节要有波澜，要有矛盾和冲突。

4. 排练表演完毕后，要写出各自的心得。

5. 向观众征询意见，并且评选出最佳的表演者。

第四单元

稳步提升职业能力

▶ 学习目标

1. 了解职业能力的含义，理解社会对人才的基本要求，掌握职业能力的培养途径和方法。
2. 学会利用在校时间科学安排学习和实践，树立终身学习的理念，自觉培养职业能力，为以后的职场生活奠定坚实的基础。

【案例导入】

真的"没有问题"吗?

丁敏，某出版公司前台接待。文秘出身的小丁在原单位的减员增效中失去了工作。经过了若干次的面试之后得到了现在这个工作机会。在新的单位里，各部门的同事经常请她帮忙诸如发快件、录入、复印之类的事情，她从来都是笑眯眯地说"没有问题"。直到有一天，一位同事请她帮忙，要把一份资料复印30份，半小时以后在项目洽谈会上用，她习惯性地说了一句"没有问题"，却没有想到复印机坏了。她顿时慌了手脚，脑袋一片空白，竟忘了找同事商量解决的方法。半小时后，同事得知了这一情况，什么也没说拿了资料转身就走。在项目洽谈会上，同事一直忙于应付对方的提问。小丁在这次工作上的失误，让单位损失了一笔大额订单。小丁也因此没有能够留下来。

【案例点评】

"没有问题"反映了小丁的工作态度、工作热情和对这个工作机会的珍惜。但事实上是不可能永远都"没有问题"的，"万事通"是不存在的，重要的是看你如何面对和解决工作中遇到的问题。因此，培养和提升一定的职业能力，是我们大学生应该思考的问题，也是今后努力的方向。

第一节　职业能力概述

一般而言，一个人要顺利完成一件工作，必须具备一定的本领，这种本领就是我们通常所说的职业能力。在人类历史上，许多卓越的成功者都具有不同于一般人的想象、观察、分析、判断等能力。不同的职业对能力有不同的要求，随着生产力水平的日益提高，各种职业都对人们提出了越来越高的能力要求。

一、职业能力的内涵

（一）职业能力的含义

职业能力是指从事某种或几种职业的能力，包括一定的专业理论、专业技术、实际操作能力及运用所学知识处理和解决工作中出现的新问题的能力。

（二）职业能力的特征

1. 专门性

职业能力是针对一定职业而言的，大学生在入学伊始就确定了各自的专业，而所选专业基本反映了个人今后的职业方向和专业领域。目前，科技的飞速发展要求职业能力的培养不能以单纯的专业训练为主，更需注重提高全面素质和综合能力。

2. 应用性

职业能力的培养必须以社会需求和市场需要为目标，以技术应用为主线，表现为在生产、技术、管理和服务等不同领域发挥作用。

3. 差异性

职业能力具有明显的个体特征，其水平层次和目标指向与个人的性格、兴趣、需要等密切相关。这也是我们倡导对大学生进行个性化教育和因材施教的基础。

4. 动态性

职业能力的动态性表现在两方面：一是随着生产力水平的提高，人类社会不断开辟出新的生产领域，新的职业能力随之产生，旧的职业能力也获得了新的内容；二是由于一个人的工作不可能一成不变，工作的变化导致对个人职业能力要求的变化，而且这种变化是一种不断发展、扩张和提高的过程。这要求大学生在合理评价自身职业倾向的基础上，对职业能力的培养具有一定的前瞻性。

（三）职业能力的分类

心理学通常将人的能力分为一般能力和特殊能力两大类。据此，也可以将职业能力分为一般职业能力和特殊职业能力两大类。

一般职业能力，是指在不同种类的职业活动中表现出来的共同能力，例如，注意力、观察力、记忆力、思维能力、想象力等。特殊职业能力，是指完成某一专门的职业活动所表现出来的能力，例如，绘画能力、音乐能力、计算机程序设计能力、语言表达能力等。

一般职业能力是大部分人都具备的，只是突出点不同，而特殊职业能力是建立在一般职业能力基础之上，经过一定的专业性训练发展而来的。因此，一般职业能力包含在特殊职业能力之中，一般职业能力的发展为特殊职业能力的发展创造有利条件；而特殊职业能力的发展又会促进一般职业能力的发展，两者在发展中相互作用，构成有机的整体，从而有效地保证各项活动的顺利完成。

一个人的职业能力不可能样样突出，甚至有些方面还可能会有缺陷，但是人可以利用自己的优势来弥补其他能力的不足，这种现象叫作职业能力的补偿作用。例如，盲人有视觉缺陷，却能依靠异常发达的听觉、嗅觉、触觉及想象力去行走、辨认物品、识记盲文、演唱歌曲等。甚至有的还会表现出惊人的才能，例如，著名智障指挥家舟舟，激情澎湃的指挥艺术，令人为之音乐奇才而震撼。所以，才能并不取决于一种职业能力，而是有赖于各种职业能力的有机结合。

二、职业能力的作用和意义

走向工作岗位，从事某种职业活动将伴随着每个大学生的大半生，拥有成功的事业才能使我们的人生更加完美、更加精彩。因此，大学生职业能力就显得尤为重要，培养大学生的职业能力既关系到学生个体的发展，又直接涉及高校的生存和发展，更是高等教育改革和发展的内在要求，这也是与社会的繁荣稳定及和谐发展息息相关的。

（一）实现大学生理想和价值的基础

每个大学生都有自己的理想和梦想，要想将梦想变为现实就必须实现成功就业，而大学生职业能力的强弱直接关系到大学生能否顺利完成就业和就业的质量如何。大学生只有具备了较强的职业能力，才能达到服务社会和实现自我价值的统一。如果大学生不能就业，自我价值的实现也就无从谈起，更不用说要回报社会、实现自我和报效祖国，相反会成为家庭和社会的沉重负担。

（二）体现高校人才培养质量的关键

目前我国的高等教育在综合国力中处于基础地位，国力的强弱越来越取决于劳动者的素质，取决于社会各类人才的数量和质量。当前我国的改革开放正在向纵深发展，高等教育事业得以长足发展，高等学校的办学规模也在不断扩大，各高等教育主管部门已经将毕业生就业率作为衡量高校质量的重要指标，作为衡量高校规模和发展的重要标杆。面对激烈的人才竞争，各高等院校纷纷采取不同形式，对现行教育方式和方法进行改革，对大学生的职业能力进行培养和提高，对毕业生的就业进行指导和教育。因此，从某种角度上说，大学生职业能力的培养也决定了高校的生存和发展。

（三）促进人类社会可持续发展需要

构建社会主义和谐社会是我国目前非常关注的社会性问题。我们要构建的和谐社会应该是一个充满创造力的社会，是各方面利益关系得到有效协调的社会，是社会管理体制不断创新和健全的社会，是稳定有序的社会。因此，构建社会主义和谐社会需要各方面的共同努力。大学生是时代精神的体现者，优秀文化的传承者，和谐社会的建设者，在构建和谐社会中有义不容辞的责任和义务。所以，大学生的职业能力强弱直接关系到人类社会的可持续发展及和谐社会的构建。

第二节　大学生职业能力构成

当代大学生要想提升自己的职业能力，明确今后的就业方向，首先要明确职业能力是由哪些方面构成的，作为大学生应该具备什么样的职业能力，才有利于今后的职业发展。

一、职业能力的一般构成

职业能力是人们从事某种职业的多种能力的综合，其构成概括起来可以分为基本职业能力和综合职业能力两个层次。同时，这两个层次又分别由专业能力、方法能力、社会能力三个部分组成。

（一）职业能力的层次

1. 基本职业能力

基本职业能力包括基本专业能力、基本方法能力和基本社会能力，它是人们成功地从事某一职业所必备的能力。其中，基本专业能力是指从事职业活动所需要的职业能力和职业知识，是从事某项职业所需要的实用性职业能力，是劳动者赖以生存的基本能力；基本方法能力是指从事职业能力所需要的职业工作方法和职业学习方法，是在职业活动中不断获取职业能力与知识、掌握新方法的重要手段，是人们的基本发展能力；基本社会能力是指从事职业所需要的行为能力，是在职业活动中特别是在一个开放的社会中必须具备的能力，它既是基本的生存能力，又是基本的发展能力。因此，只有具备基本职业能力，才有可能从事某项职业的社会实践活动。

2. 综合职业能力

综合职业能力包括综合专业能力、综合方法能力和综合社会能力，它是具体的专业能力以外的能力，是根据职业岗位的共同特点及要求所体现的共同的职业能力要求，是人们从事任何一项职业都应具备的能力。其中，综合专业能力是对基本专业能力的进一步抽象，它包括对新技术的理解力、职业的适应能力、技术的改造能力、质量与经济意识、市场运营能力等；综合方法能力是基本方法能力的进一步发展，主要包括分析与综合能力、联想与创造能力、信息能力、谋略与决策能力等；综合社会能力是比基本社会能力更高层次的能力，主要包括组织协调能力、心理承受能力、社会责任感、工作主动性等。综合职业能力高于基本职业能力，是基本能力的提高和发展。由于这种能力对人们未来的发展起着关键性的作用，因此很多学者又把它称为"关键能力"。

当今社会需要的是一专多能，并在学习与实践中能够正确处理人际关系，具备多种职业能力的人才。例如，教师只具有语言表达能力是不够的，还必须具有对教学的组织和管理能力，对教材的理解和使用能力，对教学问题和教学效果的分析、判断能力等，所以说看似某种单一的职业，其实是多种能力的综合。因此，大学生在学习过程中，要注意多种职业能力的培养，既要注重基本职业能力的学习，又要重点加强对综合职业能力的训练和培养，这样才能在未来的职业竞争中脱颖而出。

【案例点击】

"一专多能"的导游小姐

高考填报志愿时，张芳芳报考的是当时热门的工商管理专业，却被调剂到历史系。这使她一入学就把自己的发展方向定位为"一专多能的复合型人才"，即在努力学好专业知识的同时，全面提高自己的能力。于是，她积极参加院系学生会、校法律协会，多次参加演讲比赛和社会实践活动，锻炼自己的组织协调及表达能力，丰富自己的阅历。张芳芳特别钟情于旅游，渐渐地她爱上了导游这一行。大三暑假，她来到一家旅行社实习，锻炼自己在导游方面的能力。毕业求职时，有着丰富的带团经验、良好的旅游知识、扎实的专业背景、出众的演讲能力的张芳芳从诸多应聘者中脱颖而出，并成为某大型旅行社的业务骨干。

【案例点评】

"一专多能的复合型人才"既是高校的育人目标，也是学子们的成才方向，在保持专业优势的同时，多方位、多层次地培养自己的其他才能，是很多大学生在校期间孜孜以求的目标。而招聘单位对"一专多能的复合型人才"也是求贤若渴，"复合型人才"既可以尽快上岗，节约培训成本，又可以适应不同的工作岗位，便于人才的内部流动和培养。尽管现在的岗位分工越来越精细化，但能胜任多个岗位的"多面手"比只有单一工作技能的人，无疑更能得到用人单位的喜爱。因此，大学生在校期间，既要有明确的学习、成才方向，又要对今后的人生发展和职业定位有着明确的规划。

（二）职业能力的组成

1. 专业能力

专业能力是指从事某一职业所需的运用专业知识、技能的能力。作为基本生存能力，专业能力在强调专业的应用性和针对性的同时，还包括对新技术、新知识的接受力和理解力、职业的适应能力、质量意识、经济观念等职业能力，专业能力主要强调适应性和针对性。在求职过程中，招聘方最关注的就是求职者是否具备胜任工作的专业能力，如果去应聘教学工作岗位，对方最看重的是是否具备最基本的教学能力；如果要去应聘项目经理的职位，对方一定非常注重组织管理能力。

2. 方法能力

方法能力是指人们搜集信息、独立学习、解决问题、制订计划、做出决策、质量控制和组织管理等方面的能力，或者说是从事职业活动所需要的工作方法及学习方法方面的能力，强调在职业活动中运用这些方法的合理性、逻辑性和创新性。方法能力要求具有科学的思维模式，它是人的基本发展能力，是人们在职业生涯中不断进取的重要手段，是人们创新精神和创业精神的具体表现。

3. 社会能力

社会能力是指从事职业活动所需要的社会行为能力、适应社会的能力、融入社会的能力，即人们与他人交往、合作、共同生活和工作的能力，包括工作中的人际交流、团队协作、劳动组织能力、群体意识和社会责任心等，强调积极的人生态度，对社会的适应性和行为的规范性。

作为促进个性心理特征或者能力的潜在资源，专业能力、方法能力和社会能力必须付诸实践，即人们要有意识地将专业能力、方法能力和社会能力运用于改造自然和改造社会，才能在职业活动中真正发挥作用，这正是人们综合职业能力的高低需要通过实践得以表现的根本原因。

【趣味测试】

测试你的决断力

假设一天你出门游玩，乘上公交车之后不久，不知从哪里传来了别人的手机铃声。那么，你觉得那会是什么样的铃声呢？请选择符合你想法的选项。

A. 一开始声音很小，渐渐变响

B. 始终是很轻微的声音在响

C. 声音很大，响了 2～3 次

D. 声音很大，好像不会停似的一直响着

选择 A：说明你在重要的时刻或者面临大事时常常会一反常态变得很优柔寡断。还容易这个那个的考虑得太多，最终被很多因素牵绊住。要变得更有自我一点哦。

选择 B：你是非常优柔寡断的人哦。你总会一不小心就因为这个那个的犹豫不决。所以不管什么都干脆点下个决断吧。

选择 C：你挺有决断力的哦。你总是当机立断，不管什么事都处理得干净利落。在你身上根本就找不到优柔寡断的影子。

选择 D：你虽然有决断力，但是也有粗心的地方哦。平时也要多多为周围的人着想一下，遇到事情稍微多考虑一下吧。

（三）当前受欢迎的四类人才

1. 复合型人才

复合型人才就是多功能人才，其特点是多才多艺，能够在多个领域大显身手。复合型人才包括知识复合、能力复合、思维复合等多方面。当今社会的重大特征之一就是学科交叉，知识融合，技术集成。这就要求每个人都要提高自身的综合素质，既要拓展知识的广度又要不断变革自己的思维。

单一能力的时代已经过去，只有具备多项能力，综合素质较高的人，才能在竞争中获胜。比如，驾驶技术原本是驾驶员的专门技能，现在已成为职场必备的通用技能之一。一个熟练掌握外语和计算机的高校学生，其就业选择的范围就比只有单一技能的学生要宽得多。某省人力资源和社会保障厅 2014 年发布的全日制职位工资指导价位表明，一向紧缺的复合型人才的工资增幅达 15%。所以，复合型人才是知识经济时代最受欢迎的人才。

2. 创新型人才

创新是人类文明前进的不竭动力。21 世纪是以创新为特征的时代，知识经济竞争的核心是创新。这种创新包括技术、制度、产品、市场、管理等多方面的创新。所以，知识经济时代需要创新型人才。

创新型人才，就是具有创新精神和创新能力的人才。通常表现为灵活、开朗、好奇的个性，具有精力充沛、坚持不懈、注意力集中、想象力丰富和富于冒险精神等特征。国外学者曾将创新能力与智力作了比较，认为二者极大的差别是，创新能力除包括智力因素外，还包括了态度和性格等非智力因素。仅有创新思维，没有创新勇气、精神和意志，也不可能完成创新。创新能力需要自我培养，要确信自己的潜能，努力学习和实践，以不断提高创新精神、创新思维、创新品质和创新能力。

3. 合作型人才

在知识经济社会，企业是链状供应，银行是网状服务，信息是网上共享，创新是网点协作。因此，知识经济社会是一个人际关系高度社会化的社会。在这样的社会，需要更紧密的联系和协作，需要借助集体和他人的力量，才能最有效地发挥自己的能力，取得事业的成功。在知识经济的现实环境中，要从事科研、发明、创造，或从事生产与经营，仅靠一个人的力量是难以完成的。美国学者比恩等人认为，竞争是工业社会的价值观，而合作是知识经济时代的价值观。因此，合作型人才是知识经济时代所需的人才。

4. 创业型人才

创业就是自主开拓和创造业绩与成就，即创业者的各项创业实践活动和生产经营活动。

随着我国教育体制改革的进一步深化，进入高校学习的学生越来越多，就业的压力同时也在逐步增大。在这种情况下，很多青年学子走上了自我创业的道路，由被动从业转变为自主创业。

自主创业符合我国当前的国情，是社会进步的要求，也是年轻人充分施展自己聪明才智的必然选择。在未来的社会中，创造人生辉煌的必定是那些敢于创业和善于创业的人。

对于每一位高校学生而言，要使自己成为21世纪最受欢迎的劳动者，必须善于协调、搞好人际关系，具有兼容并包的胸怀和团队拼搏精神，而不能乖僻古怪、恃才傲物；要善于在传统与现实、科学与人文、理论与经验、个人与社会等关系之间，不断协调、化解矛盾、圆融利害、齐心协力地应对各种严峻的挑战。只有这样才能抓住机遇，挖掘潜力，不断创新，不断前进。

【案例点击】

福特汽车公司非常器重人才

一次，福特汽车公司的一台马达发生了故障，怎么也修不好，只好请一个名叫斯坦曼的人来修。这个人绕着马达看了一会儿，指着电机的某处说："这儿的线圈多了十六圈。"果然，把十六圈线去掉后，电机马上就能正常运转。福特见此，便邀请斯坦曼到自己公司来工作。斯坦曼说自己现在所在的公司对他很好，他不能来。福特马上说："那么看来我只有把你那家公司买过来，你就可以来上班了。"福特不久就花大价钱购买了斯坦曼所在的公司。

【讨论】

什么样的人才最受企业欢迎呢？

二、大学生应具备的职业能力

大学生除了要具备上面谈到的职业能力以外，还应该注重培养自己的人际交往能力、开拓创新能力、知识应用能力、社会适应能力和竞争能力等各种能力，为今后的就业奠定良好的基础。著名物理学家诺贝尔奖获得者温柏格说过："不要安于书本上给你的答案，要尝试发现与书本上不同的东西，这种素质可能比智力更重要。"大学生在校期间应自觉地培养这些能力，为走上岗位后创造性地开展工作打下坚实的基础。

（一）开拓创新的能力

开拓创新能力是人们用已经积累的丰富知识通过各种智力因素不断地探索研究，提出新颖、独特的理论，创造出具有社会价值的新产品的能力。它是知识与技能经过一系列的归纳、分类、总结后形成的复杂而协调的行为动作，是一种综合性、高层次的思维能力和行动能力，具有强烈的社会实践性、高度的综合性、突出的创造性和鲜明的个体性等特点，其内容包括细微的观察力、深刻的洞察力、丰富的联想力、勇于独立探索的精神，以及发现问题、探寻规律、科学解决问题的能力等。这种能力无论是从社会经济发展、科技进步上讲，还是从用人单位的发展来讲，都是必需的，尤其是对大学毕业生在今后的个人发展中获取成功更是大有裨益。

大学生毕业后在实际工作中将会遇到一些前人从未问津的新课题，如果谁具备了这种能力，他就能对这些问题进行科学分析，抓住本质，提出新方案，获得创新成果。反之，则会不知所措或者乱撞乱碰，到头来一事无成。

（二）专业技术应用能力

作为一名大学毕业生，虽然掌握了许多专业知识和技术，拥有较为扎实的理论基础，但这些知识与技术应该能在实践中指导其改造物质世界、达到预期目标的活动，只有这样才能体现大学学习的价值。这就是说，大学毕业生不仅具有一定的发现问题、分析问题的能力，还应具备较强的应用专业技术来解决实际问题的能力。

在现实工作中，尤其是在企业生产第一线工作的大学毕业生，其实际动手能力的强弱将直接影响到其在该单位的自我发展前景，以及在工作中体现自我价值的程度。如作为一名科技人员，只懂得技术原理是不够的，没有操作能力，在很多情况下是不能完成技术任务的。一个人实际应用能力水平的高低，主要体现在思维方式、做事情的准确性和灵活性等方面。

大学毕业生要提高自己的动手能力，关键在于多思考、多观察、多有意识地训练。有意识地观察与接触得多，就可以掌握一些基本的操作程序和技巧，掌握正确挑选、使用工具的本领。大学生要利用在校期间的大好时光，珍惜每次教学实践、实习环节，利用第二课堂活动、科技兴趣小组、勤工俭学、搞科研项目等机会，着力培养和提高自己的实际动手能力，以满足今后工作的需要。

（三）奋发向上的竞争能力

竞争是生物进化规则注入人们血脉的一种本能。在现代社会中，由于人们知识和技能的激增与强化，这种本能的潜质在人们身上变成顺利完成某种活动的明显的心理特征，因而也变成了人们的一种能力素质。

作为文明人类追求的一种能力特征，竞争的目的不是单纯地为了打败竞争对手，而是通过共同努力，促进生产的发展和社会的进步。随着社会主义市场经济的发展，我国的市场竞争日趋激烈，而市场竞争归根到底是人才的竞争；充满竞争的市场需要具有较强竞争力、掌握先进思想与技术的大学毕业生。现代社会的多维竞争的加剧，增加了相对能力单一的人员的生存难度。许多单位都引入了"优胜劣汰"的用人机制，这已逐渐成为历史发展的主要趋势，它为大学毕业生提供了公开、平等参与竞争的环境和机会，不具备"奋发图强"的进取精神和各种综合能力的人员,在竞争的激流中随时都有被淘汰的危险。

因此,大学生要想在竞争中取胜,必须强化竞争意识,一方面要克服焦虑、自卑、怯懦、优柔寡断等心理障碍,敢于参加竞争,大胆地与竞争对手比高低;另一方面,平时必须注意积累丰富的知识,建立合理的知识结构,培养科学的思维方式,积极全面地发展自己的各种实际能力,全面提高自身的综合素质。

(四)果断决策能力

决策能力就是大学毕业生在面对错综复杂的问题时,能否及时果断地做出正确的判断和科学地选择解决问题方案的一种能力。

优良的决策能力可以使人少走弯路,少犯错误,事半功倍。人的一生往往会遇到许多重大的选择,优柔寡断将会错失良机,或者不经过慎重仔细地思考而草率地做出决断,都会给整个人生的发展带来巨大的影响。

对于大学毕业生来说,走出校门,步入社会,这是人生的一大转折点。面临求职择业、何去何从的紧要关头,一方面要认真听取其他人的意见和忠告,另一方面应清楚地认识到:今后的人生旅途主要通过自己不懈努力来完成,需要对自己所处的环境和自己的能力有一个正确评估,最终独立地做出理性决策。显然,这是对自己决策能力的一次检验。在未来的工作中,还会面对各种各样的问题,都需要自己及时予以处理。

因此,在大学学习期间,要有意识地培养和训练自己的决策能力,从日常小事做起,培养自己多谋善断的能力,日积月累,当以后遇到重大问题需要抉择时,才不至于无所适从。

(五)适应社会的能力

作为个体的大学毕业生能量是有限的,在刚进入社会时应该以一种积极的姿态适应社会发展的环境。人类文明始终是在继承与创新的矛盾运动中不断发展的。人们要改造世界,必须首先能融入这个社会。只有在发展环境中站稳脚跟,才能找到改造自己生活环境、创造自己光辉前程的真正切入点,才能担当社会赋予大学生的职责与使命。适应社会应同社会发展结合起来,要同改造联系起来,如果只讲适应环境,不思进取和创新,社会和个人都将得不到进步。

当前许多大学毕业生胸怀美好的憧憬、宏图大志进入社会,但刚与就业市场接触就有不适感,主要表现在对介入就业市场有恐惧心态,或畏难,或困惑,或彷徨。有些则是定位不当,好高骛远,方法不对,眼高手低,虎头蛇尾,因而错失许多就业机会。

深究其原因,就不难发现导致这一现象产生的真正原因是当代大学毕业生缺乏适应社会的能力。

首先,大学生适应社会的意识不强,常常对真实的社会生活作了简单的或片面的估计,一旦出现反差便产生不适。

其次，由于社会、家庭和大学生个人等方面的综合原因，使某些大学毕业生平时不注意自身综合素质的提高，因而步入社会后发现自己的特长不能充分展现，满足不了社会的多种需求，自己的价值很难在现实社会经济活动中得以发挥。

应该说，一个综合素质较高、身心健康的大学毕业生走上社会后，都能很快适应环境，适应工作，即使在比较困难的条件下和比较差的环境中，也能变不利因素为有利因素，通过自己的努力取得好的成绩。

（六）人际交往能力

以社会认可的方式，妥善处理人与人之间的关系，并与他人和谐共处、共同发展的能力即人际交往能力。

在社会主义市场经济发展的今天，人们不仅重视自己工作技能的提高，也越来越体会到社会交往的重要性，在人际交往过程中获取知识、信息和其他人的帮助，获取情感的满足和心灵的安慰。

社会上的人际关系远不如学校中的同学、师生关系那么简单。大学生毕业后步入社会，要与各种各样的人发生这样或那样的关系，能否正确、有效地处理和协调好职业生活中人与人的各种关系，不仅影响一个人对环境的适应与否，而且影响其工作效能、心理健康及事业的成败（图4-1）。

图4-1　重要的人际交往能力

（七）表达能力

表达能力是指运用语言文字阐明自己的观点、意见或抒发思想情感的能力。

表达能力主要包括口头表达能力和书面表达能力。口头表达能力要求语言的流畅性、灵活性和艺术性；书面表达能力要求文句的逻辑性、艺术性和条理性。

对于大学生来说，表达能力的重要性是不言而喻的，不仅在工作中，如计划、总结、工作汇报、设计说明、通知、申请等都需要，而且在择业时自荐信的撰写、个人材料的准备、面试时回答招聘人员的问题等每一个环节都发挥着不可低估的作用，甚至在日常生活中交流思想、讨论问题、互通情况时，如果不注意表达能力的培养，即使有再好的见解和办法，表达不确切、不清楚，也会直接影响本领的施展。

（八）组织协调能力

组织协调能力首先表现在大学毕业生在工作中具有齐心协力、不计名利报酬、积极主动争取成功的团队精神。

在没有团队精神的工作过程中，会产生严重的"搭便车"行为，从而导致合作的溃散。组织协调能力还表现在能强化个体与整体的协调与反馈上。个体的特点是具有"分散性"，但这种具有分散性的个体必须与整体目标协调一致，才能形成整体的能力，从而保证工作目标的实现。工作过程通常是群体运行的过程，因此，目标的协调就显得非常重要。如美国著名的"阿波罗登月计划"耗资300亿美元，历时10年，动员了2万家公司、120所大学、42万人。

每个人在将来的工作中都不同程度地需要与其他单位和个人进行协作工作，这就要求其具有一定的协调才能，这是现代社会对人才提出的要求。随着大学毕业生就业制度的改革，具有一定交往能力和组织能力的大学生越来越受到用人单位的普遍欢迎。当前许多单位在挑选大学毕业生时，在注重学生的学业成绩的同时，格外青睐担任过学生干部工作或者参加社会工作的学生，认为这些人比较容易沟通，而且比较容易适应社会组织的工作运行要求。

【延伸阅读】

表 4-1　大学生基本综合素质的 25 种能力

时间管理	阅读思考	倾听表达	情绪管理	编辑写作
自信自省	自我调节	自我激励	沟通能力	人际交往
组织策划	魅力提升	理财能力	领导与执行	团队合作
角色责任	创新能力	创业能力	基础管理	观察记忆
交际礼仪	自我保护	生存自理	体能训练	意志磨炼

【案例点击】

狼的团队生存之道

狼知道自己是谁，狼知道为了活着而相互依赖，虽然都是食肉者，像老虎一样，狼也很想当兽中之王，但它知道自己是狼，而不是虎。如果不得不攻击比自己强大的猎物，狼必群而攻之。狼知道如何用最小的代价，换取最大的回报。也正是因为它们这个特点，使得成功一定会到来。因此，狼群的团队精神成为它们存亡的决定性因素。讲一个故事，有一位猎人非常幸运地目睹了狼群捕食这一活生生的场面，这个生死攸关的时刻被认为是谚语无法描述的。就在几分钟前，狼群好像还在漫无目的地尾随着猎物，突然，这群看似懒洋洋的狼组成一个目标明确的队伍开始行动。四匹狼突然开始联合攻击一群犀牛，把他们往一个缓坡上赶。犀牛上到坡顶时，面对它们的是两匹纹丝不动的狼。这两匹狼挡住犀牛的去路，面无表情，一动不动地站在哪儿。犀牛惊慌失措（狼知道它们会那样），四处逃窜，于是也就失掉了群体提供他们的保护。犀牛群在慌乱中狂奔的时候，六匹狼都向一头年老、有些虚弱、再也得不到群体保护的犀牛包抄过去。一匹狼咬住这只犀牛的下颌，另一只咬住他的前额，把它掀翻在地。另外四匹狼活生生地把它的四条腿撕下来。战斗很快就结束了。和犀牛群相比，狼群显得很小，但它们有战略、有配合，并将其灵巧熟练地实施，最终赢得了胜利。

【案例点评】

在任何一个社会里，团队合作精神是必不可少的！但是在任何一个团队中必须给个体历练个人能力的机会，这样他才能有在这个团队存在。在与他人的合作中分享团队成果，有意识地培养团队精神，在团队中锻炼个体的能力，学会如何与别人沟通、合作，学会在团队中如何享受合作的乐趣。

第三节　大学生职业能力提升

【案例导入】

国内某媒体对中外大学生实习状况的跟踪调查显示，中国企业经理总是很赞赏出自外国实习生之手的相关调研报告，同时也深思："为什么外国大学生能够做出如此完整精致的调研报告，而中国实习大学生却没有这样的能力？"调研报告的写作者是挪威大学生泰耶，利用暑期，他开始了在上海"爱因斯特中国"的实习。"爱因斯特中国"负责人郭涵芳目睹了泰耶的工作过程，同样接触过大量中国实习生的郭涵芳认为，在职业能力方面，中国学生和外国学生差距较大，中国学生急需"补课"。"外国学生很擅长做调研报告，从主题讨论到查资料，从对手分析到撰写成文，思路非常清晰，他们写出的调研报告连中国职业经理人都自叹不如。"一名企业经理表示。同样的任务交到中国学生手里，他们的第一反应往往是"你要多少个字？"这样的疑问让这位经理哭笑不得。上海贝岭股份有限公司曾经接收了一名瑞士实习大学生，适应工作不久这名大学生能够单独负责软件开发了；同样上海汇众汽车公司接收的 5 名外国实习生中，有一个甚至担任了项目经理。而与外国实习生对比，中国本土实习生的职业能力相形见绌。郭涵芳表示："有的中国大学生，甚至连最基本的事情都不会做，比如不会使用传真机、不会打印 Excel 表格。你怎么能放心把更重要的工作交给他呢？"由此可见，大学生在职业能力方面应该从自身入手，好好"补补课"。

【讨论】

1. 为什么要培养大学生的职业能力？
2. 大学生应具备哪些职业能力？
3. 如何提升大学生的职业能力？

大学生要在学习科学知识的同时，不断提升自身的职业能力。学习和掌握大学生职业能力提升的途径和方法，可以有效地指导大学生发挥和进一步锻炼能力，为丰富自己的大学生活和适应未来的职业生涯做好充分的准备。

一、大学生职业能力面临的问题

（一）职业目标不明确

职业目标指一个人根据自身情况，以及面临的机遇和制约因素，通过职业生涯规划确立的职业发展方向。一般来说，目前高校的大学生报考学校和专业都是家长的意志，并没有自己的想法，所以这些大学生就会觉得自己不喜欢现在所学的专业，也不清楚今后想从事什么样的职业。对于这部分学生来说，他们没有明确的职业目标，当然也就阻碍了自己职业能力的培养和发展。这些学生可以借助职业能力测试等环节，在认清自我的前提下，培养适合自己发展的职业能力，也可以参与一些自己比较感兴趣的职业培训，在实践中慢慢了解自我，开发自我潜能，再确立切实可行的职业目标。

（二）理论与实践脱节

近年来，我国的某些就业岗位普遍人才紧缺，与此同时，原先热门行业逐渐变冷，例如计算机应用、会计、文秘等专业均出现人才相对过剩的现象。对于这样的现象，重要的原因是当前大学教育和社会需要的脱节。在学校里，大学生的学习主要以课本知识为主，有些知识相对比较陈旧，对今后职业上需要的基础知识很少涉及，使得大学生的职业能力不足，获取新知识的能力不强。大学生只学不用，或者重学轻用，理论与实际严重脱节，这也是导致大学生职业能力不足的主要原因，使企业不得不承担教育机构本身应该完成的工作，对员工进行系统的继续教育培训。

（三）实践动手能力不强

实践动手能力主要指大学生实际操作能力和动手能力，也包括分析问题和解决问题的能力。很多企业希望招聘的大学生一毕业就能够迅速胜任工作。但由于我国高校教学模式相对滞后，一贯重视基础理论教育，轻视实际操作能力培养；一贯重视应试能力培养，轻视整体素质的塑造；加之很多高等院校与社会企业之间缺乏合作，无法给学生提供足够的岗位实习锻炼机会，造成了一些大学生会说不会做，实践动手能力低下（图4-2）。这种情况已引起我国许多高校、各级政府的高度重视，例如上海早已在全国率先启动大学生就业见习行动，1万多个企业为在校大学生提供各种实践实习岗位，其他高校也在积极为大学生的实践能力提供各种锻炼机会。

图4-2　大学生实践动手能力不强

（四）个人职业素养欠缺

个人职业素质的内涵很广，包含多个方面，例如，学习能力、学识经验、进取精神、社交能力、责任心、自我控制、成就动机、灵活性、创造性潜力、管理潜力、工作态度、诚实水平等，是大学生职业能力构成不可忽视的重要因素。来自哈佛大学的研究表明，成功因素中的85%取决于积极的职业态度，15%才是本人的职业技能。从这个角度看，社会人力资源的开发已为就业者的职业品质注入了新的内涵。社会上用人单位对应聘者职业品质的需求，对学生的职业发展有着很好的导向作用，诸如积极的人生态度、开拓创新精神、沉着应变能力、团队合作精神、敬业精神等，许多职业已向就业者提出了更高要求。现今一些大学生知识、业务能力和工作业绩都很优秀，但是在与人相处方面，特别是在团队协作方面很欠缺，过分考虑自己的得失，很少从集体利益出发。有些大学生还缺乏与人沟通的基本知识和礼貌（图4-3）。

图 4-3　大学生个人职业素养欠缺

【案例点击】

个人职业素养

网络中一篇题目为《我们为什么不要应届大学生》的帖子颇引人注意，这位在银行工作的作者认为，现在大学应届毕业生个人素养、工作态度及操作能力都不尽如人意。他的例子是：去年他们公司招聘了一位名牌大学的应届毕业生，由于不能很快地融入单位的组织文化中，总觉得单位领导在处处针对他，嫌给他的奖金少了，福利差了，最终不得不选择离开。本来对于这样的员工，离开是可以接受的，但不可思议的是，在递交了辞职信后，他却在单位四处游说，到处骂娘，说公司领导如何不管员工死活，还把公司的信息，甚至单位内部某些不适宜宣扬的做法等透露给其他客户。他的话在员工中着实掀起了不小的风波，最后还是总经理亲自出面，才把这次风波平息下去。从此以后，他们公司一旦发现如果一个员工确实是不适合单位文化的，情愿多给他点经济补偿金，一收到辞职信，就立刻给钱，并要求他在部门经理的监视下，清点东西，立即走人，绝对不留到第二天。同样的做法也体现在联想裁员上，从宣布解除合同到离开办公室，不会超过两个小时。

【案例点评】

由案例可见，企业是多么看重职员的个人素养对企业发展造成的影响。

（五）自主创业意识淡薄

创业意识指对创业者起创业动力作用的个性意识倾向，包括创业的需要、动机、兴趣、理想等要素。当前大学生的创业意识比较薄弱，分析其主要原因：一是大学生自身的内在因素即创业能力与创业心理品质的不足；二是受诸如创业风险大、机会成本高、资金缺乏、市场竞争激烈等外部客观因素的影响。现在很多高校已经充分认识到大学生自主创业的重要性、必要性和紧迫性，给在校大学生提供了许多培养创业能力的机会，例如，开展创业大赛，举办各类创业指导讲座，成立创业协会等社团组织，设立创业基金，提供创业场所，其目的都是设法培养、提高大学生的自主创业意识，最终使其提升未来的职业能力。

二、多渠道获得各种职业能力

（一）参与社团活动

学生社团丰富了校园生活，培养了大学生广泛的兴趣和爱好，是大学校园不可缺少的组成部分。发展社团文化，对于优化育人环境，全面提高大学生的文化素质和思想政治觉悟，具有不可忽视的作用。不少同学通过参加社团活动，开阔了知识面，丰富了业余生活，增加了人际交往的机会。大学生可以根据自己的喜好和特长选择适合自己的社团。如果你对该社团兴趣浓厚，又表现出色，你还可以成为社团的骨干，不仅可以参加各种活动，还有机会策划组织各种活动，这就更进一步锻炼了人际交往能力和组织管理能力。许多社团活动还需要走向社会，为大学生将来进入社会创造条件。社团活动拓宽了学生的视野，培养了大学生的动手实践能力，真正做到理论与实践相结合，这将是大学生一生的财富。但是大学生参加社团活动的同时也要注意合理地分配学习和活动的时间，不要由于参加过多的社团活动而影响自身的学习，毕竟学生还是以学习为主，否则将会得不偿失。

（二）参与勤工助学

在校大学生可利用平时的课余时间及双休日参加勤工助学活动。一般来说，每所高校都会提供很多勤工助学的机会给广大的学生，尤其是为一些家境贫困的学生提供了合适的岗位，这样既能锻炼自己、积累工作经验，又能增加收入、增强独立自主的能力。勤工助学形式多种多样，譬如最常见的就是作家教，可以锻炼一个人的耐心及表达能力；也可以帮助某单位或部门作某产品的市场需求调查，可以培养一个人的细心及与人交往的能力；还可以做些家电维修等，可以很好地运用专业知识方面的一技之长。参加这些活动大学生既获得了经济收入，也服务了社会，更锻炼提高了自身的社会实践能力。虽然勤工助学主要是为了解决经济问题，但是也必须有学业为先的前提，没有必要丢掉功课去赚钱。

（三）参加社会实践

每到学期末，各种假期社会实践活动也成为大学生假期生活的重要组成部分。大学生利用假期走出校园，在社会生活中树立理想、拓展视野、增长才干、服务社会。为了帮助大学生走向社会、学以致用，实现大学生的实践意愿，各高校都会为大学生提供包括寒暑假期和双休日的社会实践机会，并在组织、宣传、资金等方面给予一定的指导和帮助。假期社会实践与勤工助学相比，与专业知识的关系更为密切，它要求大学生将平时所学的专业知识与社会实践中的社会问题及社会现象相结合，有创意地提出问题，通过实践分析问题、研究问题，最终解决社会中的实际问题。

（四）参加各类竞赛

大学校园是一个供青年才子一展身手的大舞台，学校的各类竞赛成为展现自我风采、培养个人能力的最好契机，在这里可以找到很多志同道合的朋友，一展大学生心中的理想、发挥个人的才能。例如，全国大学生电子设计竞赛、全国大学生数学建模竞赛等，其优胜者就备受用人单位的青睐。有的毕业后被一些大型企业或公司聘用，这是因为很多用人单位考虑到竞赛的命题，评选的公平、公正、公开，觉得这样选拔出来的人才其业务技术可靠，有真正的动手与创造能力。所以在校大学生应该抓住各类、各个层次竞赛的机会，利用所学知识解决实际问题，开拓知识面，培养创造精神、合作意识及运用所学知识解决实际问题的综合能力。

（五）课程及毕业设计

课程设计和毕业设计是培养大学生实践意识和能力的有效手段。当今社会对人才的需求越来越向多元化的方向发展。专业知识狭窄而单一的专门性人才已经不再满足社会化大生产的需要，对大学生的培养也必须是全面而多方位的，尤其是在课程设计和毕业设计阶段，可以培养和锻炼大学生的综合科研能力。主要表现在资料查阅阶段，培养大学生文献检索和发现问题的能力；课题研究阶段，培养大学生阅读能力、逻辑思维能力和独立解决问题的能力；论文撰写过程，培养大学生团队协作能力和文字表达能力；论文答辩过程，培养大学生的语言表达等能力。优秀的课程设计和毕业设计可以使大学生的设计思路和创新理念得到很好的展现。

（六）课程及毕业实习

课程实习和毕业实习，是大学生在系统地学习了相关专业理论知识的基础上，进行的理论联系实际的实践学习活动，是每位学生在跨出校门、走向社会之前必须经历的学习阶段，是学生了解社会、了解职业的窗口，对提高大学生观察、思考、分析和解决问题能力的提升具有重要作用。大学生应该充分利用在校期间的有利资源和实习的大好时机，努力培养独立思考、虚心好学、认真踏实、吃苦耐劳、刻苦钻研、团结友爱、协作互助的良好作风。走进企业、接触社会、了解行业、了解职业，实现单一知识与系统知识结合、基础知识与专业知识结合、理论知识与实践知识结合、个人知识与团队知识结合，尽快实现由理论型人才向应用型人才的转变，从而符合社会发展的需要。

三、如何提升大学生职业能力

（一）明确职业目标

有人说，一个人失去了方向没有目标就像一只断了线的风筝，不知道下一个目标将飘向哪里。目标对于成长中的人起着指南针的作用，是奋斗的动力，是成功的助推器。大学生在培养和发展自身职业能力的时候首先也要明确自己的目标，当然，我们在树立职业目标的同时还要结合大学生目前自身情况，目标要切合实际。如果目标太高，能力不及，压力太大，阻碍目标的实现；如果目标太低，能力绰绰有余，对人没有挑战性，则会使人产生惰性。

（二）涉猎相关知识

当今社会需要的不仅是专业型人才，更需要综合应用型人才。作为大学生，要努力学习现代科学文化知识，掌握实际工作本领。我们新一代的大学生处在现在这个充满竞争、环境瞬息万变的社会，人际关系、吃苦耐劳固然重要，但首先要加强自身实力，例如知识、智慧、创造力等，这些能力可以让我们立足于这个变幻的世界。如果大学生希望实现自己价值的话，首先应该有相关领域理论知识作基础，要依照"宽口径，厚基础"的原则培养自己。"宽口径"是指学习的知识面要广泛，而"厚基础"又是指对所专业知识要精，要在了解相关领域知识的同时把打牢学科基础、掌握学科精华、提高自学能力放在首位。这样，在将来的工作中，如果遇到实际问题，就可以从容不迫的通过自学来解决。大学生可以结合一些行业或职业特点来充实自己的理论知识。比如，毕业后想去软件公司工作，在校学习相关计算机专业知识的同时，还可以学习当前流行的一些实用软件、编程语言等。

大学生还要好好掌握外语、计算机等工具性知识。现在是全球化的时代，要想走出学校、成功迈进社会、立足于这个时代，外语和计算机能力已经成为工作中互相交流的平台。同时，这几门知识要靠长期的培养和积累，不可能一蹴而就，而大学里有良好的学习条件，充裕的学习时间，是掌握这几门功课的大好时机。此外，在大学还可以多学几门实用技术，如法律、会计、汽车驾驶等，以增强职场竞争力，提升就业能力。

（三）加强实践环节

理论与实践脱节已经成为大学生就业的"拦路虎"，工作经验成为大学生就业的"挡箭牌"。如何提高大学生的实践能力，已成为当下高等学校教学改革的重要话题之一。如今，许多用人单位都希望招聘来的大学生能够直接进入工作状态，无须经过专门的职业培训。然而多数大学生在校期间过着单一的校园生活，缺乏胜任就业岗位所需的职业能力。而社会实践环节就为学生更好地适应企业需求搭建了桥梁，使大学生真正参与到用人单位的实际运作中去，既为用人单位提前培训了员工，又增强了大学生的就业竞争力。

（四）培养职业兴趣

兴趣是最好的老师，个人对自己感兴趣的领域表现出来的能力往往也相对比较高。大学生在校期间还要注意挖掘、培养、发展自己的职业兴趣，如果没有亲身经历，很难深刻体验某一职位或岗位的艰辛、快乐及它的意义。在校大学生可以利用课余时间、节假日、寒暑假参加各类课外活动、社会实践等，主动接触社会上的各种职业，将有助于在实践中验证个人的爱好，培养、发展自身的职业兴趣。

【案例点击】

做你喜欢做的事

一位刚过30岁的医生，写信给一位百岁老人，述说自己的苦衷。他说自己从小就喜欢写作，可阴差阳错，却当了一名医生。其实他对自己从事的职业一点都不感兴趣，想改行当作家，又担心年纪太大，为时已晚。老人接到信后，立刻给这位医生回了一封信，信中说："做你喜欢做的事，哪怕你现在已经80岁！"这位医生接到信后，大受鼓舞，弃医从文，后来竟成了大名鼎鼎的作家，他就是日本的渡边淳一。而那位名叫摩西的百岁老人曾是美国弗吉尼亚州一位普通的农妇，76岁时因患关节炎放弃农活后开始画画，80岁时在纽约举办了个人画展，101岁辞世时留下了1600幅作品。

【案例点评】

兴趣是迈向成功的发动机，兴趣对人的发展有一种神奇的推动力量。谁找到了自己最感兴趣的工作，谁就是选择了通向成功的道路。诺贝尔物理学奖获得者丁肇中说过："兴趣比天才重要。"因为人们对某种职业感兴趣就会对该种职业表现出肯定的态度，在工作中调动整个心理活动的积极性，开拓进取，努力工作，有助于事业的成功。反之，强迫做自己不愿意做的工作，对精力、才能都是一种浪费。

（五）展现提升自我

大学生要从校园走入社会，需要的不仅仅是知识，还有自我素养的展现，以及与人相处的社会技巧，也就是常说的智商与情商并重。大学生可以充分利用课外文体活动来塑造和锻炼自己，如演讲会、朗诵会、文艺会演、体育比赛等，塑造自己的形象，学习表达能力，学会与人沟通。以成功人士为榜样，全面塑造自己。职场上的成功人士，不仅有智慧，还要有良好的道德、健康的体魄、大方得体的穿着、彰显气质的发型、朝气蓬勃的面容及潇洒的风度等。因此，大学生不仅要好好学习，还必须锻炼强壮的身体，培养良好的个人修养，文雅的举止，要能够大方地展现自我。从心理学上讲，在未与人沟通前留给人的第一印象是最初的20秒，而最初的20秒印象就是由你的外在形象决定的，这第一印象是由55%的穿着和化妆，38%的行为举止、7%的谈话内容构成。所以，大学生在校期间可以在一些特别的场合有意识的注意自己的言谈和衣着，因为适度地展现自己的形象是大学生踏上社会的第一张名片。

职业能力是指为了胜任一种具体职业而必须具备的能力。职业能力直接影响职业活动效率和职业活动能否顺利完成。大学生职业能力既关系到学生个体的发展，又直接涉及高校的生存和发展，更是高等教育改革和发展的内在要求。

职业能力可以分为基本职业能力和综合职业能力两个层次，同时又分别由专业能力、方法能力、社会能力三个部分组成。大学生应该培养人际交往能力、创新思维能力、掌握信息能力、学习能力和自立能力等各种能力，为今后的就业奠定良好的基础。

学习和掌握大学生职业能力提升的途径和方法，可以有效地指导大学生发挥和进一步锻炼自己的能力，为丰富自己的大学生活和适应未来的职业生涯做好充分的准备。

【案例点击】

专科女生如何顺利进入 IBM 公司

金融危机当前，在众多研究生、本科生对就业前景忧心忡忡的时候，江西一所民办高职院校的两年制普通专科生曹晓洁，在未毕业时就被福富软件、印度 INFOSYS、IBM 等三家跨国软件公司同时选中。此事一出，顿时如一石激起千层浪，引得各大媒体争相报道。她也因此事被誉为"史上最牛女专科生"。

最近看了关于曹晓洁的报道，令我很震撼。没有优越的家庭条件，长相也普普通通，两次高考失利。这位貌似平凡的专科女孩，却得到了令研究生、本科生都羡慕不已的就业机会，这是偶然吗？就此事本身来看，曹晓洁的故事之所以被争相报道，说明类似情况发生的概率并不高；但挖掘事件本质就不难看出，她成功的必然因素已大大超越了偶然因素，也就是说，她的成功并非偶然现象。

事实上，曹晓洁身上所具备的品质不仅不亚于比她学历高的学生，甚至拥有许多更为耀目的"亮点"：

异常地刻苦努力。曹晓洁来自四川泸州农村一个普通家庭，没有很好的家庭背景和条件，想走出农村就必须努力到"山穷水尽"，这样的精神是她成功的重要条件之一。

坚定不移的目标。曹晓洁的梦想是进入 IBM 等国际一流 IT 企业，而在她达到梦想的过程中，曾有过两次高考失利的经过，而且考入的是专科院校。这对她来说并不是有利条件，但她并没有因此抛弃自己的梦想，而是鼓起勇气向着目标大步前进。"不抛弃，不放弃"是她的又一成功要素。

抓住一切锻炼机会。竞选学习部副部长、组织英语角，并经常活跃在各种晚会、典礼等活动的台前幕后，曹晓洁因此赢得了各种奖励和荣誉。扎实的专业知识外加多种实践经历，使她积攒了颇具竞争力的多项技能，逐渐成为佼佼者。

高标准的历练过程。曹晓洁并没有选择家教、促销的兼职工作，而是参加并通过了 IBM 先锋实训基地第二期学员的考核，并且积极地应征成为一个日语团队的组长，但她不仅是团队中唯一的女生，资历还是最浅的。

有信心＋经得起考验。曹晓洁在完成专科学业后，又参加了福富软件公司 (FFCS) 的面试，并成为被录取的 12 名人员之一；同时又应聘了印度 INFOSYS 公司，并获得了面试机会；后又因在 IBM 先锋实训基地的出色表现得到了 IBM 上海的试用通知。

平和踏实的心态。虽然被誉为"史上最牛女专科生"，但曹晓洁并没有因为社会舆论和媒体报道而"冲昏头脑"："我想我知道我是谁，自己不会找不到北。"面对各种热捧和非议，她能用如此平和的心态面对，确实很令人钦佩。

相信惊呼"专科生怎么这么牛"的人，从曹晓洁身上蕴藏的亮点中一定能得到答案。再换个角度看这件事，如果把事件主人公换做本科生，相信同样的事情必然不会获得如此高的关注，所以在"曹晓洁事件"被争相报道的背后，存在于人们内心的"学历潜规则"才是令人大跌眼镜的主因。专科生就没有得到跨国公司青睐的资本吗？"能力"比"学历"重要的呼声早已不绝于耳，但在事实上，许多企业还仅仅停留在以学历衡量求职者能力的阶段，因此在招聘会中因学历屡屡受挫的人还是大有人在。

与专科生相比，本科生读四年，理当比专科生学到的知识更多，但仅凭简单意义上时间的叠加，在实际工作中的能力就一定强大吗？貌似高专科生一等的本科生或研究生，大多被优越感迷惑了双眼，认为学历等于"保险"，因而忽视了实践和能力的锻炼。即便走上了工作岗位，"眼高手低"的情况也令许多公司头痛不已。

专科生痛苦并矛盾着，本科生痛苦并骄傲着。就在大家对硝烟四起的就业市场望而兴叹，祈求"天将降工作于斯人也"的同时，曹晓洁却坚定地大步奔向自己的梦想，一跃成为炙手可热的跨国人才。她的成功不仅为徘徊于就业迷雾的专科生拨开了一丝光亮，更给本科生们在就业心态上提了个醒儿。相信在健康且方向明确的就业目标下，会有更多的"曹晓洁"涌现出来。到那时，也许类似的事件也不再作为新闻被大家津津乐道。当然，实现这样的目标并不是凭一时的头脑发热就能达到的，因为无论何时，能够主宰自己将变成是巨人还是侏儒，依靠的不仅是梦想的指引，还要学会脚踏实地把它变为现实。

【趣味测试】

职业能力测试

日常生活和职业活动的观察和研究都证明，人的职业能力各不相同，有人善于言语交谈，有人善于操作，有人善于理论分析，有人善于事务性工作。每个人都有自己独特的能力结构。社会上的职业也是多种多样的，各种职业对从业者的能力要求亦各不同，有的需要言语能力，有的需要计算能力，有的需要动手能力，大多数职业需要几种能力的综合。

评分说明：

职业能力的评定采用"五级量表"：强、较强、一般、较弱、弱。每级评定都有相应的权重参数，将评定等级乘以权重参数，然后把六项数值加起来，再除以六，就得到一组评定的等级分数。

如:

	强	较强	一般	较弱	弱
(1) 善于表达自己的观点	(✓)	( )	( )	( )	( )
(2) 阅读速度快,并能抓住中心内容	( )	( )	(✓)	( )	( )
(3) 清楚地向别人解释难懂的概念	( )	(✓)	( )	( )	( )
(4) 对文章中的字、词、段落和篇章的 理解、分析和综合的能力	( )	( )	(✓)	( )	( )
(5) 掌握词汇量的程度	( )	(✓)	( )	( )	( )
(6) 中学时你的语言成绩	( )	(✓)	( )	( )	( )
各等级次数累计	×1	×2	×3	×4	×5

总计次数$\sum$ = (13)

评定等级 (2.2) = 总计次数 (13) ÷ 6

根据自己实际情况,对下面的每一种活动做出评定。

第一组

	强	较强	一般	较弱	弱
(1) 善于表达自己的观点	( )	( )	( )	( )	( )
(2) 阅读速度快,并能抓住中心内容	( )	( )	( )	( )	( )
(3) 清楚地向别人解释难懂的概念	( )	( )	( )	( )	( )
(4) 对文章中的字、词、段落和篇章的理解、 分析和综合的能力	( )	( )	( )	( )	( )
(5) 掌握词汇量的程度	( )	( )	( )	( )	( )
(6) 中学时你的语言成绩	( )	( )	( )	( )	( )
各等级次数累计	×1	×2	×3	×4	×5

总计次数$\sum$ = ( )

评定等级 ( ) = 总计次数 ( ) ÷ 6

第二组

	强	较强	一般	较弱	弱
(1) 做出精确的测量 (如测长、宽、高等)	( )	( )	( )	( )	( )

(2) 解算术应用题　　　　　　　　（　）　（　）　（　）　（　）　（　）

(3) 笔算能力　　　　　　　　　　（　）　（　）　（　）　（　）　（　）

(4) 心算能力　　　　　　　　　　（　）　（　）　（　）　（　）　（　）

(5) 使用工具（如计算器）的计算能力（　）　（　）　（　）　（　）　（　）

(6) 中学时你的数学成绩　　　　　（　）　（　）　（　）　（　）　（　）

　　各等级次数累计　　　　　　　×1　　×2　　×3　　×4　　×5

　　总计次数∑＝（　）

　　　　　　　　　　　　　　　评定等级（　）＝总计次数（　）÷6

第三组

　　　　　　　　　　　　　　　　强　　较强　　一般　　较弱　　弱

(1) 美术素描画的水平　　　　　　（　）　（　）　（　）　（　）　（　）

(2) 画三维度的立体图形　　　　　（　）　（　）　（　）　（　）　（　）

(3) 看几何图形的立体感　　　　　（　）　（　）　（　）　（　）　（　）

(4) 想象盒子展开后的平面形状　　（　）　（　）　（　）　（　）　（　）

(5) 玩拼板（图）活动　　　　　　（　）　（　）　（　）　（　）　（　）

　　各等级次数累计　　　　　　　×1　　×2　　×3　　×4　　×5

　　总计次数∑＝（　）

　　　　　　　　　　　　　　　评定等级（　）＝总计次数（　）÷6

第四组

　　　　　　　　　　　　　　　　强　　较强　　一般　　较弱　　弱

(1) 发现相似图形中的细微差异　　（　）　（　）　（　）　（　）　（　）

(2) 识别物体的差异　　　　　　　（　）　（　）　（　）　（　）　（　）

(3) 注意到多数人所忽视的物体的细节部分（　）　（　）　（　）　（　）　（　）

(4) 检查物体的细节　　　　　　　（　）　（　）　（　）　（　）　（　）

(5) 观察图案是否正确　　　　　　（　）　（　）　（　）　（　）　（　）

(6) 学习时善于找出数学作业的细小错误（　）　（　）　（　）　（　）　（　）

　　各等级次数累计　　　　　　　×1　　×2　　×3　　×4　　×5

　　总计次数∑＝（　）

评定等级（ ）＝总计次数（ ）÷6

第五组

	强	较强	一般	较弱	弱
(1) 快而正确地抄写资料（诸如姓名、日期、电话号码等）	（ ）	（ ）	（ ）	（ ）	（ ）
(2) 阅读中发现错别字	（ ）	（ ）	（ ）	（ ）	（ ）
(3) 发现计算错误	（ ）	（ ）	（ ）	（ ）	（ ）
(4) 在图书馆很快地查找编码卡片	（ ）	（ ）	（ ）	（ ）	（ ）
(5) 发现图表中的细小错误	（ ）	（ ）	（ ）	（ ）	（ ）
(6) 自我控制能力（如较长时间地进行抄写资料工作）	（ ）	（ ）	（ ）	（ ）	（ ）
各等级次数累计	×1	×2	×3	×4	×5

总计次数∑＝（ ）

评定等级（ ）＝总计次数（ ）÷6

第六组

	强	较强	一般	较弱	弱
(1) 劳动技术中做操纵机器一类活动	（ ）	（ ）	（ ）	（ ）	（ ）
(2) 玩电子活动中瞄准打靶	（ ）	（ ）	（ ）	（ ）	（ ）
(3) 在体操、广播操一类活动中身体的灵活性	（ ）	（ ）	（ ）	（ ）	（ ）
(4) 打球的姿势的水平度	（ ）	（ ）	（ ）	（ ）	（ ）
(5) 打字比赛或算盘比赛	（ ）	（ ）	（ ）	（ ）	（ ）
(6) 闭眼单脚站立的平衡能力	（ ）	（ ）	（ ）	（ ）	（ ）
各等级次数累计	×1	×2	×3	×4	×5

总计次数∑＝（ ）

评定等级（ ）＝总计次数（ ）÷6

第七组

	强	较强	一般	较弱	弱
(1) 灵巧地使用手工工具（如榔头、锤子）	（ ）	（ ）	（ ）	（ ）	（ ）

(2) 灵巧地使很小的工具（如镊子、缝衣针等）（　）（　）（　）（　）（　）

(3) 弹乐器时手指的灵活度　　　　　　　（　）（　）（　）（　）（　）

(4) 动手做一件小手工品　　　　　　　　（　）（　）（　）（　）（　）

(5) 很快地削水果（如苹果、梨子）　　　（　）（　）（　）（　）（　）

(6) 修理、装配、拆卸、纺织、
缝补等一类活动　　　　　　　　　　（　）（　）（　）（　）（　）

　　各等级次数累计　　　　　　　　　×1　　×2　　×3　　×4　　×5

　　总计次数∑＝（　　）

　　　　　　　　　　　　　　　评定等级（　）＝总计次数（　）÷6

第八组

	强	较强	一般	较弱	弱
(1) 善于在陌生的场合发表自己的意见	（　）	（　）	（　）	（　）	（　）
(2) 善于在新场合结交新朋友	（　）	（　）	（　）	（　）	（　）
(3) 口头表达能力	（　）	（　）	（　）	（　）	（　）
(4) 善于与人友好交往，并协同工作	（　）	（　）	（　）	（　）	（　）
(5) 善于帮助别人	（　）	（　）	（　）	（　）	（　）
(6) 擅长做别人的思想工作	（　）	（　）	（　）	（　）	（　）
各等级次数累计	×1	×2	×3	×4	×5

　　总计次数∑＝（　　）

　　　　　　　　　　　　　　　评定等级（　）＝总计次数（　）÷6

第九组

	强	较强	一般	较弱	弱
(1) 善于单位或班级的集体活动	（　）	（　）	（　）	（　）	（　）
(2) 在集体活动或学习中，时常关心他人的情况	（　）	（　）	（　）	（　）	（　）
(3) 在日常是能经常动脑筋，想出别人想不到的好点子	（　）	（　）	（　）	（　）	（　）
(4) 冷静果断处理突然发生的事情	（　）	（　）	（　）	（　）	（　）

(5) 在你曾做过的组织工作中，你认为
    自己的能力属于哪一水平 　　　（　）　（　）　（　）　（　）　（　）
(6) 善于解决同事或同学之间的矛盾 　　（　）　（　）　（　）　（　）　（　）

　　　各等级次数累计 　　　　　　　　×1　　×2　　×3　　×4　　×5

　　　总计次数∑ = （　）

　　　　　　　　　　　　　　　　　　评定等级（　）= 总计次数（　）÷6

统计和确定你的职业能力类型

把每一组的评定等级填入表4-2：

表4-2　评定等级与相应的职业能力

组	评定等级	相应的职业能力
第一组	（　）	言语能力
第二组	（　）	数理能力
第三组	（　）	空间判断能力
第四组	（　）	察觉细节能力
第五组	（　）	书写能力
第六组	（　）	运动协调能力
第七组	（　）	动手能力
第八组	（　）	社会交往能力
第九组	（　）	组织管理能力

　　五个等级含义："1"为强；"2"为较强；"3"为一般；"4"为较弱；"5"为弱。评定等级可有小数点，如：等级2.2，表示此种能力水平稍低于较强水平，高于一般水平。

　　各种职业能力的特点：

　　言语能力：指对词及其含义的理解和使用能力，对词、句子、段落篇章的理解能力，以及善于清楚正确地表达自己的观念和向别人介绍信息的能力。

　　数理能力：指迅速而准确地运算及在准确的同时，能推理、解决应用问题的能力。

　　空间判断能力：指对立体图形及平面图形与立体图形之间关系的理解能力，包括能看懂几何图形，对立体图形的三个面的理解能力，识别物体在空间运动中的联系，解决几何问题。

　　察觉细节能力：指对物体或图形的有关细节具有正确的知觉能力，对于图形的明暗、线的宽度和长度做出区别和比较，看出其细微的差异。

书写能力：对词、印刷物、账目、表格等材料的细微部分具有正确知觉的能力，善于发现错字和正确地校对数字的能力。

运动协调能力：指眼、手、脚、身体迅速准确随活动做出精确的动作和运动反应，手能跟随眼所看到的东西迅速行动，进行正确控制的能力。

动手能力：指手、手指、手腕能迅速而准确地活动和操作小的物体，在拿取、放置、换、翻转物体时手能做出精巧运动和腕的自由运动能力。

社会交往能力：指善于人与人之间的相互交往，相互联系，相互帮助，相互影响，从而协同工作或建立良好的人际关系。

组织管理能力：指擅长组织和安排各种活动，以协调参加活动中人的人际关系的能力。

各种常见职业与其相应的职业能力要求如表4-3所示。

表4-3　各种常见职业与其相应的职业能力要求

	言语能力	数理能力	空间判断能力	察觉细节能力	书写能力	运动协调能力	动手能力	社会交往能力	管理能力
水利工程师	3	3	4	4	3	3	3	3	4
自来水工人	4	3	4	4	4	2	2	4	4
供水工程师	3	2	2	2	3	3	3	3	3
食品饮料工人	4	3	4	4	4	4	2	2	4
食品饮料工程师	3	2	2	2	3	3	3	3	3
服装工人	3	3	3	3	3	3	2	3	4
服装设计师	3	2	3	2	3	3	3	3	3
家具工人	4	2	3	3	3	3	2	4	4
家具设计师	4	2	2	2	3	3	3	3	3
印刷工人	3	3	3	3	3	3	2	4	4
工艺设计师	4	2	2	2	3	3	3	3	3
化学工程师	3	2	2	2	3	3	3	3	3
冶金工程师	4	3	3	3	4	2	2	4	4
机械工程师	3	2	2	2	3	3	3	3	3
电工	3	3	3	3	3	2	2	3	4

	言语能力	数理能力	空间判断能力	察觉细节能力	书写能力	运动协调能力	动手能力	社会交往能力	管理能力
电气工程师	3	2	2	2	3	3	3	3	3
仪器仪表工程师	3	2	2	2	3	3	3	3	3
电气安装工人	4	3	3	2	4	2	2	4	4
勘察设计工程师	3	2	2	2	3	3	3	3	3
城建规划工程师	3	2	2	2	3	3	3	3	3
市政管理员	3	2	2	2	3	3	3	3	3
汽车驾驶员	3	2	2	3	3	2	2	3	4
调度员	2	2	4	3	3	3	3	2	1
电信业务员	2	2	3	3	2	3	2	3	3
零售商业从业者	2	2	4	3	2	3	2	3	3
商业管理人员	2	2	4	3	2	4	3	2	2
售货员	2	2	4	3	2	3	2	3	3
商业采购员、供销员	2	2	4	3	3	3	3	1	2
外贸职员	1	2	4	3	3	3	3	1	2
厨师	4	3	4	4	4	2	2	3	3
餐厅服务员	2	2	4	4	3	2	2	2	3
保管员	3	2	3	3	3	3	2	3	3
房屋维修工	3	3	2	3	3	2	2	3	3
公交服务员	2	2	4	4	3	2	2	2	3
园林绿化工作者	3	3	3	4	4	2	2	4	4
美容、美发师	3	3	4	3	4	2	2	3	3
导游	1	3	4	4	3	2	3	2	1
宾馆服务员	2	3	4	4	3	3	2	2	2
摄影师	3	2	2	2	3	3	3	3	3
殡葬业服务员	3	3	4	4	4	3	3	3	3

续表

	言语能力	数理能力	空间判断能力	察觉细节能力	书写能力	运动协调能力	动手能力	社会交往能力	管理能力
家电维修人员	3	3	2	2	3	3	2	3	3
科技咨询工作者	2	3	3	2	2	3	3	2	2
心理咨询工作者	2	3	3	3	2	4	3	2	2
职业咨询工作者	2	3	3	3	3	4	3	2	2
社会工作者	2	3	4	4	3	3	3	3	2
银行信贷职员	2	1	4	1	2	4	3	2	2
税收员	2	2	4	3	3	4	3	2	2
会计、出纳、统计	3	1	4	1	2	4	3	2	2
保险职员	2	1	4	3	2	4	3	2	2
医生	2	2	3	3	3	2	1	3	3
护士	2	3	3	3	3	2	1	3	2
药剂师	3	2	3	3	3	2	1	3	3
运动员	3	3	3	2	4	1	1	3	3
教练员	2	3	3	2	4	1	1	3	1
演员	1	3	3	3	4	1	2	2	3
导演	1	3	3	2	2	2	2	2	1
编辑	1	2	3	1	2	3	3	1	1
图书管理员	3	2	4	2	2	3	3	3	3
播音员	1	2	3	1	3	3	3	2	3
广播、电视工程师	3	3	3	2	3	3	2		
幼儿园教师	1	3	3	2	2	3	2	2	2
中小学教师	1	2	3	2	1	3	2	2	1
中小学管理员	2	2	4	3	2	3	3	2	1
教学辅助人员	2	2	4	3	2	3	3	2	1
自然科学家	3	1	2	1	2	3	1	2	3

	言语能力	数理能力	空间判断能力	察觉细节能力	书写能力	运动协调能力	动手能力	社会交往能力	管理能力
社会科学家	2	3	3	2	1	3	3	2	2
科技情报人员	2	2	3	2	2	3	2	2	3
气象、地震预报员	2	2	3	2	2	3	3	3	3
业务员	2	2	3	2	1	3	2	3	2
打字员	3	3	4	2	2	3	2	3	4
秘书	2	2	3	2	1	3	3	2	2
警察	2	2	3	3	3	3	2	2	2
律师	1	2	3	2	3	3	3	2	2
审判员	1	3	3	2	3	3	3	2	2

【趣味活动】

（一）五毛和一块

1. 活动目的：增强组员的快速反应、马上行动能力，团体合作能力，领导组织能力。

2. 活动方式：在游戏中，男生是一块，女生是五毛。游戏开始前，两组分别站成一排，裁判宣布比赛开始，并且说出一个钱数（比如3块、5块5等），两组成员就要在最短时间内组成那个钱数。反应最快并且钱数正确的队伍获胜。

3. 活动时间：规则讲述2分钟，比赛时间5分钟。宣布成绩，每组喊出口号1分钟。

4. 评分标准：最先完成得3分，其后2分，以此类推。

（二）传递多位数字

1. 场地要求：一个宽敞的房间，周边相对安静。

2. 需要道具：纸、笔。

3. 比赛人数：每队6～8人，偶数队，裁判员一名，记时员两名。

4. 详细活动方法及竞赛规则：

（1）每一队队员按纵列队形排好。

（2）由教师指定一个多位数字，如7895，把数字告知每一队的最后一名队员，由这个队员将数字传递给前一个队员，依此类推。

（3）最后一个队员将所了解的数字写在纸上上交教师，以数字准确、传递时间最少为胜利队。

（4）具体要求如下：传递数字时不能运用有声语言，不能用有声语言说出数字，包括普通话、方言、英语等语言，也不能用特定词汇来代替数字；不能使用手机；前一个同学不能回头看后一个同学；后一个同学不能把数字写在手上或纸上，给前一个同学看，也不能在前一个同学的身体上写出数字，也不能做出相关的手势给前一个同学看；传递数字必须一个同学向前一个同学传递，不能由最后一个直接传递到第一个同学。以培养队员的创新意识和团队精神。

就业指导篇
——择业伊始，缜密求职

第五单元

大学生就业指导概述

▶▶ 学习目标

1. 了解就业指导的定义、内容、意义，以及求职过程中常见的心理问题。
2. 掌握大学生就业心理问题的对策和自我调适的方法。
3. 掌握大学生求职的途径与策略。

【案例导入】

你做好就业的准备了吗?

我是一名大三的学生，面对毕业以后的路非常迷茫。我是一个非常普通的大学生。没什么头衔，学习成绩也一般，没有获过奖学金。但我喜欢看各种各样的书。我一直觉得大学的课程不能让我学到有用的知识，所以似乎一直没有认真对待我的学习。我的家人希望我能专升本，继续学习。但我觉得本科的学习好像是专科学习的翻版，没有目的的学习，学不到真正有用的知识。而且我这样的情况可以考到比现在更好的大学吗? 如果就业，就现在的经济形势是不是很难? 本科生真的能比专科生找到更好的工作吗? 经验是不是很重要?

图5-1 大学生就业

【讨论】

1. 你有这样的困惑吗?
2. 到底什么是就业，在就业的过程中应注意哪些问题?

第一节　就业与就业指导概要

一、就业

就业是指具有劳动能力的公民，依法从事某种有报酬或劳动收入的社会活动。

二、就业指导

（一）基本内涵

就业指导也可称为"求职择业指导"、"职业指导"或"职业辅导"。为促进劳动者与生产资料和工作岗位全面、迅速、有效地结合而开展的工作就是就业指导。就业指导一般可分为狭义和广义两大类。狭义的就业指导，是给要求就业的劳动者传递就业信息，做劳动者和用人单位沟通的桥梁。广义的就业指导，则包括预测要求就业的劳动力资源、社会需求量，汇集、传递就业信息，培养劳动技能，组织劳动力市场及推荐、介绍、组织招聘等与就业有关的综合性社会咨询、服务活动。在我国，就业指导还应包括就业政策导向，以及与之相应的思想教育工作。

（二）主要目的

(1)帮助择业者充分了解自己的个性特点。例如，个人的爱好、性格、知识、能力等，从而使自己对自己有全面、理性的认识。

(2)帮助择业者了解社会不同职业的岗位要求。例如，职业的分类、岗位的内容、岗位的知识和能力要求等。

(3)帮助择业者根据自身的个性特点选择适合自身的职业，也就是通常我们所说的实现人职相配，从而完成择业者的择业任务。最终使无业者有业，有业者敬业，敬业者乐业，乐业者创业，活出出彩的人生。

（三）主要内容

1. 就业政策指导

就业政策是国家为完成一定时期的就业任务而制定的行为准则。学生就业必然要受到国家就业方针政策的制约。国家根据经济建设和社会发展需要及各个时期的发展重点，制定总的就业政策和需要重点照顾的地区、行业、部门和单位。这些应是学生就业指导的依据。在学生就业中，一些毕业生由于对就业政策缺乏了解，择业时往往在思想上带有很大的随意性和盲目性。学校只有通过就业指导，广泛宣传就业政策，才能引导毕业生走出择业的"误区"，才能使毕业生根据国家需要并结合个人实际有针对性地选择职业。

2．就业信息指导

就业信息是指通过各种媒介传递的有关就业方面的消息和情况，它是择业的基础。就业信息指导就是学校通过多种渠道收集和掌握社会需求信息，通过整理、归纳和分析，预测就业动态和人才的供需矛盾，了解和掌握用人单位对人才素质的要求，并及时将信息传递给学生，以对他们的求职择业及自我塑造和发展起到帮助和导向作用。此外，在学生就业中，往往存在收集信息不全面，容易被假象迷惑的现象。就业信息指导，可使学生学会全面准确地收集就业信息，并结合实际情况对其进行加工处理，去伪存真。

3．就业观指导

就业观是学生选择职业的前提，是他们对职业的基本评价和看法，也是其世界观、人生观和价值观在就业问题上的反映。由于政治、经济、文化教育和社会因素的影响，学生的就业观是不相同的，择业标准也是多样化的。有的把事业放在第一位，有的把地位放在第一位，有的把金钱放在第一位，有的则把出国放在第一位等。因此，要通过就业观指导，首先使学生树立远大的理想和抱负，树立较强的事业心和艰苦奋斗的思想，把个人理想与国家需要结合起来，避免和纠正在择业中的短期行为，抵制眼前功利的诱惑，真正做到以事业为重；其次要通过就业观指导，帮助学生确立高尚的求职道德，无论对用人单位或作为竞争对手的其他同学，都应该采取诚实正直、实事求是、与人为善的态度，绝不能在求职择业中吹嘘自己，贬低别人，更不应采取拉关系、走后门等不正当行为。

4．就业技巧指导

求职是一门艺术，有很多技术和技巧。求职择业技巧对于学生能否成功择业影响极大。一般来说，面临就业的学生，普遍思想准备不足，有恐慌感，缺乏择业技巧。通过就业技巧指导，首先要帮助学生认识自己的个性特点，如专业、爱好、特长、志愿、身体状况、实际能力等，确定最能发挥自己聪明才智和最符合自己心愿的择业目标，以便使他们在不同的需求形势下选择适合或比较适合的工作；其次要帮助学生提高求职择业的能力，掌握自荐、应聘和面试的技巧；再次要帮助学生在择业时树立竞争意识和把握机遇的意识，以便使其在求职择业中保持主动。

5．就业心理指导

学生在走向就业市场，参与"双向选择"的过程中，在择业走向及选择职业岗位方面，由于主观上的不稳定性和不成熟性，客观上的诸多制约因素及就业的压力和困惑，容易在择业时产生矛盾心理。例如，患得患失、难以抉择、急躁焦虑、临阵怯场、缺乏自信，以及自卑自弃等。要通过就业心理指导，帮助学生培养健康的心理，提高心理素质。

6．关于"走向社会"的指导

学生从学校走向社会，是人生道路上的一大转折。在他们刚刚走上新的工作岗位之时，由于环境发生了变化，需要一个适应过程。在这个过程中，要完成从学生到职业工作者的角色转变，需要经历社会化和再社会化的过程。如何尽快适应环境，进入新的角色状态，完成工作以后的心理调适，这也是就业指导需要解决的问题。要通过走向社会的指导，帮助学生及时调整自己的心理，尽早进入新的角色状态；尽快适应环境，适应社会；树立信心和责任感，用自己所学知识在实际工作中乐业、敬业，脚踏实地干一番事业。

（四）现实意义

1. 正确择业

一个人的职业，在相当大的程度决定了他对生活方式的选择，决定了他发展与成才及对社会贡献的大小。择业是人生关键性的问题之一，直接影响到个人的前途和发展，如果处理不好，将在人生的道路上出现波折。因此，职业的选择，是对未来发展成才道路的选择。人的一生绝大部分精力用在工作上，如果所从事的职业与自己的兴趣相投，与自己的能力相符，就会乐此不疲，不断努力，奋发成才，在职业实践中实现自己的价值；如果对自己所从事的职业不感兴趣，工作就不可能安心，更谈不上事业的发展和个人的成就。高职院校针对大学生这一群体的特点和求职择业要求，从环境分析到择业技巧，从形势政策到有关法律法规等各个方面对大学生予以全面系统的指导和帮助，从而培养他们的就业意识，帮助他们树立正确的择业就业观。

2. 心理调整

大学毕业生走向社会，涉世不深，社会经验不足，对国情和社会缺乏深刻的了解和认识，对自己究竟适合什么工作缺乏客观、科学的分析和判断，以致在众多的职业岗位面前眼花缭乱、无所适从。高校就业指导将帮助他们客观分析主客观条件，理性看待不同工作岗位的利弊得失。教会学生在市场竞争日益加剧的环境下把握机会，找到一个比较满意的工作岗位，以便能以健康的心态走向社会。

3. 社会意义

开展大学生就业指导工作是提高学生就业率的有效途径。一个大学生往往直接或间接地牵涉一个家庭或几个家庭，因此，大学生的就业影响面大、涉及范围广，影响到许多家庭的幸福生活，关系到社会的和谐与稳定，是不容忽视的问题。

第二节　大学生就业心理调适

面对就业，大学生的心理是复杂多变的。通过几年大学生活，同学们在知识、能力与人格方面有了积极的显著发展，有着强烈的就业意愿和积极的就业动机，为能尽快实现自已的人生价值而感到由衷的欣慰；而就业岗位和就业方式的多样化也为大学生就业提供了更多的机遇和更大的自由度，许多大学生都摩拳擦掌，跃跃欲试，准备在所学专业领域一展身手。但是当前高校毕业生就业形势严峻，竞争激烈，大学生在求职、择业过程中，常会遇到许多难以想象的困难和阻力，涉世不深的大学生由于缺乏充分的心理准备，面对就业压力产生出焦虑、恐惧、自卑、急躁、冷漠、孤独等心理障碍，影响了他们的正常择业、就业（图5-2）。

图5-2　大学生复杂多变的就业心理

一、求职过程中常见的心理问题

（一）有关情绪的就业心理问题

1. 就业心理压力与焦虑

当前激烈的就业竞争环境使就业问题给大学生带来了较大的心理压力，而且这种压力在各年级学生都存在。清华大学的调查显示，个人前途与就业已成为大学生心理压力中最大的因素，而且压力有随着年级增高而上升的趋势。学生就业压力体验相当严重，尤其以心理体验最为严重。大学生毕业前心理压力较过去有明显增大，主要原因是毕业方向的选择、就业、考研、恋爱分合、大学中不愉快经历、离别感伤、突发事件、经济条件等冲突和事件；其中，女大学生心理压力大于男大学生，农村学生的心理压力大于城市学生。主要体现在以下方面。

（1）情绪波动。由于就业压力过大，有的同学情绪波动起伏过大，时而热情开朗，时而郁郁寡欢，令别人不可理解，自己也常常感到莫名其妙，这种无端的高兴或抑郁会历时数天，数周乃至时间更长。

（2）焦虑。面对职业选择，有的学生可能会感到无所适从，或期望过高，只求好单位；或希望尽快落实就业单位，急于求成；或心存侥幸，幻想不付出努力而获得称心的工作；或为即将到来的困难忧心忡忡；不少大学毕业生时常焦躁、忧虑、困惑、恐慌等，这是典型的焦虑心理。应该说就业的焦虑心理在大学毕业生中较为普遍，在就业过程中存在一定焦虑是正常的。但一些大学生的焦虑过了头，成天都充满了各种不必要的担心及造成精神上的紧张不宁、忧心忡忡、烦躁不安、意志消沉，行为上反应迟钝、手忙脚乱、无所适从。焦虑自评量表（SAS）见表5-1所示。

表 5–1　焦虑自评量表 (SAS)

填表注意事项：下面有 20 条文字（括号中为症状名称），请仔细阅读每一条，每一条文字后有四级评分；分别表示：没有或偶尔；有时；经常；总是如此。然后根据自己最近一周期的实际情况，在分数栏 1 ~ 4 分适当的分数下画"√"。				
1. 我觉得比平时容易紧张和着急（焦虑）	1	2	3	4
2. 我无缘无故地感到害怕（害怕）	1	2	3	4
3. 我容易心里烦乱或觉得惊恐（惊恐）	1	2	3	4
4. 我觉得我可能将要发疯（发疯感）	1	2	3	4
*5. 我觉得一切都很好，也不会发生什么不幸（不幸预感）	4	3	2	1
6. 我手脚发抖打战（手足颤抖）	1	2	3	4
7. 我因为头痛、颈痛和背痛而苦恼（躯体疼痛）	1	2	3	4
8. 我感觉容易衰弱和疲乏（乏力）	1	2	3	4
*9. 我觉得心平气和，并且容易安静坐着（静坐不能）	4	3	2	1
10. 我觉得心跳得快（心悸）	1	2	3	4
11. 我因为一阵阵头晕而苦恼（头昏）	1	2	3	4
12. 我有晕倒发作，或觉得要晕倒似的（晕厥感）	1	2	3	4
*13. 我呼气吸气都感到很容易（呼吸困难）	4	3	2	1
14. 我手脚麻木和刺痛（手足刺痛）	1	2	3	4
15. 我因胃痛和消化不良而苦恼（胃痛或消化不良）	1	2	3	4
16. 我常常要小便（尿意频数）	1	2	3	4
*17. 我的手常常是干燥温暖的（多汗）	4	3	2	1
18. 我脸红发热（面部潮红）	1	2	3	4
*19. 我容易入睡并且一夜睡得很好（睡眠障碍）	4	3	2	1
20. 我做噩梦（噩梦）	1	2	3	4

说明：1. 标注"＊"者为反序记分；

2. 将 20 个项目的各个得分相加，即得粗分。

3. 用粗分乘以 1.25 以后取整数部分，就得到标准分。经我国心理专家测验，标准分的分界值为 50 分，其中 50 ~ 59 分为轻度焦虑，60 ~ 69 分为中度焦虑，70 分以上为重度焦虑，应尽快找专家咨询治疗。

4. 焦虑自评量表 (Self-Rating Anxiety Scale，SAS) 由华裔教授 Zung 编制（1971）。

【案例点击】

　　济南某高校毕业生蓉蓉是个漂亮的女孩，是校学生会副主席、学校广播站的播音员。可谁也没想到，这么一个优秀的女大学生，半年内应聘 52 次未果，在就业的压力下患上了精神分裂症，三次试图自杀，目前正在济南市精神卫生中心接受治疗。因"求职未果"而试图自杀的现象虽属个例，但大学生"就业焦虑"不容忽视。

【案例点评】

　　大学生在就业过程中产生一些焦虑、抑郁的情绪是正常的，轻度的焦虑有一定的积极作用，可以激发潜能，使自己产生紧迫感，从而更努力地寻找就业机会。可是一旦焦虑过度，上升到"焦虑症"就应该及时给予关注和心理干预，以免病情加重，产生过激行为。

（3）急躁。有一些大学生在就业时显得过于急躁，整个就业期情绪始终处于亢奋状态，常常心急如焚、四面出击、东奔西跑，希望尽快找到合适的工作，但又缺乏对就业形势的冷静观察及对自我求职的理性思考，做了许多吃力不讨好的事。有一些毕业生在并不完全了解用人单位的情况下就匆匆签约，一旦发现实际情况与自己想象的不一样或发现了更好的工作时，又追悔莫及，甚至毁约，给自己带来许多不必要的麻烦与心理困扰。

2. 期望与失落感

许多大学生都有一种"十年寒窗，一举成名"的心理，因此对择业的期望相当高。大学生大多希望到生活条件好，福利待遇高的大城市、大机关、大公司工作，而不愿到急需人才但条件艰苦的中小城市和基层小单位，过分地考虑择业的地域、职位的高低和单位的经济效益。高期望驱使毕业生总是向往高薪水、高职位、高起点，渴求高收入、高物质回报率，并一厢情愿地对用人单位提出种种要求，将自己就业的目标定得很高，即使找不到合适的单位也不肯降低就业期望值。可是现实就业岗位大多不像大学生所想象的那么美好，因此当发现现实与理想的差异较大时，就容易出现"高不成，低不就"现象，并产生偏执、幻想、自卑、虚伪等心理问题，并可能导致择业行为的偏差（图5-3）。

图5-3　大学生就业易存失落感

【案例点击】

2010届毕业生小王来自沈阳新民，直到3月份他还未落实工作单位。刚好本溪有一家制药厂要他，专业对口。然而他本人的择业意向却是单位地点必须在沈阳市，至于到沈阳市的什么单位、具体做什么工作都无关紧要，除此以外，什么单位都不考虑。在这种心态下，结果自然难以如愿。

【案例点评】

小王的思想在当前毕业生的择业过程中具有一定的代表性。不少毕业生过于向往经济发达地区，尤其是沿海地区的中心城市，最低的期望也是在省会中心城市。他们只注重经济文化发达、工作环境优越的一面，而忽视了人才济济、相对过剩的一面，择业期望值太高，从而导致主观愿望与现实需求之间的巨大落差。

（二）有关个性缺陷的就业心理问题

1. 受挫力差

不少大学生在求职时只想成功，一旦遭受挫折就会像泄了气的皮球，一蹶不振，陷入苦闷、焦虑、失望的情绪之中不能自拔。他们对求职中的挫折既缺乏估计也缺乏承受能力，不能很好调节自己的心态，也不会通过总结求职中的经验教训来获得下一次的成功。

2. 自负、自卑

有的大学毕业生在择业过程中自我评价过高，择业条件苛刻，形成自负心理。他们往往自我评价过高，高估了自己的知识和能力水平；有的大学毕业生好高骛远，眼高手低，给用人单位留下浮躁、不踏实的印象。由于大学生对自我的评价能力的不完善和缺乏自我评价的客观反馈，导致自我评价往往不准确。有自负心理的大学生，在学习成绩好、综合素质高的学生中较为普遍，他们往往认为自己知识丰富、各方面条件不错，理所当然地应该能够得到一个理想的职业。这部分毕业生总是向往高薪水、高职位、高收入，即使找不到合适的单位也不肯降低就业期望值。这种自负心理对就业的不良影响很大，常常使他们错失良机。

【案例点击】

毕业生小 D 口才不错，在与用人单位代表面谈时自我感觉良好。一番海阔天空的高谈阔论以后，当对方问他的个人爱好是什么时，他竟得意扬扬地宣称是"游山玩水"，结果被用人单位毫不犹豫地拒之门外。

【案例点评】

小 D 的失败是典型的自负心理造成的。自负在心理学上指过高地估计个人的能力，从而失去自知之明。在这种心理的支配下，不少毕业生在求职择业过程中，总是自以为是、自负自傲，自以为自己什么都懂，什么都会，夸夸其谈，胡吹海侃，结果留给用人单位的是浮躁、不踏实的印象。试想，有哪家单位肯要一个不知天高地厚、自命不凡、眼高手低的毕业生呢？

自卑，这种心理表现在对自己的评价过低，不能正确认识自己的优缺点。一些大学毕业生自我评价偏低，过低估计自己的知识、能力等，对自己缺乏自信。在求职过程中表现得缩手缩脚、言行拘谨，甚至悲观失望、不思进取，不敢参与市场的激烈竞争，从而错失良机。自卑心理通常是由于遭受挫折后不能及时调整自身的心理状态产生的。也存在因自身的家庭经济情况、与同学的就业状况对比产生自卑心理的。一些大学生由于屡屡受挫，对自身能力产生了怀疑；有的由于来自非重点高校，在面对竞争对手时缩手缩脚，不能充分向用人单位展示自己的才华；有的由于所学专业较冷门，对自己的前途持消极态度。这些自卑心理，对于大学生推销自我，会产生一定的负面影响。

【案例点击】

毕业生小刘学习成绩和其他方面条件都不错,在就业的初期满怀信心。但由于专业冷门等原因,找过几家单位都碰了壁,结果产生了自卑感,在后来的择业过程中表现越来越差,陷入恶性循环而不能自拔,以至于到了新的用人单位去面试,只能被动地问人家:"学某某专业的要不要?"其他什么话都不敢讲,最终未能落实就业单位。

【案例点评】

小刘的失败是由于自卑心理在作怪。在择业遭受挫折后,一蹶不振,对自己评价过低,丧失了应有的自信心。大学生择业时缺乏主动争取和利用机遇的心理准备,不敢主动、大胆地与用人单位交谈,也就不能很好地表达自己。越是躲躲闪闪、胆小、畏缩,越不容易获得用人单位的好感。这种心理严重妨碍了一部分毕业生正常的就业竞争,使得那些原本在某些方面比较出色的毕业生也陷入"不战自败"的困惑。

3. 盲目从众与依赖

盲目从众,是指在求职中不考虑自己的兴趣、专业等特点,盲目听从或跟随别人的意见及盲目寻求热门职业的现象。持有这种心理的毕业生往往脱离自己的实际状况,跟在别人的后面走,如在就业市场中哪个摊位前人多他们就往哪里去,别人说什么工作好他们就寻求什么样的工作,而全然不顾自己的能力和现状,不会扬长避短。

【案例点击】

小张毕业于某大学计算机系。毕业时,几位与他关系好的同学根据自己所学专业,决定到商业企业去工作。于是,他们纷纷行动,很快与几家公司签了约。小张深知自己的性格不适于从事商业气息太浓的工作,但几个朋友都去了,他想,自己不去不是显得太懦弱了吗?于是,他也和一家中型商场签了约,同时拒绝了一份比较适合自己的当计算机老师的工作。但是,工作没几个月,他便觉得自己实在无法融入单位的那种商业氛围之中,而且自己的优势不能充分发挥,因而他感到压抑,情绪低落。最后,他还是决定找所学校当老师。

【案例点评】

小张在择业过程中,之所以遭遇挫折,关键是因为他存在严重的从众心理。从众心理是指个人由于受到来自某个团体的心理压力,而在知觉、判断、行为方面做出与众人趋于一致的行为。当一个人的行为动机是"别人都这么做,所以我也得这么做"的时候,他的行为就是从众行为。要摆脱这种行为：首先，要培养自己的独立思考能力；其次，在生活中要不断完善自己的个性，增强自信心；最后，要充分认识自己，根据自己的情况寻找适合自己的工作。

依赖，是指在就业中不愿承担责任，缺乏独立意识，没有个人独立的决策能力，没有进取精神，只是依赖父母、老师或学校，甚至只等职业送上门而不去积极争取。一些毕业生自己不去找工作，只等着父母和亲朋好友出面四处奔波，到处找关系、托人情，甚至还怀恋过去那种统包统分的制度，希望学校解决就业问题。当别人为自己找的工作不合心意时就大发脾气，抱怨父母或学校。还有不少毕业生由家长陪着参加供需见面会，职业的好坏完全由父母决定，缺乏自主择业的能力。

【案例点击】

在学校3月份举办的小型招聘会上，毕业生小李的父母在招聘会尚未开始时，就早早地到会场打听单位的情况。招聘会开始很久以后，小李同学才姗姗来迟，并由家长陪同前往用人单位摊位前面谈。面谈过程中，小李发言的时间还没有其父母多，结果谈了一家又一家，最终仍一无所获。

【案例点评】

小李的问题出在择业过程中过分依赖他人。其实，依赖他人是难以选择到一份满意的工作的。现在的毕业生中，独生子女所占的比例越来越大，他们的生活一帆风顺，没有经历过什么波折，再加上父母的过分呵护，客观上也培养了他们的依赖心理。这些毕业生大多缺乏主见，自我意识模糊，在择业中常会茫然不知所措，自己独立进行择业决策的能力差，以致在人才市场上，父母代替子女，亲友代替本人与用人单位洽谈的场面屡见不鲜。难怪有用人单位对依赖性过强的毕业生说："你本人都要靠别人来推销，企业还能靠你来推销产品吗？"

4. 嫉妒、攀比

嫉妒，是指一种极想排除或破坏别人的优越地位的心理倾向。它常常发生在两个或多个年龄、文化、社会地位与条件相当并有竞争关系的人之间，竞争中的失败者往往会对竞争对象产生嫉妒心理。嫉妒心理是一种不良的情绪，择业中的嫉妒心理使得自己与他人关系疏远，人际关系逐渐冷漠，从而处于孤立无援的境地；它会使一个人变得卑下、偏狭；它会使人丧失理智和信心，陷入自伤或伤人的危险境地；它会使人放弃自我追求，而去用仇视的目光贬低他人的成功，从而成为一个庸人。

一些同学在求职中经常相互吹嘘自己的职业待遇好、收入高，导致职业期望越来越高，求职变成了自我炫耀。还有些同学看见或听说别人找到了条件优越、效益较好的单位心理上就不平衡，抱着"他能去，我为什么不能去"的态度非要找一个条件更好的单位，而不考虑自身的条件、社会需要、职业发展等因素。

【案例点击】

王波是北京某高校政法类双学位班毕业生，凭借个人努力，他获得到了一份待遇优厚、有保障还可以解决户口的工作机会，同学们也都很羡慕他。他也以为胜券在握，于是就回家游玩去了。王波没想到，该公司对应聘人员的性格及与人打交道的能力比较看重，虽然他通过了笔试和面试，但用人单位出于谨慎，还是打电话到王波的宿舍调查情况。王波当天不在，寝室里的一名同学接了电话。这名同学一直没有找到合适的工作，看到王波找到了这么好的单位，心理有些失衡。在用人单位问及王波平时表现如何的时候，这名同学在电话中说："我们对他不太了解，他不怎么和我们说话和交往。"用人单位由此感觉王波可能在性格上存在一些问题，最终放弃了对他的录用，一直没有再和他联系。王波直到毕业时都不知道真实的原因。一年后，他通过其他同学得知了真实情况，又气又无奈。

【案例点评】

嫉妒心产生的原因是多方面的，如心胸狭窄、虚荣心太强、名利思想太严重等，实质上是自私的表现。嫉妒心是就业竞争中的一种不正当的以极端个人主义为核心的有害心理。这主要靠加强自我修养，提高道德水平来克服。如果体察到自己有嫉妒心，就要通过自我意识的控制、调节，及时把这种不良意识排除在自我人格之外。如果别人在某些方面的确有优势，而自己明显不足，就要坦然对待，审时度势，下决心去超越，或转移竞争方向，在其他方面努力做出成绩。

5.偏执

在就业过程中，学生的偏执心理主要表现为追求公平的偏执、高择业标准的偏执和对专业对口的偏执。大学生在面对一些不良社会风气时，有的学生不能正确对待，将自己就业的一切问题归结于就业市场不公平，给自己造成心理阴影。在就业过程中，有的学生不能及时调整就业目标，降低就业期望值，甚至宁愿不就业也不改变，有的学生不顾社会需要，无视专业的适应性，只要不能干本专业就不签约，这样的偏执心理必然减少学生就业的机会。

（三）有关就业心态的就业心理问题

1.就业观念不合理

（1）只顾眼前利益，忽视职业发展。一些大学生在择业标准中只有工作条件、收入等眼前实在利益，而对自我的职业兴趣、能力、职业的发展前景等因素不作考虑，因而极易选择到并不适合自己的职业。

（2）盲目追求高声望的职业。一些毕业生过分强调职业的功利价值，甚至还将职业划分为不同等级，而不考虑国家与社会的需要，不愿意到条件比较艰苦的地区和行业去工作（图5-4）。

（3）传统观念根深蒂固。很多大学生仍然喜欢稳定、清闲、福利保障好的单位，希望以此就能选定理想的职业，而不愿意选择有风险、有挑战性的职业，更不敢去自己创业。

图5-4 大学生就业观念不合理

（4）过分强调专业对口。在求职时，只要是与自己专业关系不密切的职业就不考虑，这样做只能是人为地增加了自己的就业难度。

（5）职业意义认识不当。许多大学生从观念上来说，还是仅仅把工作当作一种谋生的手段，没有充分认识到职业对个人发展、社会进步的重要意义。

2. 消极、犹豫不决

一些大学生在就业问题上表现得非常消极，平时也不参加招聘会，有单位来了就看看，如果不满意就等下去，满意时也不主动争取，抱着"你不要我是你的损失"的态度，期待着有单位会主动邀请。还有些人在求职过程中因为顾此失彼、犹豫不决而导致择业失败，这些学生这山望着那山高，不肯轻易低就，明明已经找到工作，但拖着不肯签约，总希望有更好的单位出现。

3. 矛盾心理

大学毕业生在求职择业的过程中，面临着各种心理冲突，因而产生种种矛盾的心态，如：他们希望自主择业，但又不愿意承担风险；渴望竞争，又缺乏竞争的勇气；胸怀远大理想，却不愿正视眼前现实；重事业、重才智的发展，但又在实际价值取向上重物质、重利益；对自我抱有较充足的信心，但在遇到挫折之后，又容易自卑；既崇尚个人奋斗、自我价值实现，又有较强的依赖感等。

另外有些大学生自恃条件很好，认为"满腹经纶"、"博古通今"、"学富五车"，可以大有作为，但在择业时却常常要么碰壁，要么找到的工作不满意，于是抱怨"世上无伯乐"，抱怨自己运气不好，成天闷闷不乐、怨天尤人。

4. 归因不当、心理不满

由于就业市场中确实存在一些不公平现象，以及某些专业、学校不易找工作的客观现实，一些大学生在遇到就业挫折时就容易出现各种不满心理，还有些同学出现了对专业、学校的抱怨、贬低。他们把在就业方面出现的难题归因于学校的教育质量，高等教育的扩招，就业制度的改革等，而不从自身寻找原因。

5.说谎侥幸与懒散心理

有些同学认为用人单位不可能去查实每个人的自荐书是否真实，而且在面试时时间比较短，不可能对自己作全面的考察和了解，只要自己当时充分地表现一下，把工作骗到手，签好协议书就行了。于是，一些毕业生把别人的获奖证书、成果证明等偷梁换柱地复印在自己的自荐书里，自己明明没有当什么学生干部，也没有参加什么社会实践活动，也照着别人的写上，甚至胡编乱造一番，以至有时在用人单位收到的自荐书中一个班竟出现了五六个班长。还有的大学生在面试时把自己吹得天花乱坠、无所不能，结果经过现场实践考核或试用时就马上露出了原形。

有的毕业生签约比较早，往往在离毕业半年前或更长时间就落实了单位，这时就容易出现懒散心理，认为工作单位已定，没有什么可以担心的，应该松口气、歇歇脚了，于是学习没了动力，组织纪律散漫，考试仅仅追求及格，毕业论文只求通过，甚至长期旷课、上网、夜不归宿。还有极少数大学生因此受到学校的处分，严重的甚至被开除或勒令退学，找到的工作也因此丢了，悔之莫及。

【案例点击】

2013年3月，张某凭借河南某大学企业管理专业毕业生的身份，到上海某催化剂公司应聘行政助理职务，经面试考核等程序，张某成功被招聘为该公司职工。同月，张某被公司通知到生产技术部操作岗位锻炼。公司对张某在公司的表现基本满意。到了这个阶段，张某认为自己已经达到了成为该公司员工的目的。张某所提供的《个人简历·受教育情况》内注明2002年至2006年在"河南某大学"读企业管理专业，获本科毕业证、学士学位证、英语六级。但是，公司根据该简历在国家教育部指定的网上查询，却没有找到张某所称的"河南某大学"。张某提供的学历有问题！公司马上和张某联系，张某辩称其简历写错了，应该是另一所院校。根据查询，张某重新提供的毕业院校是存在的，但是公司去该校查询张某情况时，却发现该校并没有张某所称的企业管理专业，也没有张某所提供的毕业证书编号，核对该校毕业生查无此人。由此，张某以假学历进行应聘已被证明是事实。尽管张某声称可以胜任现在的工作岗位，但是公司还是毫不犹豫地解除了和张某之间的劳动关系。违背诚信的张某最终没有实现自己的上海梦。

【案例点评】

近年来，随着大学的扩招，大学生的数量在逐年增长，相比以往"千军万马抢过独木桥"的残酷竞争，现在的大学普及率已经有很大提高。相应地，大学毕业生数量的快速增长，使得大学生面临严峻的就业形势。同时，社会和家长对大学生往往给予比较高的期望，因此现在的大学生面临的压力是巨大的。但是尽管面临不小的压力，诚信仍是做人之本。如果采用一些不正当、不诚实的手段去试图获取工作机会，比如虚构自己并不具备的高学历、高文凭去满足用人单位的一些必备要求，就违背了基本的诚信原则，不仅不能实现自己的就业愿望，发生纠纷时也难以得到法律的保护。

6. 心理不满与行为、生理反应失常

由于就业市场中确实存在一些不公平现象，以及某些专业、学校不易找工作的客观现实，一些大学生在遇到就业挫折时就容易出现各种不满心理，比如有些同学认为"学习靠自己，就业靠关系"。

在各种不满与不良就业心态的影响下，还会出现一些不良行为和生理反应。这些不良行为有故意旷课、喝酒、起哄闹事、损坏东西、打架对抗、进行不良交往、行为怪异、过度消费等，严重时还可能导致严重违纪与违法行为的出现。有的毕业生会出现一些躯体化症状，如头痛、头昏、心慌、消化紊乱、神经衰弱、血压升高、身体酸痛、饮食障碍、失眠等。

行为与生理反应的失常通常是比较严重的就业心理失常的表现，出现这些问题时要及时进行心理调节或寻求心理咨询专家的帮助。

（四）有关人际交往障碍的就业心理问题

1. 怯懦害羞

怯懦的人平时寡言少语、行动拘谨，容易逆来顺受和屈从他人，遇事退缩，胆小怕事，不愿冒半点风险，遇到困难惊慌失措，受到挫折则自暴自弃、无地自容。由于缺乏主动交往和处事的主动性，常常被人视为内向；害羞的人主要是显得过于腼腆、不自然，是过分注重自我形象而又担心自己言行是否能得到他人承认、理解和尊重的表现，是过分注重自尊心而又唯恐遭受羞辱的表现。怯懦和害羞会阻碍人际交往，是大学生顺利就业的典型阻隔因素。

【案例点击】

晓丽是2002届的会计专科毕业生，现在仍待业在家。招聘会陆续开始后，她听了不仅没有多大的兴奋，而是十分恐惧。她经过几次面试失败之后，就一直不敢找工作了，很害怕招聘者那挑剔的眼光。

【案例点评】

社会上每一个人都是从"没有工作经验"开始起步的，而且不要误以为用人单位只想用"最优秀的人"，实际上用人单位只想用"最合适的人"。另外，刚毕业的学生在求职上也有天然的优势：可塑性强、薪酬要求低、谦虚好学、有活力等。因此，求职时千万不要妄自菲薄，更不必恐惧。

2.抑郁

在择业中受到挫折后，一些毕业生会感到无能为力、失去信心，表现为失落抑郁、不思进取、情绪低落、意志消沉，他们常常会放弃一切积极的求职努力、听天由命。严重时还会对外界的环境也漠然置之，减少人际交往，对一切都无所谓，并进而导致抑郁症的发生。

二、大学生产生各种不良就业心理的原因

（一）社会环境因素

一方面，随着高等教育扩招、毕业人数剧增而就业岗位有限，就业市场尚未规范，加之社会上还存在着不正之风，对就业工作和毕业生就业心理产生巨大冲击，使一些学生心态失衡，产生焦虑、急躁、偏执和抑郁心理；另一方面，大学生传统的价值观念受到冲击，功利倾向日益严重。他们在择业时越来越多地考虑目前的、现实的利益，缺乏职业的社会意识、长远意识。因此，一部分毕业生忽视职业的深层价值，在求职就业过程中为利益所牵引，盲目追求就业环境、经济收入、福利待遇最优化，由此又产生很多心理问题，如自负、嫉妒等。

（二）学校环境因素

由于我国职业发展与就业指导起步比较晚，此项教育开展的时间还比较短，缺乏成熟的教育模式。高校对毕业生的就业指导多偏重思想教育和政策教育，而对毕业生求职能力的培养训练，健康心理的指导教育等方面所做的工作远远不能满足大学生的就业需要。大多数毕业生缺乏求职的实际能力，不会恰当的自我推销，不敢积极地参与竞争，不能准确地把握机会。加之缺乏有针对性地专业心理健康辅导，对于职业生涯规划的应用还处在比较低的水平。因此在职业准备和就业过程中很容易产生偏执、焦虑等心理。

（三）家庭环境因素

家庭环境对孩子的成长影响非常大。主要包括父母对孩子的期望、父母的职业定位、父母教育子女的方法、父母的社会地位和社交能力、父母对各种职业的声望评价、孩子对父母的看法与态度、家中其他成员的影响、家庭环境和整体氛围等方面。这些因素对学生的影响尤其是个性方面非常大，不健康发展就会使毕业生在职业准备和就业时产生有关个性缺陷方面的心理问题，如依赖、自负、自卑等。

【案例点击】

美国家长：孩子我不欠你的，震撼中国父母

有个美国小孩问他爸爸："我们很有钱吗？"爸爸回答他："我有钱，你没有。"所

以美国小孩从小就会自己努力，等继承了父辈祖业，也会如此传承，几代过去，就成就百年企业。

有个中国小孩问他爸爸："我们很有钱吗？"爸爸回答他："我家有很多钱，等我死了，这些将来都是你的了。"所以，中国富人小孩，从小就被娇惯坏了，爹还没死，他们就开始大把花钱，整日无所事事。等到他们接手了父辈产业，很快挥霍殆尽。所以，古语云："富不过三代。"

中国的父母太宠爱溺爱孩子了，只要自己有的，全都给了孩子，自己没有的，也总想要把世上最好的一切提供给孩子，甚至恨不得把下辈子的也都他们准备好，却忽视了孩子自己的能力和选择。宠爱，不是真爱！

（四）自身因素

以上几点是构成作用于大学生职业准备和就业心理的外在刺激和引导因素，其次要归属于大学生内在的因素：个性特征，包括与就业有关的能力、兴趣、性格特征、自我意识、价值观念、理想、专业倾向类型等交互作用影响着大学生的职业准备和就业心理与行为。大学生处在心理成熟的过渡阶段，加之家庭和社会对这一群体的期望值较高，导致大学生自我定位容易出现偏差，不能正确地认识自我，个人预期较高，出现不顾实际条件、盲目择业的行为。大学生心理成熟度不高，心理承受能力不强，容易产生较大的情绪波动，这些都是大学生面对就业压力自身存在的问题。

三、大学生就业心理问题的对策和自我调适

（一）大学生就业心理问题的对策

1. 国家层面

在国家层面，要加强制度保障。鉴于大学生就业市场的当前态势，政府应通过加强宏观调控力度来促进市场按其规律有效运转，政府作为市场的监管者和服务者，应制定相关制度，采取一系列措施，提供相应的保障与服务，确保大学生就业市场的良性发展，减轻大学生求职过程中的心理压力。

2. 学校和家庭层面

在学校和家庭层面，积极转变教育观念，完善大学生职业生涯教育，加强大学生就业指导教育及心理辅导。大学生的职业生涯教育与就业指导工作是一项系统工作，需要学校和家长的共同努力。学校应深化教学改革，更新陈旧的与实际需要脱节的教学内容，使学生具有合理的知识结构，并定期通过专题讲座、心理辅导等多种活动形式对大学生的就业能力进行专门和科学的指导，专门设置就业心理咨询、心理测试及就业信息咨询，做到针对不同类型学生侧重辅导，并与家长及时沟通。

3. 个人层面

在个人层面，就业本身就是我们认识和适应社会的一个过程，在求职过程中遇到困难，

甚至经过几次挫折才最后成功是正常的；遇到就业问题时，要学会调节自己的心态，使自己能从容、冷静地面对就业这一人生重大课题，并做出正确、理智的选择。如果我们遇到了就业心理困扰，可以试着从以下几个方面来调节。

（1）认清就业形势，正视就业现状

大学生的就业形势正处于相当严峻的时期。只有正视就业压力，大学生才会迫使自己积极行动起来，这种压力可以变成动力，增强大学生的进取心。

虽然大学毕业生人数在不断增加（图 5-5），但高职生的就业率和工资却在不断增长，《2014 中国高等职业教育质量年度报告》显示，2013 届高等职业学校毕业生半年后的就业率为 90.9%，比 2012 届上升 0.5 个百分点，比 2011 届上升 1.3 个百分点。2013 届高职毕业生半年后月收入为 2940 元，分别比 2012 届、2011 届毕业生增长 7.7% 和 18.5%，毕业生 3 年后收入翻番，增速高于城镇单位在岗职工的平均水平。

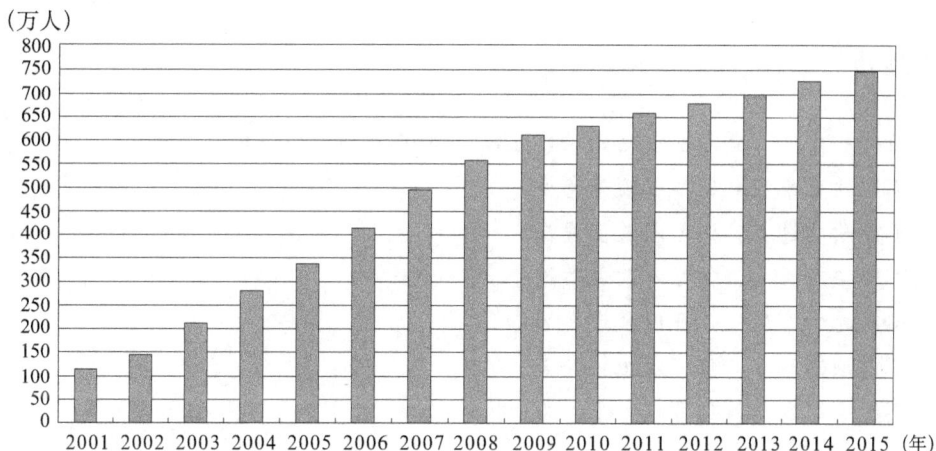

图 5-5　2001—2015 年高校毕业生人数

（2）客观冷静地认识社会和评价自己

正确认识社会和评价自我是进行自我调适的基础。大学生作为社会的个体，不可能脱离社会而存在，在求职择业前，首先应认清就业形势，了解职业对择业者的要求，同时正确认识和评价自我，即要充分挖掘自身优势，也要理性看待自我的不足。从而正确定位，科学地进行人职匹配，并为了理想的职业做好择业的知识、能力和心理准备。

（3）积极调适自己的职业意向与职业抱负

部分大学生在求职过程中带有一定的自负心理。在求职过程中，大学生应当使自己的心理定位与就业目标相一致，做最坏的打算，尽最大的努力。另外，应从长远目标着手，积极谋划自己的未来职业规划。当获得理想的职业时机还不成熟时，应学会调整自己的目标，先就业，再择业，在工作中不断积累工作经验，增长阅历，为今后的职业生涯做更充分的准备。转变择业"一次到位"的思想，对于大学生顺利就业来说，是十分重要的。

（4）克服盲从心理、增强自信心

自信与否，在很大程度上决定一个人能否成功。在就业形势日益严峻的今天，大学生在择业过程中要不断增强自主择业的意识，对自己充满信心，主动出击，学会展示自我、推销自我。在择业过程中，要坚定自己的立场，不能随波逐流，要根据自己所学的专业，尤其是自身的特点去选择。即使暂时失败了，也不能悲观气馁，要迅速找到自己失败的原因，并积极调整自身定位，对自我做出客观的分析，这样一来，择业的信心也不会随暂时的失败而消失。

（5）培养广泛的兴趣爱好，自我转化不良情绪

兴趣是人认识和从事活动的巨大动力。广泛的兴趣爱好可以使人增加知识、开阔眼界，把生活内容变得更加丰富多彩。大学生可以从广泛的兴趣爱好中得到多方面的启发，从而把自己的兴趣与社会生活、与未来的前途联系起来。当不良情绪不易控制时，可以采取转移情感和精力到其他活动中的办法，使自己没有时间和精力沉浸在不良情绪中。

【趣味活动】

下面有一段话，大家在空闲的时候可以大声朗读，并体会其中的含义。

我不能改变事实，但可以改变态度；

我不能改变过去，但可以改变现在；

我不能左右天气，但可以改变心情；

我不能选择容貌，但可以展现笑容；

我不能预知明天，但可以把握今天；

我不能事事成功，但可以事事尽力。

（6）学会自我欣赏与自我接纳，提高耐挫伤的能力

在求职择业过程中遭受挫折在所难免。大学生要正确对待挫折和失败，要学会自我欣赏与自我接纳，对自己的本来面目抱认可、肯定的态度，敢于竞争，不怕失败。如求职失败时，可运用理性情绪法宽慰自己，借"成功是失败之母"、"天生我材必有用"等理由减轻或消除所受挫伤；也可通过列举别人失败或不如自己等事实，说明自己虽败犹荣，从而提高耐挫伤的能力，保持内心的安宁。

【案例点击】

2009年8月，武汉某大学毕业生吴某，到一家杂志社求职应聘网络编辑一职，在求职未果后，张某采取过激行为，将该杂志社网站"黑掉"，致使外界无法访问，杂志社后来报警。"专业技术水平可以，但道德素质却没跟上，而且心态也不好，现在的大学生怎么了？"大学生求职未果，竟然把网站给"黑"了，这让该杂志社的员工们感到很不解。

对于张某在求职遭遇挫折后，竟然利用自己的专长"黑"掉求职单位网站，杂志社的梅先生介绍，此前也有一名毕业生想应聘该杂志的发行职位，但由于种种原因，这名毕业生没有被聘上，而他不仅在网上对梅先生进行谩骂，还在找到工作后对梅先生进行嘲笑。梅先生认为，这种大学生求职未果过程中产生的"怀恨"心理，"多数情况下没有具体的实际行为，只是心里不满而已，随着社会的磨炼，心态也就平衡了"。

【案例点评】

固然报复能解一时之气，但是最终也只能给自己带来恶劣的影响，甚至触犯国家法律，对求职而言却无半点好处。在此，我们需要直面挫折。所谓瑕不掩瑜，有了几次的失败，其势必会重新自我评估，增强知识储备，提高自身能力，进而消除暴躁情绪和自满心理，争取在接受下一轮挑战时能够一举成功。此时，挫折对他的求职起着巨大的推动作用，而拥有这种潜质的人势必可以找到适合自己的发展道路。逃避挫折随之而来的或是对自己的怀疑或是对社会的不认同，自己觉得求职无望，进而精神萎靡，一蹶不振。逃得过一时逃不过一世，一旦再次遇到激烈竞争或是挫折必然会遭到淘汰，更有甚者会有过激行为。此刻，挫折成了人生路上的绊脚石。

（7）建立良好的人际关系，维护和增强心理健康

因挫折造成不良情绪时，其消除的最简单的方法是适度的宣泄。良好的人际关系有利于师生之间、同学之间、朋友之间倾诉衷肠、分忧愁、解苦闷，使人情绪开朗，返回理性的自我，维护和增强心理健康。

（8）开拓进取，勇于创业

大学生是有理想、有抱负、有创新精神、敢作敢为的青年先锋。因此，大学生要有自主创业的打算，这既可以在毕业后马上实现也可以通过一定的社会积累后再实行。大学生们一定要有开拓自己事业的信心与勇气。当前的一些大学生创业虽然遇到了一些困难，但也有相当成功的案例。大学生创业肯定是值得鼓励的，关键是要有准确的观念与思路，要对自己有一个合理的规划与定位，要与有市场经验的人合作，要摆脱学生公司的意识，要进行科学化、职业化的管理。《2014中国高等职业教育质量年度报告》显示，2011届至2013届高等职业学校毕业生的自主创业比例上升50%，2013届高职毕业生毕业自主创业比例为3.3%。调查发现，高职生毕业时自主创业的主要动机是为抓住机遇，而不是因为就业困难，其中机会型创业占毕业生创业的比例为85%，生存型创业的比例只有7%。

（二）自我调适的方法

1. 合理宣泄法

大学生择业中处于焦虑、抑郁等消极情绪状态时，不能一味地把不良情绪藏在心底，而应进行适当的宣泄。比较好的办法是向知心朋友、老师倾诉，把心中的不快说出来，甚

至可以大哭一场，使紧张的情绪得以缓解或消除。另外，也可以通过参加一些大运动量的户外活动，如打球、爬山等，宣泄不良情绪。

2. 自我慰藉法

自我慰藉就是自我安慰。毕业生择业中遇到挫折，在经过最大努力仍无法改变状况时，要说服自己，适当让步，将不成功归因于客观条件和客观现实，同时要勇于承认并接受现实。这样，就能缓解因心理矛盾而引起的悲观失望等不良情绪，重新找回自信，树立继续努力的信心。

3. 情绪转移法

在情绪低落时，可以采取缓冲的办法，把自己的精力和注意力转移到其他活动中去。例如，学习一些新知识，或参加自己感兴趣的活动，使自己没有时间沉浸在不良情绪中。

4. 自我激励法

毕业生在择业面试中常常出现胆怯、信心不足等现象，可以通过积极的自我暗示、自我激励进行调节，增强自信心。例如，运用内部语言或书面语言来调节情绪，在心里默念"我会发挥得很好"、"我一定能成功"等语句。

【趣味活动】

请大家牢牢记住下面 10 句话，并每天至少说 3 遍。

(1) 今天我要开始新的生活。

(2) 我是最棒的，我一定会成功。

(3) 成功一定有方法。

(4) 我要每天进步一点点。

(5) 我要用微笑面对全世界。

(6) 人人都是我的贵人。

(7) 我是最伟大的推销员。

(8) 我热爱我的事业。

(9) 我要立即采取行动。

(10) 坚持到底，决不放弃，直到成功。

5. 幽默疗法

幽默是一种心理防御机制，它是人们处于困难境地时，自我解脱的一种方法，并能借此达到心理上的平衡。

第三节　大学生求职的途径与策略

一、大学生求职的途径

（一）招聘会

招聘会包括校园招聘会和人才市场招聘会，再细分包括企业专场招聘会、行业人才招聘会、区域人才招聘会等，各有各的特点，成功率也不尽相同。一般来说，区域人才招聘会讲究大而全，场面经常人山人海。这样的招聘会通常竞争激烈，效率低下，容易跟风，让人迷失。企业招聘会则比较有针对性，但一般只有大企业才愿意办，而且在名校举办居多（至少是行业内的名校），客观上对普通的求职者来说，是一个限制。行业人才招聘会通常由各地人才市场举办，针对某一具体行业招聘人才，因此具有效率高、覆盖广的特点。

总的来说，招聘会作为一种传统的招聘方式，因能够提供比其他招聘方式更多更鲜活的企业和职位信息，在今后一段时间内都会是招聘的重要手段之一。不过，传统招聘会由于时间成本高，越来越多的求职者开始青睐网站招聘。

（二）网站招聘

网络招聘发展时间不长，但发展迅猛。目前很多企业在专业人才网站公开招聘，一些企业还注明只收网上投递的简历。在互联网时代，充分利用网上招聘信息、把自己的简历挂到网站人才库中、通过电子邮件投递简历到相关企业争取更多机会，已是十分值得毕业生们重视的求职方式。考虑到网络招聘有一定的泡沫，在参与招聘时，毕业生要进行适当的筛选，选择可靠的人才网站发布的求职信息。通过网络招聘求职很便捷，但网友常反应简历投递如石沉大海，没有反应。这一方面固然要从求职者改进简历入手，另一方面也有赖于招聘网站的努力，比如组织更多具有针对性的"网络招聘会"等。

（三）网申

所谓"网申"(apply on line，网络在线申请)，是指求职者在线填写个人履历和申请职务。网申，作为直接与用人单位接触的一种方式，比通过招聘网站求职更有针对性，又比参加招聘会更方便、从容。切莫以为网申只是填写简历、回答几个看似没用的问题，它其实是用人单位考查申请者大学期间学习、生活情况的一种重要手段。目前网申已成为大学毕业生进入大企业的主要渠道。

由于网申的目标可以是地球上任何知名企业，因此英语也就成了网申的主要语言。申请国外企业职位，必须有良好的外语水平作基础。另外，也有一些公司的网上申请表格交给专门的公司负责，例如，Unilever(联合利华)的网上申请，第一轮的简历筛选就是由China HR来负责的。

网上申请一般由个人资料和开放式问题组成。个人资料以表格的形式呈现，表格涵盖了求职者从个人基本情况到教育背景到实习经历等多方面的信息。网申的另一个重要部分一般由若干道开放型问题组成。开放型问题被要求在一定字数内回答，HR 以此判断应聘者的各种特点及能力水平。

（四）人脉

据调查，招聘网站和招聘会两种渠道占招聘总量的 80% 以上。但同样有一种求职方式令人不敢小觑，这就是人脉即社会关系。通过亲朋好友打听招聘信息，通过熟人推荐，也是符合目前国情的求职方法，同时有熟人介绍，对单位的状况也会很了解。总之，求职的渠道是多种多样的，多一种渠道便多一种可能。积极主动、综合利用各种方式对于求职者来说是寻找理想职位最有效的办法。人脉是前两种主流招聘方式的有益补充，在一些地方甚至是中小企业的主要招聘方式。大学生求职，常看着别人这样那样的亲戚眼红，其实每个人都会有人脉，关键是自己要做一个有心人。比如，本院上一届的学长，以及老师、同乡，每个人都有，但很少人认真想过，这些资源能给自己带来哪些机会，为了得到这些机会，应该付出什么。

（五）实习单位

紧紧地抓住在实习单位的机会，虚心向前辈学习，努力表现自己的长处，如果实习单位和实习生相互看中，一拍即合，那当然是省心省力的一种求职方式。同时经过一段时间的实习，对单位的领导、同事及各方面的情况都有所了解，正式进入后也便于工作的继续开展。

（六）报纸招聘

报纸招聘广告的真实有效性较大，因为用人单位在纸面媒体刊登的信息是要支付费用的，招聘信息基本上如实地反映用人单位的需求，是比较可靠的信息来源。同时广告版面的大小也可以反映出对人才的需求程度。它的不足之处在于，如果单位好、职位好的话，竞争力是很大的，几百人争抢一个职位的情况是常有的事，毕业生对此应做好充分的心理准备。

（七）圈子求职

此处的"圈子"不仅包括网络上的 MSN、QQ 圈子，也包括各种博客和论坛圈子。一言以蔽之，"圈子求职"是一种网络求职手段，它利用各种网络渠道形成人脉圈，在圈子内，企业利用该圈子招聘紧缺人才，求职者利用圈子找到合适岗位。"圈子求职"介于"人脉求职"和"网络求职"之间。虽然不能跟大规模的招聘会、网络招聘相媲美，但作为主要求职手段的重要补充，"圈子求职"以其便捷的条件和较高的命中率，受到了求职者的青睐，未来前途不可限量。

（八）人才超市、人力银行

所谓的"人才超市"，就是求职者可以根据自己的学历、经验、行业认知度等种种条件，为自己开出适合的月薪或者年薪，连同自己求职的基础信息公布在其网站上，以期有岗位空缺的雇主单位选择。"人力银行"号称"不仅找工作，也为你找方向"，网络"人力银行"的出现，让求职者只要上网填写履历，就可以坐等工作机会上门。虽然"人才超市"、"人力银行"这两个概念近年炒得火热，但对于求职者而言，比较被动。

（九）职客代求职

找工作实在是件足够头疼的大事，当有些人发现仅靠个人的力量不足以找到一份满意的工作，或者懒于自己辛苦的寻找时，"职客"就诞生了。"职客"是手里握有丰富的资源者，"职客"回应资源贫乏的求职者的需求，为他们提供帮助，从而收入费用。

（十）曲线求职——继续深造

以前高职学生想继续深造，只能走"专升本"这一独木桥，竞争非常激烈。2014年《国务院关于加快发展现代职业教育的决定》中提出，加强职业教育与普通教育沟通，为学生多样化选择、多路径成才搭建"立交桥"。到2020年，形成适应发展需求、产教深度融合、中职高职衔接、职业教育与普通教育相互沟通，体现终身教育理念，具有中国特色、世界水平的现代职业教育体系。增加本科高等学校招收职业院校毕业生的比例。接受本科层次职业教育的学生达到一定规模。职业教育与终身学习对接。建立学分积累与转换制度，推进学习成果互认衔接等，为高职学生继续深造提供了更多的途径。

总之，毕业生自身在求职过程中应采用多种信息渠道进行求职，并且按照优先次序有所侧重，以进一步提高求职成功率。调查结果显示，网络、学校提供的信息效率最高，招聘会和亲朋好友提供求职信息对找工作也有积极的帮助。

二、大学生求职的策略

就业是件"苦差事"，但这一"关"大家都是要过的，这一"关"走好了，从此职业的道路就会平坦一些，否则会带来许多麻烦和痛苦。用人单位到底需要什么样的人？自己存在哪些问题？怎么去求职？这些问题都需要提前思考，做好准备。

（一）用人单位常要什么样的人

1. 文化认同

目前越来越多的企业在笔试阶段引入性格测验或心理测验这一单元，凸显企业对于毕业生性格和心理素质的重视。而这归根结底，是企业衡量毕业生是否认同企业文化、能否顺利融入公司文化的标尺。企业所期待的员工，不仅要能力出众，更要认同企业文化。

2. 敬业精神

优秀的企业，非常注重实效、注重结果，因此敬业精神是不可或缺的。有了敬业精神，其他素质就相对容易培养了。毕业生要想适应当今的职场环境，必须具备明确的工作目标和强烈的责任心，带着激情去工作，踏实、有效率地完成本职工作。工作态度在很大程度上能够决定一个人的工作成果，有良好的态度才有可能塑造一个值得信赖的形象，获得同事、上级及客户的信任。

3. 团队意识

团队意识即让若干细丝拧成一根绳的意识。优秀的企业都很注重团队协作精神，将之视为公司文化价值之一，希望员工能将个人努力与实现团队目标结合起来，成为可信任的团队成员。

【案例点击】

天堂与地狱

有这样的一个故事：有一个人问上帝，到底天堂和地狱是什么样子，于是上帝就说先带他去看地狱，带他来到一间房间，里面有一个长条形的桌子，桌上摆满了各种很香的食物，桌子上面坐满了人，每个人都面黄肌瘦，非常的饥饿，他们每人有一双很长很长的筷子，他们把夹起的菜尽力想喂到自己的嘴里，可是由于筷子太长，没有一个人能把菜喂到嘴里，所以这个房间所有的人都是非常痛苦的样子，看着好吃的菜，却吃不到！于是这个人就给上帝说："太残忍了吧，那带我去天堂看看吧！"上帝说："好啊，其实天堂就在地狱的隔壁！"于是他们来到隔壁的房间，看到的是同样的长条桌子，同样很好吃的菜，同样的每人拿了一双不可能喂到自己嘴里的筷子，不同的是他们都非常开心！因为他们都把自己夹起的菜喂到了别人的嘴里，所以大家都吃到了美味，人与人之间也非常和谐！天堂与地狱都是人造的，上帝给人的条件都是一样的。面对同样的桌子、筷子，能否团队协作，结果截然不同。

4. 工作经验

这里所指的工作经验包括实习经验、项目经验、兼职经验。企业一般会通过参考应聘者提供的相关工作经验，考核应聘者是否做过空缺职位的相关工作，并积累了相关的经验；是否熟悉该项业务流程的运作；能否以最快的速度投入到工作中去，并带来新的思路和方法。用人单位有权按照自己的标准去选择合适的人才，有更多经验，才能增加自己的就业筹码。

5. 实际应用知识的能力强，懂法律

除综合素质外，用人单位更看重的是应聘者实际应用知识的能力和在专业上的发展潜力。法律意识强的毕业生也备受企业的青睐。

（二）毕业生在求职中普遍存在的问题

1. 方法上的盲动

一些毕业生"天女散花"般的投简历，也不管这个职位适不适合自己。有的毕业生四处托朋友找亲戚，请客送礼，也不管是不是符合自己的职业生涯规划。实际上，求职的过程就是一件"工作"，依靠的是敏锐的目光、冷静的头脑、准确的定位。例如，如何去锁定求职单位，了解企业的文化、企业的用人要求，如何写简历，如何面试等，每个环节都要精心准备。

2. 缺乏自信和毅力

有的学生在求职过程中，对自己的能力缺乏了解，缺乏自信心。在择业中总是拿不定主意，过分退缩，对自己能胜任的工作，也不敢大胆地说"行"，总是说"试试看"，这样往往给人以无能的印象，使求职不易成功。特别是一些同学，在一次求职失败后，产生畏惧心理、紧张情绪，导致再次求职的心理障碍，这些都是值得大家重视的。

3. 对自己的期望值过高

有的同学希望毕业后就进入管理岗位，一听说安排在一线就打退堂鼓；有的同学希望上班就挣到几千元的工资；有的同学希望有一个很好的工作环境和发展空间……这些都是不符合实际的想象，根本就没有把自己融入社会这个大环境中，导致完全符合自己要求的单位找不到，再降低标准时，又失去了好多机会。

4. 没有明确的目标

有的同学认为学的专业不好，想改行，但又不知道朝哪个方向努力。还有些毕业生在各个单位跳来跳去，"这山望着那山高"觉得哪个都不满意，哪个职位都不适合自己，从来没有静下心来仔细想一想自己到底适合什么。一个没有明确目标的人，是成不了气候的人，也永远感受不到成功的喜悦。所以要有目标，有时要换位思考，通过换位思考可能茅塞顿开。

（三）设计自己的求职方案

清楚了用人单位的要求，明白了自己的存在的问题，扬长避短，为自己量体裁衣，设计一套适合自己的求职方案，根据这个方案去逐步实施，就一定能够取得成功。

1. 了解自己，给自己职业定位

用一段时间反观自己，看看自己的长处到底是什么，自己的不足到底有哪些，自己适合做什么，自己"想干什么和最擅长做什么"，自己将来要朝哪个方向发展，自己的发展方向是不是有前途等，反反复复地思考这些问题，理清思路，明确方向。在择业之前，必须要明确整合自身的性格、兴趣、特长、专业或经验，制定两个或两个以上比较适合自己的就业目标。在制定目标时，既不能好高骛远也不要藐视自己，分阶段性进行，职位、工资待遇等均应循序渐进。

【案例点击】

马努杰死亡回旋梯

现代职场流传着一个马努杰的故事：亚美尼亚的马努杰是一名平凡的推销员。但是，他却有着一个不平凡的记录，即在47年的职业生涯中，为207个公司工作，平均一年换5次工作，平均两个月就被辞退或跳槽一次。他的这个记录已经成为职业生涯规划的一个经典案例——"马努杰死亡回旋梯"。"死亡回旋梯"的出现是诸多因素综合作用的结果，但马努杰不了解自己的优劣势、不清楚自己适合的工作环境、缺乏必要的职业技能，是悲剧出现的核心原因。事实上，职场中类似的"马努杰现象"并不少见。

一个人若是看不到未来，就掌握不了现在；一个人若是掌握不住现在，就看不到未来。面对职场，我们有很多的困惑和选择，我们个人正确的发展方向是什么？职业选择是什么？应怎样客观地评估自己？如何让自己在职场上有更好的发挥空间和成长机遇？这是我们在就业之前必须要考虑的。否则，会付出沉重的代价。

2. 多渠道捕捉就业信息，锁定单位

了解自己的能力和特长，有了目标之后，就要广泛收集相应的就业信息，锁定求职单位。无论是上网查询，还是看报纸，参加招聘会，也可托熟人、亲戚朋友、同学，多渠道获取谋职信息，凡是符合自己求职标准的单位，都统统搜集过来，然后根据招聘要求，分析哪些单位最适合自己，以最快的速度把自己的简历投递出去。为自己拓宽就业门路奠定基础。同时，积极分析对比，锁定岗（职）位。从就业信息中，选择自己的理想职位，然后按此单位招聘要求，与自己现有的能力条件作比较，认真分析自己能否胜任。在此同时，还必须从网上或通过熟人、电话咨询等方式了解该单位的一些基本情况，如单位的性质、从事行业、工作方法、单位的价值观、经济效益、工资待遇等，做到"知己知彼，百战不殆"。特别要锁定符合自己目标且"力所能及"的岗（职）位。

3. 行动当下，放眼未来

毕业生应放下"精英"身段，不畏难、不退缩。选择基层岗位做起，并不意味着止步基层，要踏踏实实地为自己的职业道路打好基础。同时也要了解市场需求变化，放眼未来，对过热行业的竞争产生意识，寻找适合自己的道路。

4. 做好求职面试的应对

面试是整个求职过程中最重要的阶段。首先，要为面试做好充分的准备，包括：充分了解、分析用人单位和应聘岗位的情况，看自己能否胜任应聘岗位的要求，做到知己知彼，以便面试时有针对性地推销自己；准备求职资料（求职申请、个人简历、在校成绩、毕业证书、职业技能等级、上岗证、各类获奖证书及教师的推荐评价等），特别应根据应征岗（职）位写简历，以便顺利获得面试机会。其次，要掌握面试中的技巧。比如：形象要自然、得体、整洁、大方，既符合个人气质，又符合招聘岗位、面试环境要求；要做到文明有礼、态度诚恳、沉着自信；要做到注意倾听、仔细观察、机智应变，这既是对考官的尊敬，更是推销自己的重要手段；要做到扬长避短，显示潜能，常言道，寸有所长，尺有所短，每个人都有自己的优势与不足，求职者要根据应聘岗位的要求，充分显示自己的潜能，消除求职的不利因素等。

总之，面试是求职过程中最关键的环节，面试的好坏会直接影响用人单位对求职者的录用决定，在面试过程中，毕业生如果掌握面试的技巧，将大大提高就业成功率。

【趣味测试】

大学生就业心理测试

请你做以下 8 道试题，每题只能选择一项，然后把括号内的分数累加起来，看看总分是多少，就能大致了解你的心理素质和应对能力。

1.你骑车闯红灯，被警察叫住。他知道你急着要赶路，却故意拖延时间，这时你（　　）

A.急得满头大汗，不知怎么办才好

B.十分友好地、平静地向警察道歉

C.听之任之，不作任何解释

2.在朋友的婚礼上，你未料到会被邀请发言，在毫无准备的情况下，你会（　　）

A.双手发抖，结结巴巴说不出话来

B.感到很荣幸，简短地讲几句

C.很平淡地谢绝了

3.你在餐馆刚用过餐，服务员来结账，你忽然发现身上带的钱不够，此刻，你会（　　）

A.感到很窘迫，脸发红

B.自嘲一下，马上对服务员实话实说

C.在身上东摸西摸，拖延时间

4.假如你乘坐公共汽车时忘了买票，被人查到，你的反应是（　　）

A.尴尬，出冷汗

B.冷静，不慌不忙，接受处理

C.强作微笑

5.你独自一人被关在电梯内出不来，你会（　　）

A.脸色发白，恐慌不安

B.想方设法自己出去

C.耐心地等待救援

6.有人像老朋友似的向你打招呼，但你一点也记不起他（她）是谁，此时你（　　）

A.装作没听见似的不搭理

B.直率地承认自己记不起来了

C. 朝他（她）瞪瞪眼，一言不发

7. 你从超市里走出来，忽然意识到你拿着忘记付款的商品，此时一个很像保安的人朝你走过来，你会（　　）

A. 心怦怦跳，惊慌失措

B. 诚实、友好地主动向他解释

C. 迅速回转身去补付款

8. 假设你从国外回来，行李中携带了超过规定的烟酒数量，海关官员要求你打开提箱检查，这时你会（　　）

A. 感到害怕，两手发抖

B. 泰然自若，听凭检查

C. 与海关官员争辩，拒绝检查

评分规则：

选 A 得 0 分，选 B 得 5 分，选 C 得 2 分。

0 ～ 25 分：你承受压力的心理素质比较差，很容易失去心理平衡，变得窘促不安，甚至惊慌失措。

26 ～ 32 分：你的心理素质比较强，性情还算比较稳定，遇事一般不会十分惊慌，但有时往往采取消极应付的态度。

33 ～ 40 分：你的心理素质很好，几乎没有令你感到尴尬的事，尽管偶尔会失去控制，但总体来说，你的应变能力很强，是一个能经常保持镇静、从容不迫的人。

【趣味活动】

（一）猜一猜——认识自我

1. 目的：通过这个游戏，让大家思考自己的性格特征，并对自己的性格特征进行描述，更好地认识自己的优缺点。

2. 规则和程序：

第一轮：每人拿出一张白纸，在纸的一面写下自己好的性格特征，在另一面写下自己不好的性格特征，越详细越好。记住自己写的内容，写好后交给老师。老师随便抽出几份，然后读出每一张纸上的内容，让同学们猜猜看，纸上说的究竟是谁。如果有人"不幸"被猜中了，那说明该人对自己的性格特征有比较清晰的了解。

第二轮：给每一个人发几张白纸，大家共同去评价每一个同学，但不要让被评价的学生看到。然后，根据这些评价，观察学生是否能够找到评价自己的那一张。

3. 总结：无论是否客观，请认真思考，全盘接受，有则改之，无则加勉，且最好能保留评价的纸条。

（二）接纳自我，挫折训练

1. 目的：学会自我欣赏与自我接纳，提高耐挫伤的能力。

2. 规则和程序：

组织大家围站在一起，一个人被蒙上眼睛，然后其他人对他说一些使其有挫败感的话，但同时也要让他觉得"没什么了不起"。

先让一个学生进入场地中心，用布把眼睛蒙好，其他学生轮流上场，严厉说出他的缺点，但是该学生不能拒绝和辩解，而是采用一种无所谓的态度来对待他们。最后，在老师的指导下，这位学生要谈一谈感受。

3. 相关讨论：活动前后，你的心理有什么变化？

第六单元

求职策略与技巧

▶▶ **学习目标**

> 1. 掌握大学生就业程序，懂得如何准备各种求职材料。
> 2. 掌握如何正确筛选和利用就业信息。
> 3. 掌握求职技巧。
> 4. 学会运用法律，保护自己的合法权益。

【案例导入】

用成果证明能力

2012 年，对于即将大学毕业的小刘来说，是一个幸运年，因为他是全班同学中第一个成功找到工作的人。

小刘是市场营销专业的学生。新年伊始，已进入大学最后实习阶段的他，和众多学友一样开始寻找工作。在 2 月 3 日举行的市人才市场新春大型招聘会上，他选择了市内某大型商场品牌家电的销售岗位。为了应聘成功，他利用招聘会前的一周时间，对该品牌的家电产品做了细致的市场调查，从市场份额、产品性能到竞争对手等各方面的情况都做了详细了解，并拿出了一份翔实的市场调研报告。最后，他击败了众多高学历的竞聘者，被录用。

【讨论】

1. 这个案例告诉我们什么？
2. 结合实际分析能力和求职成功之间的关系。

【案例点评】

用成果证明自己的能力。小刘针对目标公司和岗位，结合自己的专业知识，提供了可行性调研报告。用人单位最希望的就是招聘到的人能实实在在干工作，能给单位创造价值。

第一节　大学生就业前的准备

一、就业程序

（一）就业管理部门及其服务

1. 大学毕业生的就业管理机构

大学毕业生的就业管理机构大致由三部分组成：全国主管大学毕业生就业的部门是教育部，各省、自治区、直辖市和中央各部委的有关部门分管本地区、本部门的大学毕业生就业工作；各高等学校和各用人单位负责本校毕业生就业的具体事宜和本部门接受、安置毕业生的具体事宜。

2. 政府就业指导中心的管理职能及服务功能

（1）主要职能：①制定就业工作具体实施意见；②指导高校和用人单位的就业工作；③组织管理当地的需求信息登记、发布和供需见面、双向选择活动；④毕业生资格审查，报到证签发、调整和接收；⑤协调处理就业争议

（2）服务功能：①开展就业咨询、推荐和招聘等服务；②就业信息收集、登记和发布；③组织建设就业市场、就业信息网站；④开展相关培训；⑤提供人事代理。

（二）一般工作程序

1. 就业管理部门的一般工作程序

（1）制定年度就业工作意见及相应的就业政策。教育部对年度国民经济发展和国家重点建设工程情况开展调查研究，制定相应的对策，从而确定年度的就业工作意见。各省、自治区、直辖市、中央有关部委按照文件精神制定本地区、本部门所属高校毕业生就业工作的意见。这项工作，一般在毕业生毕业前的半年内基本进行完毕。

（2）发布毕业生资源情况。教育部在每年的 10 月份左右向各地区、各部门提供下一年度的毕业生资源情况，包括毕业生所在的学校、所学专业及毕业生来源地区等。各用人单位向教育部提供需求信息。教育部还负责向社会及时通报毕业生资源情况和需求情况，并适时组织毕业生供需信息交流工作。

（3）组织招聘会，办理签约手续。各地区、各部门和各高校的就业管理机构在每年的 11 月中下旬（教育部 1999 年规定在每年的 11 月 20 日以后）至下一年的 5 月，采取多种形式召开由学校和用人单位参加"供需见面"、"双向选择"大会和开办毕业生就业市场，为毕业生求职择业创造条件，提供服务。毕业生在学校的指导下可直接参加这类活动。凡在这种"供需见面"、"双向选择"大会上和毕业生就业市场上签订的就业协议书，均系

有效合同，双方必须履行。如果有一方反悔，不按合同规定执行，将视为违约，要负违约责任（协议书上注明违约责任）。学校将生效的协议和落实的就业建议计划于5月底报主管部门审批，经调整、平衡后以正式计划下达。

（4）为毕业生办理离校手续。各高等学校在完成全部教学计划以后，按照国家统一要求，在6月中下旬开始办理毕业生离校、报到手续，一般从7月1日开始派遣毕业生。派遣工作结束后，各级就业主管机构对当年的毕业生就业情况进行总结。

2. 学校就业工作部门的职责及程序

（1）主要职责：①贯彻、执行上级的就业方针、政策；②教育和引导毕业生树立正确的就业观；③加强校企联系，拓宽就业渠道，提高就业质量；④编制就业方案；⑤开展就业指导与咨询；⑥收集、管理和发布就业信息；⑦组织招聘活动；⑧就业协议书的管理、签证；⑨毕业生跟踪调查；⑩毕业生资格审查，办理派遣手续。

（2）工作程序：①制定本校就业实施办法；②收集、发布信息签订就业协议；③开展就业指导及服务；④组织校园招聘；⑤处理遗留问题；⑥办理派遣手续；⑦编制上报就业方案。

（三）大学生就业程序

1. 大学生如何进行自我定位

定位有两层含义：一是确定自己是谁，适合做什么工作；二是告诉别人自己是谁，擅长做什么工作。定位是自我定位和社会定位两者的统一，一个人只有在了解自己和了解职业的基础上才能够给自己做准确定位。

第一，要了解自己。主要是核心价值观念、动力系统、个性特点、天赋能力、缺陷等。方法：可以自我探索，可以请他人做评价，可以借助心理测验——充分地了解自己。认清自我是职业定位的第一步，也是最重要的一步。我们可以通过自我盘点、软件测试、家人评价、与同龄人比较、总结过去等方法来充分挖掘自身潜力。

第二，要了解职业。包括职业的工作内容、知识要求、技能要求、经验要求、性格要求、工作环境、工作角色等。方法：询问业内的专家达10名以上，参照业内成功人士的要求。

第三，要了解自己和职业要求的差距，需要仔细地比较各个方面要求的差距。大学毕业生可能会有多种职业目标，但是每个目标带来的好处和弊端不同，需要根据自己的特点仔细地权衡选择不同目标的利弊得失，还要根据自己的现实条件确定达到目标的方案。

第四，要确定如何把自己的定位展示给面试官和上司。确定了自己的职业取向和发展方向之后，需要采用适合的方式传达给面试官或者上司，以此获得入门和发展的机会。

2. 做好自我分析与就业准备

（1）自我分析

自我分析包括：①自身综合素质、能力的自我测评；②分析自己的性格、气质；③自己的优势和劣势，如何扬长避短；④自己的目标（想做的和能做的）。

（2）就业准备

就业准备包括：①思想准备；②心理准备；③材料准备。

（3）正确认识待业

做到先就业后择业，自主创业、终身学习；到基层去，树立良好的职业道德。

3. 收集信息

（1）收集信息的原则及内容

收集信息的原则：准确、时效、系统、目的、开拓。

收集信息的内容：供需信息、政策法规信息、用人单位信息、就业活动安排信息、就业的经验教训等。

（2）就业信息获取的方法及渠道

获取方法：观察法、调查法、投书索取法、购买法、咨询法、交换法等。

获取渠道：学校就业指导中心，各级就业主管部门和指导机构，亲朋好友等社会关系，各地人才市场及人才加流会，各种媒体，社会实践，用人单位等。

（3）就业信息筛选利用的原则

就业信息筛选利用的原则包括：①发挥优势，学以致用；②面对现实，联系实际；③政策允许，社会需要；④相对价值性；⑤寄载性；⑥参考性；⑦变动性；⑧共享性等。

（4）就业信息利用的原则

就业信息利用的原则包括：①辩证分析，综合比较；②善于开拓，早作抉择。

（5）筛选及利用的注意事项

筛选及利用就业信息时应避免：①从众行为；②轻信行为；③举棋不定；④急于求成。

4. 确立目标

（1）择业的地域

（2）择业的行业范围

（3）择业单位选择

（4）应聘（参加招聘会）

（5）笔试与面试

（6）签订就业协议

（7）报到上班

二、就业心理准备

由于缺乏就业经验和就业市场竞争激烈，许多大学生倍受就业问题困扰。他们在寻找工作的过程中或焦虑不安，茫然不知所措；或情绪亢奋，四面求职，一旦碰壁，又灰心丧气或怨天尤人；还有的学生优柔寡断，患得患失，整日心绪不宁，以至影响了正常的生活和学习。如何避免或减轻这种负性心理呢？

（一）端正心态，勇于面对，树立信心

1. 确立就业目标

确立就业目标是维护良好就业心理的第一步，也是关键一步。确立就业目标要注意两个方面：一是正确认识自我，即认真客观地分析自己的兴趣特长、性格气质、能力水平等，检查自己想干什么，能干什么，竞争力如何。现在不少城市成立了人才及职业能力测评机构，大学生不妨去试一试。二是正确认识就业形势，即考虑自己的专业和理想职业在社会上的需求量如何，竞争强度如何；自己的理想职业与自己所学的专业是否相符，如果不符合，该如何弥补，将要去求职的单位对求职者有何具体要求等。综合考虑以上因素，确立就业目标，就比较符合实际，可以避免过高的心理预期。

2. 树立自信心，敢于竞争

自信是对自己的一种积极评价，大学生要相信自己具备某项职业所要求的条件，鼓足勇气，参与竞争。但自信是以充分的就业准备为基础的，即正确地认识自我及就业形势、确立恰当的就业目标、搜寻就业信息及求职材料准备等，但自信心并非短时间内所能树立。树立自信的最根本途径还是提高自己的能力水平。大学生只有搞好学业，发展特长，全面提高自己的综合素质，面对招聘者才可能信心十足。

3. 提高心理承受力，励志自强，直面挫折

较强的心理承受力在竞争激烈的社会中是不可缺少的，它能使人们经受住挫折的打击，依旧保持进取的勇气。大学生在就业过程中肯定会遭受到求职失败。面对失败，有的人心情烦躁，精神不振，甚至产生自卑感，这显然是心理承受力不强的表现。真正的强者面对求职失败，会认真反思，吸取经验教训，努力去争取新的机会。大学生要能够做到永不自弃，成功就业。

4. 增强应变性

应变性指大学生要根据实际情况，及时调整就业期望值和自己的知识能力结构，以便与就业市场的需求保持最大的适应性。随着社会的快速发展，职业种类及要求的变化越来越快。有的人在刚进大学时所学专业还是紧俏的，但毕业时却已经饱和了，以至就业困难。因此，大学生免除就业烦恼的良方之一就是要大大增强应变性，如辅修第二专业或尽可能多地学习理想职业所需的知识和技能。

（二）常见择业的心理误区与心理障碍

1. 大学生择业的心理误区

大学生在求职择业中，不可避免地会遇到困难、挫折和冲突。这些挫折和冲突常常会引起大学生的各种心理问题。这些心理问题特别是那些心理障碍，既不利于择业，也不利于身体健康，甚至还会影响整个人生。

"供需见面，双向选择"已经成为当代大学生求职的主要方式，然而，大学生在择业的时候，总有一些人找不到理想的职业、合适的位置。其原因当然是多方面的，但其中最为重要的一点就是许多大学生存在许多不同程度的就业心理误区。心理误区是指在心理上特别是认识和人格上陷入无出路而又不能自拔，且本人对此又缺乏正确意识的状态。大学生在求职择业中常见的心理误区有："我不能比别人差"的攀比心理；"学而优则仕"的自负心理；"白玉有瑕"的自卑心理；"温良恭俭让"的保守心理；"举棋不定"的犹豫心理；不敢谈薪水的心理；过分看重个人履历的心理；"人云亦云"的从众心理。

大学毕业生要想找到满意的工作，必须冲破以上误区，树立正确的求职观念。首先要正确认识自我，了解分析市场信息，做到"知己知彼"才能"百战不殆"。其次要勇于推销自己，敢于竞争，"该出手时就出手"。要学做"当代愚公"，坚韧不拔，百折不挠，不达目的不罢休。

2. 心理问题与心理障碍

大学生择业过程中常见的心理问题与心理障碍主要有：焦虑；幻想；自负；自卑；怯懦；冷漠。

（三）产生就业心理障碍的原因

1. 客观原因

一是就业机制不完善的影响；二是高校教育体制的弊端和思想政治工作的弱化，随着知识经济时代的来临，社会对人才的素质和能力提出了更高的要求。

2. 主观原因

由于大学生涉世不深、缺乏社会经验，择业时往往带有很大的盲目性。由于大学生都属初次就业，对待就业缺乏足够的思想准备和心理准备，不能在就业压力面前及时调整自己的就业心态，不能正确对待就业过程中出现的问题。

（四）大学生择业的心理调适

(1) 分析失败原因，总结经验教训。
(2) 进行自我调节，释放心理压力。
(3) 寻求社会支持系统的帮助。

三、求职材料的准备

在择业竞争中，决定成败的因素很多，其中择业前有关材料的充分准备是非常重要的一步。求职材料包括求职信、个人简历等材料，同时也应该准备相关的其他材料，比如获奖证明、各种资格证书、成绩单等，他们不但作为求职信的重要补充，而且是毕业生综合实力、综合素质最具说服力的证明。有的毕业生把有关的求职资料装订成册，再加以简单的装饰，成为一份精巧的求职档案，给人一种耳目一新的感觉，值得借鉴。

（一）求职材料的准备原则

1. 真实性原则

求职材料是对自己大学生活的全面总结和反映，在内容上必须真实，切忌为赢得用人单位的好感而弄虚作假。小张是农民的儿子，平时生活俭朴，作风踏实。而用人单位就想选择一位这样的毕业生。但是当用人单位看到小张求职材料中父母一栏中未填写时，问小张是不是父母去世了。但小张未写的原因是他认为写父母是农民害怕别人歧视他。本来小张是农民的儿子对于该单位是优势，但他却理解为劣势，同时，小张也因为材料中的不真实而失去了该单位的职位。

2. 规范性原则

这一原则的确立，是对毕业生所有文字材料的基本要求，求职择业材料，可以说是对自己大学生活的一个全面总结，在材料中既要全面反映自身的基本情况，例如姓名、性别、出生日期、政治面貌、生源地、学习成绩等，又要反映自身优势、特长、爱好；不仅要突出自己的优点、成绩，也要说明自身存在的缺点；不仅要说明自己对用人单位职位感兴趣的原因，还要表达自己努力工作的决心。求职材料不仅格式规范，而且填写术语要规范。例如在健康状况一档，一般应填写"健康"，而不能填写优秀、良好、一般、健壮等。

3. 富有个性原则

这一原则主要是要求求职者的材料要体现求职者的个性，不能"千人一面"，更不能"张冠李戴"，而且，由于不同的用人单位对求职者的要求不尽相同，求职材料的准备也应根据不同的单位有所差异。

4. 突出重点原则

求职材料必须讲求简明扼要，突出重点，要让想了解自己的人能很快地、明确地看到基本情况。有些大学毕业生求职材料做工精巧，设计美观，但就是没有突出重点，前面很多页全是一些无关紧要的东西，如学校简介、院系简介、人生格言等。有些用人单位如果投递材料的人比较多，这样的求职材料一般不会去看。这会影响求职成功率。

5. 全面展示原则

一个好的求职材料是在突出重点的情况下还可以全面展示自己。一个全面的材料至少应包括：封面（写有姓名和联系电话）、照片、个人简历、求职信、推荐表、成绩单、外语等级证书复印件、技能证书复印证（计算机、驾照等）、获奖证书复印件等。

6. 设计美观原则

准备求职材料的目的之一是吸引用人单位对求职者的注意力或者让用人单位对求职者感兴趣。因此，求职择业材料的设计就显得尤其重要。一般来讲，求职择业材料，无论是文字的，还是表格的，都应采用 A4 纸打印或复印，复印件不要放大或缩小。求职材料还应进行必要的版面设计。学习理工类专业的毕业生，求职材料的版面要讲究自然、朴实、理性、洁净的风格；学习文学、艺术、管理、软件设计等专业的毕业生，求职材料要富有创意。

7. 杜绝错误原则

所有的材料要杜绝一切错误，无论是语法上的、文字上的、用词上的、标点符号，还是打印错误。

（二）求职材料的作用与内容

1. 作用

求职材料是宣传自己的广告，能起到宣传自荐的作用，好的求职材料可以拉近求职者与人事主管（负责人）之间的距离，获得面试的机会多一些。

2. 内容

求职材料应包括：封面；自荐信；个人简历；推荐表；学习成绩单；获奖证书复印件；其他材料。

注意：只提供复印件，大小要统一。学习成绩证明材料重点应放在开设课程上，不要弄虚作假。要能随时合理准确地回答用人单位就材料中有关内容地询问。联系方式应明了准确。

（三）求职信、个人简历的撰写

1. 求职信

(1) 求职信的书写与格式

①标题。求职信的标题通常只有文种名称，即在第一行中间写上"求职信"三个字。

②称谓。称谓是对受信人的称呼，写在第一行，要顶格写受信者单位名称或个人姓名。单位名称后可加"负责同志"；个人姓名后可加"先生"、"女士"、"同志"等。在称谓后写冒号。求职信不同于一般私人书信，受信人未曾见过面，所以称谓要恰当，郑重其事。

③正文。正文要另起一行，空两格开始写求职信的内容。正文内容较多，要分段写。

第一段，写求职的原因。首先简要介绍求职者的基本情况，如姓名、年龄、性别等。接着要直截了当地说明从何渠道得到有关信息及写此信的目的。例如，"我叫李民，现年22岁，男，是一名财会专业的大学本科毕业生。从报上我看到贵公司招聘一名专职会计人员的消息，不胜喜悦，以本人的水平和能力，我不揣冒昧地毛遂自荐，相信贵公司定会慧眼识人，会使我有幸成为贵公司的一名会计人员。"这段是正文的开端，也是求职的开始，介绍有关情况要简明扼要，对所求的职务，态度要明朗。而且要吸引受信者有兴趣将你的信读下去，因此开头要有吸引力。

第二段，写对所谋求职务的看法及对自己的能力要做出客观公允的评价，这是求职的关键。要着重介绍自己应聘的有利条件，要特别突出自己的优势和"闪光点"，以使对方信服。如："我于1996年7月毕业于东北财经学院财会专业。毕业成绩优秀，在省级会计大奖赛中，获得'能手'嘉奖（见附件），在海南金融杂志上发表过多篇学术论文（见附件）。我在有关材料上看到过关于贵公司的情况介绍，我喜欢贵公司的工作环境，钦佩贵公司的敬业精神,又很赞赏贵公司在经营、管理上的一整套的切实可行的规章制度。这些均体现了在当前改革开放的经济大潮中,贵公司的超前意识。我十分愿意到这样的环境中去艰苦拼搏;更愿为贵公司贡献我的学识和力量。我相信,经过努力,我会做好我的工作的。"写这段内容,语言要中肯,恰到好处;态度要谦虚诚恳,不卑不亢。达到见字如见其人的效果。要给受信者留下深刻印象,进而相信求职者有能力胜任此项工作。

第三段,提出希望和要求,向受信者提出希望和要求。例如,"希望您能为我安排一个与您见面的机会"或"盼望您的答复"或"敬候佳音"之类的语言。这段属于信的内容的收尾阶段,要适可而止,不要啰唆,不要苛求对方。

结尾。另起一行,空两格,写表示敬祝的话。如此致之类的词,然后换行顶格写"敬礼"或祝"工作顺利"、"事业发达"相应词语。不必过多寒暄,以免"画蛇添足"。

④落款。写信人的姓名和成文日期写在信的右下方。姓名写在上面,成文日期写在姓名下面。姓名前面不必加任何谦称的限定语,以免有阿谀之感,或让对方轻看你的能力。成文日期要年、月、日俱全。

⑤附件。有说服力的附件是对求职者的鉴定的凭证。所以求职信的附件是不可忽视的组成部分。附件可在信的结尾处注明。然后将附件的复印件单独订在一起。附件不需太多,但必须有分量,足以证明自己的才华和能力。

(2)应注意的问题

①开头第一句要引人注目,找准自己的与众不同之处;②依据招聘方的要求,列出自己的长处、成绩和经历;③有条有理,语句通畅,无错别字和错误的标点符号;④篇幅在1000字左右为宜,用 A4 纸打印,亲笔签名。⑤一般不单独使用。

【例文 1】

求职信

×× 集团人力资源部:

我是 ×× 职业技术学院计算机系计算机应用专业的学生。我将于今年 7 月份毕业。在校三年的学习期间,本人努力学习,注意培养自己的实践能力。曾连续两年被评为三好学生,多次获得优秀学生干部称号。曾担任学院计算机协会的负责人,并获得国家计算机中心设置的程序员等级 A 级证书,还在《计算机》杂志上发表论文 2 篇。我的毕业论文《论计算机的程序与应用》被评为毕业生优秀论文,并收入我校 2005 届毕业生论文集。我深信,只要贵公司能给我提供一个发展自我的机会,我一定能成为一名出色的员工。承蒙录用,渴望得到回音。

此致

敬礼!

附件：1. 个人简历一份

2. 资格等级证书复印件一份

×××敬上

2005 年 4 月 20 日

联系地址：××市新兴路 208 号计算机系 2002 级 5 班

邮政编码：264000

电话：021—88××6789

【点评】

称谓，顶格写，正文，另起一行，直切主题：求职。先做自我介绍，推销自己。具体写明自己在校期间的表现和取得的成就，特别是能表现自己具有胜任今后工作的能力的资格等级证书。简明扼要，抓住重点，不卑不亢。出具有关材料复印件，增加责任感，以取得认同。最后写明联系方式，祝颂语表示礼貌，署名使用敬辞，一定要写日期。此信主题明确、语言流畅，值得我们学习。

【例文 2】

求职信

×××公司经理：

您好！

我是一名即将毕业的高职生，想在贵公司里找一份有关汽车贸易方面的工作。

我学的专业是汽车贸易。到目前为止，全部学业已出色完成，每门功课成绩均在 85 分以上。附上一份个人简历和大学期间的各科成绩一览表，供您参阅。从我的简历中您可以看到，我曾经多次受到学校的表彰。我的一篇专业论文《××××××》曾发表在《××××××》杂志上，并获得××××年度××省优秀大学生科研成果一等奖。

今年上半年，我在贵公司实习了一段时间，我深深地感到，贵公司领导十分重视人才，办事效率高，员工之间团结协作精神强。可以想象，在这样的环境中工作，作为贵公司的一员，该多么自豪。

当然，条件如此优越的公司，想进去绝非易事。但我坚信自己有能力敲开贵公司的大门。我已熟练掌握了本专业的基础知识和操作技能，有独立工作的能力。我的英语过了四级，拿到了四级证书。我的汽车修理技术拿到了中级证书，我的汽车贸易专业也通过了国家中级考试。我在贵公司实习期间发挥了我的汽车贸易专长，获得贵公司的好评。我相信，在一个崇尚平等竞争的公司里，我会如愿的。

最后，我希望贵公司能给我一个为贵公司做出贡献的机会，我热诚地期待您的答复。
　　此致
敬礼！

附件（略）

　　　　　　　　　　　　　　　　　　　　　　　　　××职业学院　××
　　　　　　　　　　　　　　　　　　　　　　　　　2005 年 9 月 3 日

联系地址：(略)
联系电话：(略)

【点评】

　　这封求职信的特点是，开门见山的提出求职岗位。比较客观的介绍自己的德、才、勤、绩、能，突出自己的专业特长和技能优势，并且设置了两个左右的兴趣点，写出自己关键的经历、最好的成绩、重要特长及自己的愿望。最大限度的展现出求职者的"卖点"，又没有自我吹嘘、炫耀的感觉。全文简明扼要，又有说服力。

　　2. 个人简历
　　（1）个人简历的内容
　　个人简历应包括：①个人概况；②教育背景；③所学主干课程；④实践经验；⑤学生工作；⑥作求职意向；⑦个人能力；⑧兴趣爱好；⑨奖励与荣誉；⑩联系方式。
　　（2）应注意的问题
　　个人简历应：①精心设计；②有的放矢；③实事求是。

【例文 1】

<h2 style="text-align:center">个人简历</h2>

姓名：张 ×　　　　　　　　　　　　　　　性别：男
出生年月：1983 年 6 月 2 日　　　　　　　民族：汉族
籍贯：山东省 ×× 市　　　　　　　　　　　健康状况：良好
毕业院校：×× 省职业技术学院　　　　　　专业：物流管理
　▲ 知识结构：
主修课：物流基础、营销学、仓储管理学、经济管理学等。
专业课程：电子商务概论、物流学概论、供应链管理、配送与配送中心等。

选修课：商品学、数据仓库与数据挖掘、演讲与口才、普通话等。

实习：六个月

▲专业技能：接受过全方位的大学基础教育，受到良好的专业训练和能力的培养，在物流、营销等各领域，有扎实的理论基础和实践经验，有较强的社会实践和研究分析能力。

▲外语水平：英语通过大学英语四级考试，有一定的听、说、读、写能力。

▲计算机水平：熟悉 DOS、Windows2000 操作系统和 Office98、熟练掌握 Internet 的操作，掌握 FORTRAN、Quick-Basic、C 语言等。

▲主要社会工作：

小学：班纪律委员、中队长。

中学：班长、校篮球队队长。

大学：班团支书、系学生会主席、校篮球队队长、体育协会会长。

▲兴趣与特长：

☆喜爱文体活动、热爱自然科学。

☆小学至中学期间曾进行过专业的声乐训练、校合唱团成员，参加过多次重大演出。

☆中学期间，曾是校生物课外活动小组成员，参加过多次野外实践和室内实践活动。

☆喜爱篮球运动，曾担任中学校队、大学系队、校队队长，并率队参加多次比赛。曾在 ×× 省 CUBA 大学生篮球赛中获得"最佳得分手"称号。

▲个人荣誉：

中学：××× 优秀团员、三好学生、优秀干部。××× 生物竞赛三等奖。

大学：×× 年被评为优秀学生干部，获得一等奖学金、国家二等奖学金。

▲主要优点：

☆开朗乐观，有较强的组织能力、活动策划能力和公关能力。

☆有较强的口头表达能力和人际沟通能力，能与他人和谐相处。

☆有较强的团队精神，例如，在同学中，有良好的人际关系；在同学中有较高的威信；善于协同"作战"。

▲自我评价：

勤奋踏实、积极乐观、待人真诚，善于与人沟通，有很强的团队合作精神；工作认真负责、吃苦耐劳、勇于迎接新挑战。

▲求职意向：

可胜任应用 ××× 及相关领域的生产、销售工作。也可以从事贸易、营销、管理及活动策划、宣传等方面工作。

联系电话：×××××××　　手机：158×××××××××

联系地址：×× 市 ×× 区 ×× 街 ×× 号　　邮编：××××××

Email Address：×××× @ 163.com

证明材料：略

【点评】

这则简历属于文字式，陈述条理清晰，内容全面，文字简练，重点突出，内容基本反映了求职者的经历、成绩等情况。基本符合简历的写作要求。

【例文2】

个人简历

姓名	王××	性别	男	出生年月	1985 年 9 月	照片
学历	本科	民族	汉	政治面貌	团员	
学位	学士	身高	178cm	健康状况	良好	
籍贯	山东省 ×× 市 ×× 区					
爱好特长	英语、计算机、篮球、音乐、象棋					
院校及专业	山东 ×× 学院 ×× 工程系、电化学工程专业					
求职意向	化工企业厂务助理					
奖励情况	2004—2005 学年，获二等奖学金，三好学生 2005—2006 学年，获二等奖学金，优秀班干部 2006—2007 学年，获一等奖学金 2007—2008 学年，获优秀毕业生					
个人简历	1998—2001 年，×××× 乡第一初级中学 2001—2004 年，×××× 第一高级中学 2004—2008 年，山东 ×× 学院					
社会实践	2005 年暑假，山东省政法干部学院招生员 2006 年暑假，家乡中学办补习班 2007 年暑假，山东 ×× 汽车装具厂实习					
自我评价	思想素质过硬，积极向党组织靠拢； 吃苦耐劳，谦虚好学，有敬业精神和竞争意识； 专业基础扎实，具有收集资料信息研究开发能力； 待人真诚，心胸开阔，性格开朗； 对待工作认真负责，合作意识强					
英语水平	大学英语四级		计算机水平		二级	
联系方式	地址：山东 ×× 学院 ×× 信箱 邮箱：210010 电话：0531-×××××× 宿舍，×××××× （系主任室） 寒假电话：0531-×××××× （××× 老师代收）					

【点评】

这则简历属于表格式，表格条目内容比较完善，基本反映出学生的情况和用人单位想要了解的信息。用语比较简洁，表达清楚，制作也比较美观。可以说是一种比较规范的求职简历表格。

第二节　求职技巧

求职时需要的技巧，可分为笔试技巧和面试技巧。笔试是一种常用考核办法，目的是考核应聘人员的文字能力、知识面和综合分析事物的能力。它通常用于一些专业技术要求很强和对录用人员素质要求很高的单位，如一些涉外部门、技术要求很高的专业公司及国家机关选聘公务员等。而面试更加重要，现在的用人单位越来越看重人员的综合素质，诸如自信心、合作性、交往时的敏感力、分析解决问题的能力等，能否在面试过程中表现出这些良好素质，将会左右考官对求职者的印象，同时，面试也是求职者全面展示自身素质、能力、品质的最好时机，面试发挥出色，可以弥补笔试或是其他条件如专业上的一些不足。

一、笔试与应对技巧

（一）常见的笔试种类

1. 专业能力考试

这种考试主要是检验应聘者担任某一职务时是否能达到所要求的专业知识水平和相关的实际能力。这几年毕业生热衷招考的国家机关公务员资格考试，其笔试包括《行政职业能力测验》和《申论》；又如招聘行政经理、秘书方面工作的单位对应聘者文字能力的测试；再如部分单位对某种计算机语言有较高的要求时，测试应用特定语言编程的能力。为检验毕业生实际工作能力或专业技术能力，通常还要进行专业技术能力考试。这种考试往往在特意设置的工作环境中进行，如：

(1) 阅读一篇文章，写读后感。

(2) 自编一份请求报告或会议通知。

(3) 听5个人的发言，写一份评价报告。

(4) 某公司计划在5月份赴日本考察，写出需要做哪些预备工作。

(5) 给一个科研题目，写出科研论文的具体大纲。

从答卷中可看出应试者的文字表达能力及分析问题和逻辑思维能力等。

2. 智商和心理测试

智商测试主要为一些闻名跨国公司所采用，其对毕业生所学专业一般没有非凡要求，但对毕业生的素质要求较高。他们认为，专业能力可以通过公司的培训获得，因此有没有专业学习背景无关紧要，但毕业生是否具有不断接收新知识的能力是至关重要的。

智商测试并不神秘。一种是图形识别，例如，一组有四种图形，让应试者指出其相似点和不同点。这类题目在一些面向中小学生的智力游戏书中是很常见的，一些面向大众的杂志偶尔也刊登这类游戏题目。另一类是算术题，主要测试应试者对数字的敏感程度及基本的计算能力，比如给定一组数据，让应试者根据不同的要求求出平均值，其难度绝不超过对中学生的计算能力的要求水平。尽管如此，一些理工科的毕业生也考不到 60 分。

心理测试是用事先编制好的标准化量表或问卷要求应试者完成，根据完成的数量和质量来判定其心理水平或个性差异的方法。一些非凡的用人单位经常以此来测试求职者的态度、爱好、动机、智力、个性等心理素质。

3. 综合能力测试

综合能力测试兼有智商测试的要求，但程度更高。例如，应试者要在规定的时间内对一组数据、一组资料进行分析，找出其合理的地方和存在的问题，并设计出解决问题的方案。这是对学生阅读理解能力，发现问题、分析和解决问题能力等素质的全方位测试，甚至有时候问答都是用英语进行，相对来说难度更大一些。

（二）笔试技巧

1. 复习知识

对大学专业知识进行必要复习是笔试预备的重要方式。一般说来笔试都有大体的范围，可围绕这个范围翻阅一些有关图书资料，复习巩固所学过的课程内容，温故知新，做到心中有底。

2. 增强信心

笔试怯场，大多是缺乏信心所致。要客观冷静地对自己进行正确评估，克服自卑心理，增强信心。临考前，一要适当减轻思想负担；二要保证充足的睡眠；三要适当参加一些文体活动。从而使高度紧张的大脑得到放松休息，以充沛的精神去参加考试。

3. 临场预备

提前熟悉考场环境，有利于消除应试时的紧张心理。还应仔细阅读考场注重事项，尽量按要求做好。除携带必备的证件外，一些考试必备的文具（钢笔、橡皮等）也要预备齐全。

4. 科学答卷

拿到试卷后，首先应通览一遍，了解题目的多少和难易程度，以便把握答题的速度，然后根据先易后难的原则排出答题的顺序，先攻相对简单的题，后攻难题。这样就不会因为攻难题而浪费时间太多，而没有时间做会答的题，碰到较大的综合题或论述题，则应先列出提纲，再逐条论述。在答完试卷后，要进行一次全面复查，注重不要漏题、跑题，要纠正错别字、语法不通、词不达意等错误。值得注重的是卷面必须做到字迹端正，卷面整洁。因为招聘单位往往从卷面上联想应聘者的思想、品质、作风，字迹潦草、卷面不整洁的人，招聘单位先不看答的内容，单从卷面就觉得这个人不可靠；而那些字迹端正、答题一丝不苟的人，招聘单位会认为其态度认真，作风细致，对他更加青睐。

二、面试与应对技巧

在整个应聘过程中，面试无疑是最具有决定性意义的一环，事关成败。在求职的几个环节中，面试也是难度最大的，尤其是对于那些初入职场的应届毕业生来说，因为缺乏经验，面试经常成为一道难过的坎儿，有很多毕业生顺利通过了简历关、笔试关，最后却在面试中铩羽而归。

【案例点击】

2010年7月，刚刚从大学毕业的张渊，对自己的专业技能有着清醒的认识。为了成功就业，他为自己制订了一个符合实际的应聘方案："先就业再创业，从低职位做起。"在一场人才招聘会上，张渊通过自己对一家民营企业的深入了解，向该企业老板提出了自己对公司未来的设想和自己的职场规划。老板很高兴，一锤定音，当场决定录用张渊。在此后的工作中，张渊吃苦耐劳、扎实肯干、积极上进的工作态度进一步得到了老板的赏识，在短短一年多的时间内，张渊连升数级，当上了总经理助理。

【案例点评】

山不在高，有仙则名。求职时，不顾自身的条件，一味地唱高调，意味着人为地为自己设置了求职的障碍。临渊羡鱼，不如退而结网，也可以超前把自己"推销"出去。

（一）面试基础知识

1. 面试定义

面试是用人单位招聘时最重要的一种考核方式，是供需双方相互了解的过程，是一种经过精心设计，以交谈与观察为主要手段，以了解被试者素质等相关信息为目的的一种测评方式。由于面试与笔试相比具有更大的灵活性和综合性，它不仅能考核一个人的业务水平，而且可以面对面观察求职者的口才和应变能力等，所以许多用人单位对这种方式更感兴趣。面试在招聘中的作用已越来越重要。

大多数大学生因为面试经历少，经常不知所措，学会面试，是大学毕业生求职择业里面临的新课题。对于面试官而言，面试中最重要也最难的一件事，是需要他们确定眼前这个应试者以往的业绩是否同样能让公司获得成功。

2. 面试种类

面试的方式很多，概括起来有以下几种。

（1）模式化面试。由主考官根据预先预备好的询问题和有关细节，逐一发问。其目的是为了获得有关应试者全面、真实的材料，观察应试者的仪表、谈吐和行为，以及沟通意见等。

(2)问题式面试。由主考官对应试者提出一个问题或一项计划，请应试者予以完成解决。其目的是为了观察应试者在特殊情况中的表现，以判定其解决问题的能力。

(3)非引导式面试（无目的式面试）。即主考官海阔天空地与应试者交谈，让应试者自由地发表议论，尽量活跃气氛，在闲聊中观察应试者的能力、知识、谈吐和风度。

(4)压力式面试。由主考官有意识地对应试者施加压力，针对某一问题做一连串的发问，不仅具体，而且追根问底，直至无法回答。甚至有意识地刺激应试者，看应试者在突如其来的压力下能否做出恰当的反应，以观察其机智程度和应变能力。

(5)综合式面试。由主考官通过多种方式综合考察应试者多方面的才能。如用外语同应试者会话以考察其外语水平，让应试者抄写一段文字以考察其书法，让应试者讲一段课文以考察其演讲能力等，也许还会要求应试者现场操作等。

以上几种面试是根据面试的内容划分的。在实际面试过程中，主考官可能只采取一种面试方式，也可能同时采用几种面试方式。

3. **面试基本模式**

面试是评价求职者素质特征的一种考试方式，根据招聘对象的水平，面试常采用不同的模式。

(1)面试的模式按应试者的行为反应分为言谈面试和模拟操作面试。

言谈面试是通过主试与被试的口头交流沟通，由主试提出问题，由被试口头回答，考察应试者知识层次、业务能力、头脑机敏性的一种测试方法。

模拟操作面试是让被试者模拟在实际工作岗位上的工作情况，由主试给予被试者特定的工作任务，考察被试者行为反应的一种方法，这种方法是一种简单的功能模拟测试法。例如：企业在招聘技术工种时，可采用实地操作的测试方法，考察应试者技术的娴熟程度；速记、打字、绘图等人员招聘时均可采用实地考试的方式。另外，公关、销售等有关人员招聘时，也可运用模拟操作面试。如主考官手拿一件产品：这是我公司的一件新产品，现在你作为销售人员开始向我推销。

(2)面试的模式按其操作方式可分为结构化面试和非结构化面试两种。

结构化面试是指依预先确定的程序和题目进行的面试，过程结构严密，层次分明，评价维度确定，主试根据事先拟好的谈话提纲逐项向应试者提问，应试者针对问题进行回答。这种面试方式是我们所提倡的。

非结构化面试是指在面试中所提的问题，以及谈话时所采用的方式都是由主试自由决定，谈话层次交错，具有很大偶然性的面试方式。现在大多企业在人才招聘中的面试均属于这种方式。这对富有经验的面试考官是有效简便的方法，但对大多数面试考官来说还是应当采用结构化面试方式。

(3)面试的模式按其主试人员组成可分为：个人面试、小组面试、集体面试。个人面试又可分为一对一的面试和主试团面试两种方式。

一对一的面试：多用于较小规模的组织或招聘较低职位员工时采用，有时也用于人员粗选，另外当公司总经理对人员进行最后录用决策时也常采用这种方式。其优点是一对一的面试能使应试者的心态较为自然，话题往往能够深入，谈话过程轻易控制；但其缺点是受主试者的知识面限制，考察内容往往不够全面，而且易受主试个人感情的影响。

主试团面试：由 2～5 个主考人组成主试团，分别对每个应试者进行面试。采取这种方式时，主试团成员需要进行角色分配，各自从不同的角色相互配合。一般主试团由 3 人组成，3 人的分工主要侧重于评价维度的分配上：一位是人事部门经理，可侧重于对应试者求职的动机、工资要求、人际关系的考察上；一位聘请咨询机构的人才招聘专家，侧重于对责任心、应变能力、领导才能等方面的考察上；一位是业务部门经理，一般负责考察其相关专业知识和过去的工作成绩。其特点是主试团面试能轻易给应试者构成一种心理压力。

小组面试是当一个职位的应聘人较多时，为了节省时间，让多个应试者组成一组，由数个面试考官轮流提问，着重考察应试者个性和协调性的面试方式。

集体面试主要是将应试者分成数组，每组 5～8 人，主试数人坐在一旁观察。主试中确立一个提问者，提出一个能引起争论的问题展开讨论，从而考察应试者的沟通能力、协调能力、语言表达能力和领导能力，这种方法是现代评价技术中的无领导小组讨论在面试实践中的应用，与单个面试相比较，具有其不可超越的优越性。该方式常被大型外资或合资企业采用，对立志到这些公司工作的毕业生应了解其面试特点，做好预备，在面试过程中积极抢答问题，提出自己的观点，展现自己的才华。

（4）面试的模式按其进程又可分为第一次面试，第二次面试，第三次面试，直至第五次面试。一般常用的是三次以内的面试，称为三级面试方式。

第一次面试常由人事部门的人才招聘员接待，对应试者的基本条件进行核实，确认应试者的学历及其工作业绩。

第二次面试是面试中最重要的一次，常由人事部门和业务部门联合主持，有可能的话还邀请专门的面试考官参加，是对应试者个性特征、能力倾向、愿望动机、业务能力等方面的综合考察，并写成评语报人事主管。

第三次面试由人事主管直接约见，主要是在第二次面试的基础上，考察应试者的适用性和应变力。第三次面试往往是短时间的面谈，一般来说录用人员的层次愈高，面试的次数也愈多。

面试还有一些非常规模式，如面试前的"面试"。一些公司在面试时故意设置一些"秀"让面试者"表演"。如应试者爱好唱歌，就让他当场高歌一曲。在面试场所设置一些道具（如倒地的扫把等）看应试者是否留意及反应。通过观察以把握对应试者的第一印象或判定是否与单位的用人标准一致，面试前的面试有时会收到奇效。

4. 面试基本内容

从理论上讲，面试可以测评应试者的任何素质，但在人员甄选实践中，并不是以面试去测评一个人的所有素质，而是有选择地用面试去测评它最能测评的内容。面试测评的主要内容如下。

(1) 仪表风度。这是指应试者的体型、外貌、气色、衣着举止、精神状态等。像国家公务员、教师、公关人员、企业经理等职位，对仪表风度的要求较高。研究表明，仪表端庄、衣着整洁、举止文明的人，一般做事有规律，注意自我约束，责任心强。应试者应该注重着装得体，举止文雅、大方，表情丰富，回答问题要认真、老实。

(2) 专业知识。了解应试者把握专业知识的深度和广度，其专业知识更新是否符合所要录用职位的要求，作为对专业知识笔试的补充，面试对专业知识的考察更具灵活性和深度。所提问题也更接近空缺岗位对专业知识的需求。

(3) 工作实践经验。一般根据查阅应试者的个人简历或求职登记表进行相关的提问，考察应试者有关背景及过去工作的情况，以补充、证实其所具有的实践经验，通过工作经历与实践经验的了解，还可以考察应试者的责任感、主动性、思维力、口头表达能力及遇事的理智状况等。

(4) 口头表达能力。一般观察求职者能否将要向对方表达的内容有条理地、完整地、准确地转达给对方；引例、用语是否确切；发音是否准确，语气是否柔和；说话时的姿势、表情如何。面试中应试者是否能够将自己的思想、观点、意见或建议顺畅地用语言表达出来。考察的具体内容包括：表达的逻辑性、准确性、感染力、音质、音色、音量、音调等。作为应试者在面试时应注重谈话是否前后连贯，主题是否突出，思想是否清楚，说话是否有说服力。

(5) 综合分析能力。面试中，一般考察应试者是否能对主考官所提出的问题，通过分析抓住本质，并且说理透彻、分析全面，条理清楚。

(6) 思考判定能力。一般观察试者能否准确、迅速地判定面临的状况；能否恰当地处理突发事件；能否迅速地回答对方的问题，且答案简练、贴切。作为应试者应在准确、迅速、决断方面重点预备。对自己的判定应该有信心，还要分析对方是逻辑判定还是感性判定。

(7) 反应能力与应变能力。主要看应试者对主考官所提的问题理解是否准确，回答的迅速性、准确性等。对于突发问题的反应是否机智灵敏，回答恰当，对于意外事情的处理是否妥当等。

(8) 操作能力。主要考察应试者对于已认定的事情能否进行下去；工作节奏是否紧张有序；对于集团作业的适应性。

(9) 人际交往能力。主要在于观察应试者碰到难堪问题后的反应；能否让人亲近，对他人有无吸引力等。在面试中，通过询问应试者经常参与哪些社团活动，喜欢同哪种类型的人打交道，在各种社交场合所扮演的角色，可以了解应试者的人际交往倾向和与人相处的技巧。

(10) 自我控制能力与情绪稳定性。自我控制能力对于国家公务员及许多其他类型的工作人员显得尤为重要。一方面，在碰到上级批评指责、工作有压力或是个人利益受到冲击时，能够克制、容忍、理智地对待，不致因情绪波动而影响工作；另一方面工作要有耐心和韧劲。

(11) 工作态度。一是了解应试者对过去学习、工作的态度；二是了解其对应征职位的态度。在过去学习或工作中态度不认真，做什么、做好做坏无所谓的人，在新的工作岗位也很难说能勤勤恳恳，认真负责。

(12) 德行。主要考察应试者责任感是否强烈，能否令人信任地完成工作；考虑问题是否偏激；情绪是否稳定；对于要求较高的业务能否适应。应试者回答时应该突出自己的自信心，坚强的意志，强烈的责任感，很强的与人交往能力，一般都确立有事业上的奋斗目标，并为之而积极努力。表现在努力把现有工作做好，且不安于现状，工作中常有创新。上进心不强的人，一般都安于现状，无所事事，不求有功，但求无过，对什么事都不热心。

(13) 求职动机。了解应试者为何希望来应聘单位工作，对哪类工作最感兴趣，在工作中追求什么，判定应聘单位所能提供的职位或工作条件等能否满足其工作要求和期望。

(14) 业余爱好。应试者休闲时爱从事哪些运动，喜欢阅读哪些书籍，喜欢什么样的电视节目，有什么样的嗜好等，可以了解一个人的爱好，这对录用后的工作安排常有好处。

(15) 其他问题。面试时主考官还会向应试者介绍本单位及拟聘职位的情况与要求，讨论有关薪资、福利等应试者关心的问题，以及回答应试者可能问到的其他问题等。

5. 面试预备

为了获得所求的工作，应试者应该充分做好面试的预备，做到有备而去，在面试中适度地表现自己，要善于展示自己的知识、能力、特长、性格等情况，给招聘者留下满足的印象，争取最后的胜利。除了预备好求职信、简历、成绩单等求职资料外，在参加面试前进行一些必要的预备，对成功来说是必不可少的。

(1) 注重语言表达能力的锻炼。对应试者来说，流利自如、文雅幽默的谈吐是面试成功的必备条件。大学生在平时就要有意识地加强语言表达能力的练习，逐渐养成与生疏人自如交谈的习惯，多参加集体活动，课堂讨论大胆发言，也有助于讲话能力的练习。

(2) 充分了解应聘单位和应征职位。主试者提问的出发点，往往与招考单位有关。因此，面试前应尽可能多了解一些招考单位的情况，对单位的性质业务范围、发展情况等做到心中有数。对于大型公司、单位往往可以从网上查询到该公司的有关信息。另外，了解所应聘的工作岗位对知识技能的具体要求也有利于有针对性的展示自己的特长。

(3) 要预备随时回答有关自己的问题，背熟自己的求职简历。主试者往往以询问应试者的有关情况作为面试的切入点。这个问题看似简单，其实往往不是所有的人都应对自如的。因此，面试前还得将有关自己的情况在已有个人特色简历的基础上加以浓缩提炼，再拟好提纲性腹稿，以便很短时间内较完整流利地介绍自己，重点突出，以免临时手足无措，词不达意。

(4) 注重仪表朴实、大方、端庄。服装和外貌同交谈一样，是主试者了解应试者的重要凭据。从某种程度上说，这绝不亚于面试中的对白语言，应着重对自己的外观进行一番装扮，使自己在面试时有一个良好的外表和精神面貌。修饰仪表应注重一些具体细节。

衣着设计：衣服的质料应选择不易皱褶的，裁剪要合身；服装的款式，以朴素、简练、精干、不碍眼为出发点。一般男同学宜穿西装，女同学宜穿裙装，一般不宜紧身衣服或牛仔装。

头型、面容装饰：头发应整洁，干净，有光泽，不要把发型搞得过于新奇而引人注目。

其他附带修饰：同学在面试前，必须把身上的怪味除掉。面试前最好别吃洋葱和大蒜。面试前最好带一文件夹或公文包，不仅增加外表上的职业气质，而且很实用，可以把个人资料如简历、证书及文具等都放进去，切忌面试时向主试者借用纸张和笔，这样会显得自己没有练习有素的工作习惯。

(5) 保持正常心态。心态对于应试者来说太重要了。紧张的心态会抑制思维的活力，而放松而平静的心态，那就会稳定思绪，会发挥出本来就想到的东西，甚至还会创造性地应答意外性的问题。特别是对于初试者，由于心中底数差一些，更应保持放松的心态，如何保持面试前的心理放松呢？首先要正确分析自我，根据自身的特长，选准适当的就业位置，保持积极主动的择业心态，敢于竞争、敢于自荐，增强心理承受能力。其次要有充足的睡眠，保持清醒的头脑，对可能出现的问题进行猜测，回答问题的策略做好通盘考虑，以良好的心态从容应试。

(6) 进行模拟面试练习。在做好面试预备以后，最好进行一次模拟练习，这样可能效果更好。如学校组织模拟面试活动，大学生应积极参加，锻炼自己，积累经验。大学生相互之间，也可交换扮演角色进行演练，以适应面试环境气氛。

(7) 礼仪。

①提前 5 ～ 10 分钟到达面试地点，以表示求职者的诚意，给对方以信任感，同时也可调整自己的心态，做一些简单的仪表预备，以免仓促上阵，手忙脚乱。为了达到这一点，一定要牢记面试的地点，有条件的同学最好能提前去一趟，这样，一来可观察熟悉环境，二来便于把握路途往返时间，以免因一时找不到地方或途中延误而迟到，假如迟到了，肯定会给招聘者留下不好的印象，甚至会丧失面试的机会。

②进入面试场合不要紧张。如门关着应先敲门，得到答应后再进去。开关门动作要轻，以从容自然为好。当主试者问名字时，以爽朗的声音回答。走进办公室时，应抬头、挺胸、面带微笑，目光注视主试者，不瞻前顾后，不左顾右盼。男士步伐应矫健，端庄，自然，大方，给人以沉着、稳重、勇敢、无畏的印象；女士步伐应轻盈，灵敏，给人以轻巧，欢悦、柔和之感。走到主试者面前，应亲切地道一声"您好"、"老师您好"。若主试者站起与你握手，你则热情地把手伸过去与之相握。

当主试者示意坐下时，方可落座。应轻轻坐下，上身正直，微向前倾，目光注视主试者的眼部和脸部以示尊重，双后放在扶手上或交叉于腹前，双腿自然弯曲并拢，双脚平落地面；若是软绵绵的沙发靠椅，也应尽量控制自己，不要陷下去，要挺腰坐直，聚精会神面对主试者。应注意不要弓腰曲背，抓耳挠腮，高跷"二郎腿"，身体各部位都不要抖动，要很稳重地坐在主试者面前。需递送个人资料时，应站起身双手捧上，表现出大方、谦逊和尊敬。面试结束时，应道声"谢谢"。

③面带微笑，神态自然。面试是面对面的情感交流。面部表情比语言表达得更丰富、更深刻，可以加深主试者的注重和好感。主试者有两位以上时，回答谁的问题，目光就应注视谁，并应适时地环顾其他主试者以表示对他们的尊重。谈话时，眼睛要适时地注视对方，不要东张西望，显得漫不经心，也不要眼皮低垂，显得缺乏自信。应注意激动地与主试者争辩某个问题并不是明智的举动，冷静地保持不卑不亢的风度才是有益的。有的主试者专门提一些无理的问题试探应试者的反应，假如应试者"一触即发"乱了分寸，面试的效果显然不会理想。

（二）面试技巧

1. 面试者语言运用的技巧

面试场上的语言表达艺术标志着应试者的成熟程度和综合素质，对求职应试者来说，把握语言表达的技巧无疑是重要的。

（1）认真聆听，流利回答。主试者介绍情况时，要专注，对其问题要逐一回答，口齿清楚，发音准确，语言文雅大方。交谈时还要注重控制说话的速度，以免磕磕绊绊，影响语言的流畅；答话要简练、完整，尽量不要用简称、方言、土语和口头语，以免对方难以听懂。对方在谈话时可以在适当的时候点头或适当提问、答话。一般情况下不要打断主考官的问话或抢问抢答，否则会给人急躁、鲁莽、不礼貌的印象。问话完毕，听不懂时可要求重复，当不能回答某一问题时，应如实告诉主考官，含糊其辞和胡吹乱侃会导致面试失败。

（2）语气平和，语调恰当，音量适中。面试时要注重语言、语调、语气的正确运用。语气是指说话的口气，语调则是指语音的高低轻重配置。打招呼问候时用上语调，加强语气并带拖音，以引起对方注重。自我介绍时，最好多用平缓的陈述语气，音量的大小要根据面试现场情况而定。以每个主试者都能听清你的讲话为原则。

（3）注重听者的反应，及时调整。应试者面试不同于演讲，而是更接近于一般的交谈。交谈中，应随时注重听者的反应。例如，听者心不在焉，可能表示他对这段话没有兴趣，就要设法转移话题；侧耳倾听，可能说明由于音量过小使对方难于听清；皱眉、摆头可能表示语言有不当之处，根据对方的这些反应，要适时地调整语言、语调、语气、音量、修辞，包括陈述内容，这样才能取得良好的面试效果。

2. 面试者回答问题的技巧

（1）把握重点，简捷明了，条理清楚，有理有据。一般情况下回答问题要结论在先，议论在后，即先将自己的中心意思表达清楚，然后再做叙述和论证，否则，长篇大论，会让人不得要领。面试时间有限，神经太紧张，多余的话太多，轻易离题，反倒会将主题冲淡或漏掉。

（2）讲清原委，避免抽象。主试者提问总是想了解应试者的一些具体情况，切不可简单地以"是"、"否"作答。针对所提问题的不同，作细节回答，有的需要解释原因，有的需要说明程度。不讲原委，过于抽象的回答，往往不会给主试者留下具体的印象。

（3）确认提问内容，切忌答非所问。面试中，假如对主试者提出的问题，一时摸不到边际，以至于不知从何答起或难以理解对方问题的含义时，可将问题复述一遍，并先就自己对这一问题的理解，请教对方以确认内容，对不太明确的问题，一定要搞清楚，这样才会有的放矢，不至于答非所问。

（4）有个人见解，有个人特色。主试者接待应试者若干名，相同的问题问若干遍，类似的回答也要听若干遍。因此，主试者会有乏味、枯燥之感。只有具体独到的个人见解和有个人特色的回答，才会引起主试者的兴趣和注意。

（5）知之为知之，不知为不知。面试碰到自己不知、不懂、不会的问题时，回避闪烁、默不作声、牵强附会、不懂装懂的做法不可取。诚恳坦率地承认自己的不足之处，反倒会赢得主试者的信任和好感。

3. 礼貌告辞

面试一般在 30 ～ 50 分钟结束。在主试者暗示结束之后，应试者应主动礼貌告辞，同主试者握手表示感谢。

（三）面试程序

围绕"以用人单位为导向"的面试，介绍其预备工作及结构化面试的常见程序。面试的预备工作千头万绪，但都是围绕着两个最基本也是最核心的问题展开的：一是了解自己，一是了解未来的供职单位。简言之，便是"知己知彼"。事实上，对于任何一个既没有职业经验也没有求职经历的应届毕业生来说，了解用人单位的困难程度远胜于对自己的了解。一个明晰了自己优点或者短处的学生，充其量只是拥有了一个庞大但没有坐标定位的信息库，唯有在与某种职业信息建立起一种逻辑层面与操作层面上的必然对应之后，个人信息才可能转化为最符合某个特定用人单位的有效体系，从而在面试中增大成功的概率。既然面试是一个通过短时间的双向沟通赢得用人单位接纳的过程，那么进行面试预备就非常必要了。在做好个人资料预备、介绍的前提下，还应对具体单位做好预备。

1. 了解用人单位的基本信息

对未来的用人单位有一个整体意义上的了解并不是一件轻而易举的事。但假如对主试者提出的第一个问题是"你们这家公司是从事什么工作的"，落选就一定是情理之中的。例如，27 位应聘者角逐英国广播公司一个重要部门的 3 个助理制片的职位，这个职位是为那些已成为公司雇员但从未有过编导工作经历的年轻人设置的。其中有 6 个人对这个部门制作的节目名称一无所知；有 4 个人可以说出两三个节目，但从未看过；有 10 个人只是在面试的前一个星期才看过一两个节目；仅有 4 个人走访过这个部门，他们借了录像片，并和那里的制片人交谈过。最后，2 位最肯于花时间、花精力的员工幸运地获得了这份工作。

所以，为了获得理想职业，面试前不妨把有助于了解用人单位的信息点列成清单，然后逐一给予落实。这些信息点大致上可以分为组织内部信息与外部信息两大类，例如，单位内部信息、单位外部信息；发展历史与最新动态；发展目标与企业文化；最高领导人的姓名；规模（员工数量）与行政结构；总部及分支机构的业务范围与地理分布；产品或服务内容与类别；财政状况；绩效考核体系、培训体系和薪酬体系；正在招聘的职位描述及能力要求；员工的职业发展路径；客户类型与规模；竞争对手的类型与规模；单位的公众形象与社会评价；等等。上述信息点会在面试对话中最大限度地得到体现。

诚然，上述这些信息点只能帮助你对未来的用人单位有一个表面化的了解，与加入单位并通过工作实践后获得的真实情况，不能够建立起一种完全对等的关系。但是，主试者绝不会对这种"肤浅"的熟悉有所挑剔和责备。只要这些信息可以成为面试过程中言之有物的知识背景，内化在自己逻辑化、结构化、清楚化的交谈语言中，体现出对该单位发展持有的高度敏感性和获得该职位的诚意与主动性就可以了。

2. **熟悉用人单位的面试结构与类型**

尽管面试的类型千变万化，面试风格会因主试者个人的偏好有所差异，前面已做介绍，应试者应观察、了解单位的面试类型，熟悉其过程，做到心中有数，沉着应试。

3. **典型的结构化面试程序**

一个典型的结构化面试通常都会由以下四个部分组成。

（1）自我介绍。自我介绍不仅涉及第一印象，而且涉及以后的问答，关系到面试成败。因此，要切实坚定自信心，努力稳定情绪，准确把握自己的特长和优势，并用简短却能给人强烈印象的语言流畅地表达出来。自我介绍主要包括姓名、毕业学校、专业、学习成绩、担任职务、获奖情况、特长、求职愿望、爱好等。在 2～3 分钟的简短陈述中，主试者将会对应试者的精神面貌、表达方式、对工作的渴望态度等进行初步的判定，从而形成至关重要的第一印象。

（2）背景陈述。这个部分主试者将重点考核应试者是否具备与未来工作要求相符或者略有超越的基本能力。

这个阶段的主要问题一般包括：

为什么选择该单位作为职业生涯的起点？你的职业目标是什么？

概述以往的经历，你从这些经历中获得了哪些经验和教训，对于你的工作申请有哪些直接或者间接的帮助？

你是不是喜欢自己在大学期间的专业课？你认为自己从事的哪项课外活动最有价值？

你有哪些领导经验？你有什么理由认为你是最符合这项工作要求的候选者？

你认为要在这个领域获得成功需要具备哪些必要的个人品质？未来五年的职业发展计划是什么？你的优点和不足有哪些？

你是如何和导师与同学相处的？

假如你的主试者是未来你供职部门的技术经理，也会对你的专业背景进行"刨根问底"

的追问，比如论文的选题、研究方法、实验仪器、国际上的研究动态等。总而言之，这个部分的问题万变不离其宗，即"我们为什么要雇佣你"。

假如所有的答案都可以为这个中心问题做出明晰、肯定、准确的回答，即便不是最"正确"的答案，也一定是最"准确"的答案。

（3）交流讨论。这是任何一个面试过程中最要害的部分。主试者将试图把应试者的资质和职业爱好与单位可以提供的工作职位进行有机的对应。这个部分讨论的内容可能是未来工作中会碰到的难题，例如：

公司产品的价格标准是不可以改变的，假如这个标准不能得到客户的认可，你将如何说服客户接受？

假如某家企业有一笔应收账款没有收回，你应该怎么办？

也有可能讨论貌似与工作无关的宏观性战略问题，例如，"假如你是教育部部长，如何推动中国的素质教育"、"2008年奥运会对于中国旅游业的发展起到什么样的作用"等。显然，没有对工作职位的充分了解，没有对用人单位惯用的思维方式和表达方式的熟悉，是无法回答上述两类问题的。因此，任何一场与应试者进行的富有建设性和吸引力的对话，都是建立在对那些自己有爱好并有信心可以胜任的工作机会充分调查的基础上的，进而才能说服应试者相信，自己正是他们在竭力寻找的恰如其分而且立等可取的最佳人选。在这个面试阶段，还可以结合没有涉及或是涉及没有充分展开的问题与应试者进行交流。例如，公司提供多长时间的培训计划；我的工作需要经常加班、经常出差吗；这份工作需要承担的基本责任是什么；能否描述下公司内一个典型的工作日；公司今年将招聘多少名应届毕业生等。凡是与"工作"相关的问题，都是交流讨论的"好"问题。

（4）结束阶段。一般来讲，面试官会利用面试的最后几分钟对企业再进行简要的介绍，回答应试者仍然留有困惑的问题。同时说明应试者将在什么时候得到面试的结果，并介绍接下来的考核方式（比如第二轮面试、公司参观等）。

（四）面试问题汇总

在用人单位的面试过程中，最大的困难就是如何回答面试人员的问题了。其实假如能够好好准备，加上临场镇静的表现和充分发挥，将轻松过关。

面试问题汇总按照归纳内容不同例举以下两类，供大家准备参考。

1. 关于个人情况

谈谈自己，通常作为第一个问题提出，为应试者消除紧张心理。例如，你家庭情况怎样？你恋爱了吗？你有什么特长爱好？

对于这类问题要据实回答，不可无中生有，也不可过分谦虚。"你有什么优缺点"这是一个常被问及且较难回答的问题，态度比回答的内容更重要。

2. 关于单位情况

例如，你了解我们单位吗？你为什么喜欢这种工作？你找工作首先考虑的因素是什么？你的理想是什么？到本单位上岗之前，让你先到基层锻炼两年，你愿意吗？

回答这些问题要求应试者事先对面试进行预备。应该对用人单位做一些调查研究。某单位一旦约定与自己见面，就应马上进行准备。

第三节　大学生就业基本权益保护

从多年来的实际情况看，即将步入社会的大学毕业生，往往会将注意力集中在简历制作、招聘信息收集、准备面试与笔试等方面，而忽视了对与就业有关的法律、法规及制度的学习和了解，再加上社会经验不足、自我保护意识较差、就业竞争激烈、就业市场不够规范等多种原因，致使一部分毕业生在求职择业的道路上遭遇了各种各样的"陷阱"。因此，毕业生在就业过程中，一定要积极主动了解和掌握国家有关就业方面的法律、法规及政策、制度，时刻保持清醒头脑，学会运用法律武器维护自己的合法权益不受侵害。

【案例导入】

李某因家庭经济困难，希望在大学期间用自己的业余时间赚取生活费，于是在某猎头的介绍下，加入了一家以为大学生推荐兼职为名的中介机构，先是交了100元中介费，又以某些特殊行业需体检证明为由安排体检，之后所谓的"培训费"、"保证金"等一系列名目接踵而至，先后交了快1000元。而中介介绍的兼职工作多是报纸促销，规定实行提成工资的工资形式，具体办法是50份底薪为25元，50份以上按每份0.15元提成，由于李某缺乏这一方面的经验，而根本原因是此类报纸难以推销，所以工作了很久，报纸基本无法卖出去，结果当然是连底薪也无法保证。李某后来又打电话向那个中介公司询问兼职信息，结果每次竟然都只有类似的兼职信息，后来连中介机构收的费用都没有赚回来，损失惨重。

昆明理工大学社团联合会曾经主持的一项针对大学生法律维权的调查显示，有三成以上在外兼职的大学生曾在职业中介机构遭遇过欺诈行为。这次调查覆盖了昆明8所高校十几个校区，共收回1154份有效问卷。调查中，有58%的学生从事过兼职工作，其中有30.2%的学生在兼职中遭遇过欺诈，另外有26.2%的学生碰到过欺诈行为但没有上当。在被欺诈的学生中，有16.4%的人"没意识到"或"不知道"（4.4%）可以利用法律武器维权，还有28.9%选择了"经人提醒会想到"。但只有7.3%的大学生说，会将维权付诸实际行动。

还有一些企业在招聘会上为了招到情况较好的毕业生，会夸大或隐瞒自己的某些情况。如果在这种企业浪费了时间，可能会错失良机，错过了真正适合自己的公司或岗位。

【案例点评】

在大学生就业过程中，一方面不要轻易相信中介，以正当渠道寻求适合自己的工作；另一方面如果看中了一家企业，事先对其进行调查和了解是非常必要的。

一、大学生就业的基本权益

大学生作为一个特殊群体，在就业过程中除享有普通劳动者所享有的劳动报酬权、休息休假权、劳动保护权等一般权利外，还享有许多其他的权利。

（一）就业信息知情权

就业信息知情权是指大学毕业生拥有及时全面地获取应该公开的各种就业信息的权利。包括三个方面的含义：信息公开，任何团体、组织和个人都不得隐瞒、截留用人信息，要全部向毕业生公布；信息及时，应当将就业信息及时向毕业生公布，否则就业信息就会过时，失去了利用价值；信息全面，向毕业生公布的就业信息应当是全面完整的，部分的、残缺不全的信息，将影响毕业生对用人单位的全面了解和准确判断，从而影响自己对职业的选择。

（二）接受就业指导权

就业指导工作对毕业生来说意义重大，它会直接影响毕业生的职业生涯规划、就业意识、就业方向及求职择业的技巧。接受来自国家、社会和学校的及时、有效的就业指导与服务，是大学毕业生的一项重要权益。学校在毕业生就业指导中占据重要位置。《高等教育法》第五十九条第一款规定："高等学校应当为毕业生、结业生提供就业指导和服务。"为做好毕业生就业指导工作，学校应当设立专门机构、开设专门课程、安排专门人员对毕业生进行全方位的就业指导与服务，向毕业生宣传国家关于毕业生就业的方针、政策，帮助毕业生做好职业规划，对毕业生进行择业技巧的指导，引导毕业生准确定位，合理择业。除了学校，毕业生还可以从社会上合法的就业指导机构获得帮助。

（三）被推荐权

向用人单位推荐毕业生是学校就业工作的一项重要职责，学校的推荐对用人单位选择毕业生起着重要作用。毕业生享有被学校及时、公正、如实推荐到用人单位的权利。学校推荐毕业生时应做到：如实推荐，对毕业生的在校表现不夸大、不贬低，实事求是；择优推荐，在公开、公正的基础上择优推荐毕业生，使人尽其才，并激发广大学生的学习工作积极性；公正推荐，根据个人的表现及能力，公平、公开、公正地推荐每一位毕业生，使大家都能够享受到被推荐的权利。

（四）平等就业权

毕业生在就业过程中享有平等的就业权利，有平等的机会去竞争工作岗位，反对就业中的各种歧视行为，这是一项基本的劳动权和人权。毕业生应当平等地接受学校推荐，平等地参加用人单位的公开招聘，同时还应该要求用人单位在录用毕业生时能够做到公平、公正及一视同仁。目前社会上确实存在着种种就业歧视，包括性别歧视、地域歧视、学历歧视、经验歧视、身体条件歧视等，毕业生在遭遇这些歧视时，应该勇敢地拿起法律武器维护自己的权利。

（五）就业选择自主权

根据国家规定，毕业生在国家就业方针、政策指导下"双向选择，自主择业"，即毕业生可按照自己的意愿就业，有权决定自己是否就业，何时就业，何地就业，从事何种职业，学校、其他单位和个人均不能进行干涉。任何强加给毕业生的就业行为都是侵犯毕业生就业自主权的行为。

（六）择业知情权

毕业生在与用人单位签订就业协议及劳动合同前，有权了解用人单位的主体资格、劳动岗位、劳动条件、劳动报酬及规章制度等情况，用人单位应当如实说明和介绍，不能回避或故意隐瞒某些职业危害，也不能夸大单位规模和提供给毕业生的待遇。

（七）违约求偿权

用人单位、毕业生、学校的三方协议一经签订后，任何一方不得擅自毁约和违约，如果用人单位无故解除协议，或不按照协议内容履行，毕业生有权要求用人单位承担违约责任，包括支付违约金。在现实就业过程中，毕业生出于谋求更好的就业机会等原因，向用人单位主动提出解除协议的情况较多，毕业生大多也都承担了自己的违约责任。但用人单位一方出于单位改制、经营情况不好等原因，也有主动向毕业生提出解除协议的情况，甚至个别单位在招聘时提供了虚假信息，在毕业生到单位就业后不能履行对毕业生的承诺，对于这些情况毕业生有权向用人单位提出赔偿要求。

（八）户口档案保存权

毕业生自毕业之日起两年择业期内如果没有联系到合适的工作单位，没有和用人单位签订就业协议，也没有因回生源地自主择业、出国等情况而办理人事代理手续，有权将档案和户口保存在学校，学校应当对毕业生的学籍档案和户口关系进行妥善保管，不能向毕业生收取费用。择业期满后，学校就不再承担此义务。

二、就业相关法律、法规

毕业生要熟悉和掌握国家有关法律、法规，强化自己的维权意识。一旦在求职应聘、签订就业协议和劳动合同的过程中发现有权益受到侵害的现象时，能够积极运用法律武器，争取和维护自己的合法权益。主要的法律、法规有：《劳动法》、《劳动合同法》、《就业促进法》、《劳动争议调解仲裁法》、《普通高等学校毕业生就业工作暂行规定》等。

（一）《劳动法》

《劳动法》于 1994 年 7 月 5 日经第八届全国人民代表大会常务委员会第八次会议通过，自 1995 年 1 月 1 日起施行。该法根据宪法制定，目的是为了保护劳动者的合法权益，调整劳动关系，建立和维护适应社会主义市场经济的劳动制度，促进经济发展和社会进步。适用的范围是：在中华人民共和国境内的企业、个体经济组织和与之形成劳动关系的劳动者，国家机关、事业组织、社会团体和与之建立劳动合同关系的劳动者。内容包括：劳动者的基本权利和义务、促进就业、劳动合同和集体合同、工作时间和休息休假、工资、劳动安全卫生、女职工和未成年工特殊保护、职业培训、社会保险和福利、劳动争议、监督检查、法律责任。

毕业生应着重了解《劳动法》中关于劳动者应享有的各项权利：平等就业和选择职业的权利、取得劳动报酬的权利、休息休假的权利、获得劳动安全卫生保护的权利、接受职业技能培训的权利、享受社会保险和福利的权利、提请劳动争议处理的权利及法律规定的其他权利。毕业生还应当明确：劳动者应当完成劳动任务，提高职业技能，执行劳动安全卫生规程，遵守劳动纪律和职业道德。用人单位应当依法建立和完善规章制度，保障劳动者享有劳动权利和履行劳动义务。

（二）《劳动合同法》

《劳动合同法》于 2007 年 6 月 29 日经第十届全国人民代表大会常务委员会第二十八次会议通过，自 2008 年 1 月 1 日起施行。《劳动合同法》从劳动合同的订立、履行、变更、解除到终止，明确了劳动合同双方当事人的权利和义务，重在对劳动者合法权益的保护，被誉为劳动者的"保护伞"，为构建与发展和谐稳定的劳动关系提供法律保障。作为我国劳动保障法制建设进程中的一个重要里程碑，《劳动合同法》的颁布实施有着深远的意义。《劳动法》与《劳动合同法》都是为了保护合法的劳动关系和双方的合法利益而制订的法律，《劳动合同法》是《劳动法》的特别法，在关于劳动合同的问题上，优先适用《劳动合同法》。《劳动合同法》突出了以下内容：一是立法宗旨非常明确，就是为了保护劳动者的合法权益，强化劳动关系，构建和发展和谐稳定的劳动关系；二是解决目前比较突出的用人单位与劳动者不订立劳动合同的问题；三是解决合同短期化问题。

试用期是用人单位与劳动者建立劳动关系后为相互了解、相互选择而约定的考察期，是毕业生工作的第一个阶段，也是和用人单位最容易出现纠纷的阶段。《劳动合同法》第十九条对试用期劳动者的权益保护进行了明确规定："劳动合同期限三个月以上不满一年的，试用期不得超过一个月；劳动合同期限一年以上不满三年的，试用期不得超过二个月；三年以上固定期限和无固定期限的劳动合同，试用期不得超过六个月。同一用人单位与同一劳动者只能约定一次试用期。以完成一定工作任务为期限的劳动合同或者劳动合同期限不满三个月的，不得约定试用期。试用期包含在劳动合同期限内。劳动合同仅约定试用期的，试用期不成立，该期限为劳动合同期限。"第二十条限定了试用期最低工资水平："劳动者在试用期的工资不得低于本单位相同岗位最低档工资或者劳动合同约定工资的百分之八十，并不得低于用人单位所在地的最低工资标准。"第三十七条明确毕业生可以在试用期内提出解除劳动合同："劳动者在试用期内提前三日通知用人单位，可以解除劳动合同。"有些用人单位在劳动合同中约定劳动者在试用期解除合同需承担违约责任，这实际上是侵害劳动者合法权利的行为。第四十条规定毕业生如果在试用期患上疾病不能坚持正常工作的，用人单位不能随意将其辞退："劳动者患病或者非因工负伤，在规定的医疗期满后不能从事原工作，也不能从事由用人单位另行安排的工作的，用人单位提前三十日以书面形式通知劳动者本人或者额外支付劳动者一个月工资后，可以解除劳动合同。"

（三）《就业促进法》

《就业促进法》于 2007 年 8 月 30 日经第十届全国人民代表大会常务委员会第二十九次会议通过，自 2008 年 1 月 1 日起施行。该法制定的目的是为了促进就业，促进经济发展与扩大就业相协调，促进社会和谐稳定。人们普遍关心的禁止就业歧视、扶助困难群体、规范就业服务和管理等就业问题在这部法律中都有体现。

毕业生在就业中常常遭遇就业不平等、就业歧视等问题，《就业促进法》给毕业生提供了明确的法律依据，应引起毕业生的特别关注。《就业促进法》第二十五条规定："各级人民政府创造公平就业的环境，消除就业歧视，制定政策并采取措施对就业困难人员给予扶持和援助。"这一条对用人单位实施就业歧视的行为进行了明确否定。第二十六条规定："用人单位招用人员、职业中介机构从事职业中介活动，应当向劳动者提供平等的就业机会和公平的就业条件，不得实施就业歧视。"这一条规范了用人单位和职业中介机构的招聘和职业中介行为。此外，对于保障妇女、少数民族、残疾人、传染病患者等劳动权利都做了明确规定。第二十七条规定："国家保障妇女享有与男子平等的劳动权利。用人单位招用人员，除国家规定的不适合妇女的工种或者岗位外，不得以性别为由拒绝录用妇女或者提高对妇女的录用标准。用人单位录用女职工，不得在劳动合同中规定限制女职工结婚、生育的内容。"第二十八条规定："各民族劳动者享有平等的劳动权利。用人单位招用人员，应当依法对少数民族劳动者给予适当照顾。"第二十九条规定："国家保障残疾人的劳动权利。各级人民政府应当对残疾人就业统筹规划，为残疾人创造就业条件。用人单位招用人员，不得歧视残疾人。"第三十条规定："用人单位招用人员，不得以是传染病病原携带者为由拒绝录用。"目前，社会上就业歧视现象仍屡见不鲜，用人单位违反《就业促进法》实施就业歧视的，毕业生可以向人民法院提起诉讼，以维护自己平等就业的权利。

三、就业权益保护

大学生就业竞争日趋激烈，就业压力日渐加大，一些招聘单位、中介机构或个人，利用大学生社会经验不足、自我保护意识差、求职心切等弱点，以提供就业机会为诱饵，采用违背道德、违反法律等手段，与大学生达成权利与义务不对等的就业意向或协议，使大学生受骗上当，合法权益受到侵害。因此，广大毕业生在求职过程中应当学会识别和规避各种就业陷阱，增强自我保护意识，了解和掌握维权求助的途径，最终实现自己的权益保护。

【案例点击】

某大学毕业生任某去某外企应聘客户经理一职。任某活泼开朗的性格在面试中很快获得了公司人事部经理的青睐，其表示愿意录用任某，并安排他之后的常规体检，只要体检合格就立即签订 5 年劳动合同，并商定年薪 10 万元。但之后的结果确出乎意料，在看到任某的体检报告后，公司人事部门立即通知任某公司暂时没有合适的岗位给他。后经任某一再追问下，才知道原来公司在选择员工时很注意员工的性格，认为性格与血型息息相关，和任某一样具有 AB 血型的人通常有情绪易冲动的特点，不容易与人相处。而客户经理一职则需要性格较平和的人担任才合适，公司基于此考虑没有录用任某。

【案例点评】

以上的情况因为血型关系而没找到工作，也属于典型的就业歧视。常见的就业歧视有对年龄、地域、户口、毕业学校等各方面的歧视，尽管国家法律明令禁止就业歧视，但现实中就业歧视却时有发生，主要原因是国家的现有法律法规没有规定违反就业歧视应负的法律责任。

所以，对于就业歧视国家应加大对侵害平等就业权的行为的法律惩处力度，切实保护我们平等的就业权利。在实际找工作时，我们应注意单位的招聘规则中的侵权行为，必要时，可以向劳动监察部门反映情况，责令他们改正招聘要求。

（一）识别和规避就业陷阱

1. 费用陷阱

一些用人单位在招聘中向毕业生收取各种名目繁多的费用，不但加重了毕业生的负担，有些根本就是骗取钱财。这些费用有风险抵押金、报名费、培训费、考试费、资料费、登记费、服装费等。有些毕业生不想错过机会，尝试着先把费用交了，但结果却是受骗上当。

我国《劳动力市场管理规定》第十条规定，禁止用人单位招用人员时有下列行为：向求职者收取招聘费用；向被录用人员收取保证金或抵押金；扣押被录用人员的身份证等证件；以招用人员为名牟取不正当利益或进行其他违法活动。

2. 高薪陷阱

求职中，毕业生往往容易被优厚的待遇、高额的工资所吸引，但等到正式开始工作时才发现，用人单位以各种各样的理由和借口不予兑现招聘时做出的承诺，或是用人单位对薪水中的不确定收入部分给予的是虚假或模糊的承诺,最终不能兑现。针对这种情况,毕业生一定要在求职时对用人单位进行深入了解,重在预防,不要盲目签约。

3. 试用期陷阱

试用期陷阱主要有以下几种形式:①试用期间只试用不录用。毕业生辛辛苦苦熬到试用期满时,用人单位随意找个理由就把毕业生辞退了。②试用期不签订劳动合同,试用合格后才签劳动合同。法律规定,劳动合同可以约定试用期,试用期应当包含在劳动合同期限内。因此,毕业生在被用人单位录用后就应该订立劳动合同,双方在法律、法规允许的范围内约定试用期。③随意延长试用期。《劳动合同法》对试用期限有明确规定,有些单位却拒不执行。④故意混淆试用期与实习期、见习期的概念,以达到侵犯毕业生合法权益的目的。实习期是在校大学生到单位进行实践活动的时间,属于教学过程的一部分。见习期是对应届毕业生进行业务适应及考核的一种制度,不是劳动合同制度下的概念,而是人事制度下的做法。⑤榨取廉价劳动力,支付低工资甚至不支付工资。⑥单独签订试用期合同,试用期结束时,用人单位将毕业生辞退,同时又以劳动合同没有生效为由,逃避责任。

4. 合同陷阱

现实生活中,有些用人单位在与毕业生签订劳动合同时采用欺诈、胁迫等手段设置陷阱,严重侵害了毕业生的合法权益。合同陷阱一般有以下几种形式:①口头合同,用人单位与毕业生就责、权、利达成口头约定,不签订书面正式文本。②单方合同,用人单位在劳动合同里只约定毕业生的义务和用人单位的权利,而对毕业生的权利和用人单位的义务却很少甚至是根本不提。③生死合同,一些高危行业的用人单位会要求毕业生接受合同中的"生死协议",即一旦发生意外,企业不承担任何责任。④真假两份合同,假合同内容按照劳动部门的要求签订,以应付有关部门的检查,真合同往往是从用人单位利益出发的违法合同。⑤格式合同,用人单位采用的是根据劳动部门制定的合同示范文本打印的聘用合同,从表面上好像看不出有什么问题,但具体文字却表述不清,甚至可以有多种解释。

除以上陷阱外,还有遭遇黑中介,被用人单位当作廉价劳动力无故克扣工资及不缴纳社会保险费(养老保险、医疗保险、失业保险、工伤保险、生育保险),被骗取劳动成果,陷入传销骗局,被网络虚假招聘信息蒙蔽等诸多陷阱,都在提示着毕业生求职路上一定要提高警惕,擦亮眼睛,绕过陷阱,最终实现顺利就业。

(二)毕业生学会自我保护

毕业生就业权益保护的一个重要方面就是毕业生自我保护,主要体现在以下几个方面。

1. 增强自我保护的意识

首先,要端正求职心态,防止急躁情绪。激烈的就业竞争往往会使毕业生产生盲目、焦急和浮躁等不良心态,这就给一些不法单位和机构以可乘之机,诱骗了不少毕业生。因此,毕业生首先要调整情绪,保持平稳心态,在求职前做好心理准备,防止因轻信而上当受骗。其次,对用人单位进行全面深入地了解,未雨绸缪。毕业生对用人单位有择业知情权，签约前，毕业生应通过多种途经多方了解用人单位的各方面情况，最好能够实地考察一下，以做到心中有数。再次，慎签就业协议和劳动合同，不可盲目草率。仔细阅读协议和合同的各项条款，明确双方的权利和义务，不留漏洞，以免日后产生纠纷。

2. 增强法律意识

毕业生要用法律手段维护自己的权益，就必须学习掌握与就业有关的法律法规，增强法律意识，当自己权益遭受侵害时，能够积极运用法律的武器，力争自己的合法权益。尤其是在签订就业协议、订立劳动合同和试用期这些用人单位容易钻空子的环节上，切记要按法律程序进行。

3. 树立契约意识

毕业生与用人单位签订的就业协议是确立双方当事人之间劳动关系的一种契约，具有法律效力。毕业生在签约时要具备契约意识，一方面通过协议保护自己的合法权益，另一方面必须严格遵守就业协议，积极履行协议内容，未经对方同意是不得擅自毁约、违约的，否则就要承担法律责任。

4. 增强维权意识

毕业生不但要明确自己在就业过程中享有哪些权利，还要具有强烈的维权意识，当权益受侵犯时，要敢于拿起法律武器据理力争，而不是选择忍气吞声，不了了之。只有这样，才能真正使自己处在与用人单位平等的地位，自己的合法权益才能得到切实的保障。

（三）维权求助的途径

毕业生在自己权益受到侵犯时，不要惊慌失措，更不要冲动蛮干，要懂得运用合法途径保护自己的权益。

1. 依靠学校

求职中毕业生遇到问题，权益遭受侵犯时，应首先到学校的毕业生就业主管部门寻求帮助，学校有责任和义务维护学生的利益，学校对学生的保护最为直接。学校可以制定各项措施来规范用人单位的招聘行为，还有权抵制用人单位在招聘活动中不公正甚至是违法的行为。就业协议需三方同意才生效，对不符合规定的就业协议，学校有权不同意。对于可以协商解决的问题，由学校与用人单位进行沟通，这将有助于问题的顺利解决。

2. 依靠国家行政机关

当毕业生权益受到侵犯时，毕业生可向各级行政主管部门举报、投诉。主要有：毕业生就业主管部门、劳动局所属的劳动监察部门、物价局所属的物价监察部门、技术监督局所属的技术监督部门、工商行政管理局等。这些部门会依法对侵犯毕业生合法权益的行为进行抵制和处理。

3. 借助新闻媒体

毕业生可以借助报纸、电视、网络等新闻媒体的力量，对自己遭受的权益受侵行为进行披露、报道，能够引起社会的关注和相关部门的重视，充分发挥新闻媒体的舆论监督作用，从而促进问题的快速、有效解决。

4. 寻求法律援助

法律援助是指由政府设立的法律援助机构组织法律援助人员，为经济困难或特殊案件的人员给予减免收费提供法律服务的一项法律保障制度。法律援助是一项扶助贫弱、保障社会弱势群体合法权益的社会公益事业，毕业生遇到就业问题时也可以到当地的法律援助中心寻求法律帮助。主要形式有：刑事辩护和刑事代理。民事、行政诉讼代理；非诉讼法律事务代理；公证证明；法律咨询、代拟法律文书；其他形式的法律服务等。

5. 依靠司法机关

我国的《民法通则》、《民事诉讼法》、《劳动法》、《行政诉讼法》、《刑事诉讼法》、《治安管理处罚条例》等法律、法规明确规定，被害人有权对侵犯其人身、财产权利的犯罪事实或犯罪嫌疑人，向公安机关、人民检察院或人民法院报案或提起诉讼。毕业生可在切身利益受到侵犯时，依靠司法机关保护自己的合法权益。

职业适应篇
——步入职场，扬帆起航

在我国经济总体上持续、快速和平稳发展的大环境下，大学毕业生找到一份工作以后，还有一项重要的事情，那就是要尽快脱离学生的角色，及时调节角色转换过程中遇到的心理问题，成为职场中名副其实的成员，从而顺利完成从学生角色到职业角色的转换。

职业适应是每个大学毕业生都要面对和体验的一个必经阶段和过程，职业适应的良好与否对大学生职业心态和事业发展具有重要的影响。大学毕业生就业后要善待人生的第一份工作，尽快树立起良好的职业形象，才能为良好的职业适应奠定坚实的基础。

大学毕业生踏上社会，就踏上了人生旅途的征程，辉煌的未来和职业成功的美丽前景就在不远的前方。然而，通往职业成功的道路并不平坦，需要毕业生在准备雄厚实力的同时，及时获取必要的职业成功技巧与策略，缔造一条崭新的成功之路。

第七单元

大学生职业角色转换

▶▶ 学习目标

1. 掌握职业角色的基本概念。
2. 了解学生角色和职业角色的区别。
3. 培养良好的角色转变意识。
4. 理解心理调适的重要作用。
5. 掌握适合的心理调适方法。

【案例导入】

郭亮是一名工科院校的毕业生，思维活跃，喜欢挑战新鲜事物，对周围的事情充满激情，兴趣广泛。他毕业后来到了一家公司上班，希望自己能从事研发或销售方面的工作。但公司人力资源部和研发部的领导却认为他缺乏基层经验的积累和实践，让他先从一线工人做起。长时间的站立、机器运转的噪音、简单的重复、没有技术含量的操作，还得忍受素质低下的班组长……这一切都让他感到厌烦和迷茫。转眼进入公司已经 4 个月了，他通过与以前大学同宿舍的同学聊天交流了解到，以前自己下铺那个不起眼儿的小丁，现在已经跟着经理拼杀在销售第一线了，好多见识和新鲜事让郭亮心里痒痒的，可看看现实却是那么的无聊、无趣。这离自己研发骨干和销售精英还有多远的路要走呢？更为可恶的是，昨天新员工的考评结束了，实习部门的经理对他的评价很不满意，说他工作主动性差、不善于学习。对比初来时的激情满满，现在反而不知道该何去何从了。工作就是这样的吗？

【讨论】

这个案例告诉我们什么？结合实际分析大学生如何实现角色转换。

大学生完成学业步入社会，这是人生的一大转折。由学生角色到职业角色的转换，是人生非常关键的一步。不仅关系到每个大学生的前途、家庭的幸福，而且还直接关系到高校的可持续发展，更是关系到我国经济发展和社会稳定的大事。因此，大学生在完成角色转换时，最重要的是必须从头学习新知识，从头锻炼新能力，从头磨砺新技巧，并以积极、乐观、正确的态度，认知新的角色、扮演新的角色，促使角色转换顺利进行，从而在新的人生舞台上谱写好前行的乐章。

第一节　职业角色概要

大学生告别校园，踏上新的工作岗位，意味着学习、工作、生活环境的转换。就业前，大学生的社会角色是学生，社会就会以学生的要求来衡量和评价其行为；而就业后，大学生的社会角色就是社会从业人员，社会便会以职业人员的行为规范和要求来衡量和评价其行为。因此，大学生在角色转换中，应以积极、正确的态度，认知新的角色，扮演新的角色，促使角色转换的顺利完成。

一、职业角色的基本概念

（一）角色的概念

角色是我们在日常生活中非常熟悉的一个词语，原指演员在舞台上按照剧本的规定所扮演的某一特定人物，但人们逐渐发现戏剧舞台和现实生活之间存在内在联系，遂将其引申到社会学和心理学领域。

1935年，美国乔治·米德将角色的概念引入社会心理学范畴，认为自我是各种角色的总和。后来的社会心理学家都认为，所谓的角色就是个人在社会团体中被赋予的特定身份，以及该身份所应发挥的功能。这样说来，我们每个人都具有一定的角色，比如父母、子女、教师、学生等。同时包含社会或者文化对于某种特定角色所赋予的期望性行为特征，比如作为父母应该怎么样，作为教师应该怎么样等。

现代科学家普遍把角色定义为："是指与人们的某种社会地位相一致的一整套的权利、义务规范与行为模式，是对群体或社会中具有某一特定身份的人的行为期待，它是构成社会群体或组织的基础。"角色的本质是社会赋予人的社会权利与义务的统一体，由角色权利、角色义务和角色规范三个要素组成。角色对于每一个人来说是相对的，同一时期同一个人所扮演的角色是综合的、复杂的、总是集多种角色于一身的，而不同时间、不同场合和不同环境中所扮演的角色又是不同的，要行使不同的权利，履行不同的义务，必须遵循不同的道德规范。

（二）学生角色的概念及特征

学生角色是对教育活动中的受教育者身份的一般意义定位，在实际教育活动中，学生群体赋予学生角色以丰富的性格特征，这些性格特征是随着学校教育的演进而动态发展的，因此学生角色的特征随着历史的发展而有所不同，学生角色的内涵也是随着时代的发展而不断丰富。学生角色的定义就是指学生在学校教育中所形成的具有独特性的人格形象和行为模式。学生角色的个性表现为以学习为主，包括接受教育、储备知识、锻炼能力等。在学校，学生的大多数时间和精力用于上课、实验、自习、准备考试，自由地参加课外的社团、学生会、体育锻炼和文化娱乐活动等。

学生角色的基本特征表现为：学生的经济来源主要依靠家庭或社会资助，大多没有社会负担和家务负担。学生角色人际关系简单，范围较小，接触最多的就是同学、老师和家长。同学之间的关系相对来说是很单纯的，没有大的利益冲突，偶尔会有一些小矛盾或摩擦，也很容易化解。学生与老师之间没有利益冲突，老师的职业性质就是教育、爱护学生，因此老师对学生从来就是送出温暖的关怀和谆谆的教诲，家长更是对孩子呵护有加。

（三）职业角色的概念及特征

职业角色是指在某一职位上以特殊的身份，依靠自身知识和能力，并按照一定的规范具体地开展工作，在行使职权、履行义务、为社会做出贡献的同时，取得相应的劳动报酬。

职业角色的基本特征是职业化。从职业化表现形式看，职业化是一种潜在的文化氛围，在职场上大家都用同一种语言说话，用同一种行为和道德准则来办事；职业化是一种态度，更强调自我约束。从职业素养的角度而言，动态地看，职业化就是个性的发展要适应共性的要求，将外在的要求内化为自我修养，努力追求成为优秀职业人的历程；静态地看，职业化就是训练有素、行为规范。职业角色的职业化可以表现为：从外在呈现来看，职业化表现在职业资质、职业态度、职业意识、职业道德、职业行为、职业技能等方面较好适应职场的需要；而从内在情况来看，所有看得见的表现都是由看不见的价值观决定的。因此，职业化是内力的外现。如果细化地将这二者结合起来看，职业化给人的观感是，第一层次看穿衣戴帽；第二层次看待人接物；第三层次则是看价值观。

二、学生角色与职业角色的区别

大学生在校时，书本知识比较多，实践经验少，因而认识问题、分析问题的能力相对较强，但解决实际问题的能力相对较差；对社会现象的理解理想化的多，具体化、现实化的少。因此，大学毕业生刚走上工作岗位时，不可避免地会遇到一些困难。这就要求，大学毕业生要树立克服困难的信心，表现出自己的实际工作能力、品质和才华。

（一）正确认识自我与社会

职场角色是一种社会角色，因为职位的不同，赋予了与此职位相应的社会地位、身份相一致的一整套权利和义务的规范与行为模式，它是人们对具有特定身份的人的行为期望。它包含两层意思：首先，任何一种职业角色都与一系列行为模式相关，一定的角色必有相应的权利义务。如医生既有救死扶伤的义务，也有获取休息、保健、治疗的权利；教师既有教育学生的权利，也有保护学生的义务。其次，职业角色是人们对处于一定社会职位的人的行为期待，随着社会职业化程度的提高，往往要求每个人按自己的角色行事，对特定的场合下采取什么样的行为有一定的预期。现在不少大学生在思考自我与社会的关系、自我与职业的关系时，将社会化等同为"丧失自我"，并从内心排斥社会化。从中我们也可以看出，从学生向职业人的角色转化表面上表现为职业化，但深层的东西其实是对于社会和自我的正确认识。大学生职业适应的最突出的障碍就是以自我为中心，不能正确认识自我，不能正确地认识社会、职业和他人。其实，正确地认识社会和自我是同一个问题的两个方面。

大学生对于社会和职业的认识，容易走两个极端：一个是对于社会和人性的复杂缺乏基本的认知和准备，过于天真和无知；另一个则是对社会和人性过于悲观，对现实的无奈和失望使他们对自己的人生规划抱有强烈的抵触意识，又因为过于理想化而导致苛刻、偏激、狭隘、封闭。社会和职业既没有有些人期望的那么美好，也不如另一些人想象的那么坏，它复杂而真实，需要我们将片面的、绝对的、理性的、批判式的思维转化为感性的、同情式的理解认同，用坚强而温和的眼光去观察判断，用宽广的胸怀去接纳，这样的人生态度和境界虽然需要一定的年龄和阅历才能达到，但职业经历能够促使大学生用一种更现实、更客观、更温情的眼光来看待社会、职业和自我，在书本上抽象地批判人性与实际地同真实的人接触的感受和看法是不一样的。

职业化表现在思想和意识深层就是能够正确地认识社会和他人，对于人性、社会和他人的缺陷及复杂的人际关系有一定的理解、接受和宽容。因此，也能够表现出一定的弹性和灵活度。大学生要做到这一点，需要从认识、态度到心理的不断的修养和历练。

我国大学生的职业教育比较欠缺，特别是在与社会和职业衔接的实习和实践方面尤为欠缺，而保姆式的教育方式使大学生树立了浓厚的等、靠、要的被照顾和被保护的学生意识。由于缺乏独立解决问题的意识和能力，使得大学毕业生要在工作中去填补本应在大学里就为走上社会做好准备的功课。社会对于个人改造的力量是巨大的，个人对社会和环境的适应应该是积极主动，而不是消极等待，关键是个人要有足够的自觉，有意识地接受、完成这个改造的过程，让这个过程短一点，让自己和周围的人痛苦少一点。

【案例点击】

应届毕业的王小姐学得是电子商务专业，找起工作来针对性不强，她已经面试过很多企业，但即使是面试成功的企业，王小姐也总认为后面会有更好的机会。

其实，王小姐曾经考虑过做编辑、外贸等，但最终还是认为自己更愿意从事有挑战性的、与人打交道的工作，其实她想去做一名销售。她也曾碰到过让她特别感兴趣的面试——

某国企 IT 销售岗位。据了解，在最后的面试中，销售经理问了两个问题："为什么到上海来？""你的家庭情况？"她的回答是，"因为是知青子女，所以选择上海，再说亲戚也多"、"父母是国企职工，还没有退休"等。在这些回答中王小姐都表现出很强的优越感，对她来说找喜欢的工作更重要，目前并没有太多生存的压力。然而复试之后便杳无音信了，王小姐对此很是困惑。

【案例点评】

王小姐表面看来是找不到自己的职业位置，为下一个 offer 而苦恼，从其对待曾经得到的面试和 offer 情况来看，她的求职者角色远远重于职业角色本身。她对于自己即将要扮演的角色缺乏足够的认可，没有那种强烈的体验感，虽说她认为自己想做的工作是销售，但对于销售的"其他具体要求"还是没有真正定位。

另外，只有在了解自己和职业的基础上才能够给自己做准确定位。"与人打交道、有挑战"是她看到的一面，反过来挑战性就意味着"抗压能力、心理承受力、改变现状的内在驱动力"，这些要素都要结合自身的实际来考虑，确定下来就要全力以赴。如果每一段经历纯当体验，就不会有投入工作的角色感，内心也很难激励自己。

每个人都需要定位，这样才能保证自己持续发展。大学毕业生定位重点在于清楚自己有什么。过高估价自己，过于看重自己的文凭，或者看重成绩，或者过于低估自己身上的潜质，都不能很好地帮助自己找到职业发展方向。所以既需要认真地分析自己，又需要多了解社会需求，以求定位准确。

（二）正确认识学生角色与职业角色

角色转换，就是从一种角色进入另一种角色。这里所说的角色，是指每一个社会成员在社会、团体和家庭中的位置、身份和责任，以及由此而引起的一系列相应的行为方式。人们的角色不同，其责任、权利与义务也不尽相同。学生角色，是指在社会教育环境的保证下和家庭经济的资助下，学习知识，培养能力，全面提高自身素质，努力使自己成长为社会的合格人才。职业角色，是指在某一职位上，以特定的身份，依靠自身知识和能力并按照一定的规范具体地开展工作，在行使职权、履行义务为社会做出贡献的同时取得相应的报酬。初入职场的大学毕业生，要正确认识学生角色与职业角色的差异。学生角色与职业角色的不同主要有以下方面。

1. 社会责任不同

社会角色的角色义务就是社会责任。学生角色的主要责任是努力学习知识，掌握为社会服务的本领，整个角色过程是一个接受教育、学习知识、锻炼能力的过程。而职业角色的责任，是以特定身份去履行自己的职责，依靠自己的本领为社会服务，为社会的发展做出贡献。

2. 社会规范不同

社会赋予角色的规范就是社会要求的行为模式。学生规范多是从培养、教育的角度出发，使其以后能顺利成长为合格的人才，如遵守学校的规章制度、待人接物、做人等。社会赋予职业角色的规范、要求的行为模式，则因职业的不同而不同。这些模式既具体又严格，违背了就要承担一定的责任。例如，国家工作人员必须严于律己、克己奉公，如果玩忽职守、收受贿赂就要受到纪律甚至法律的处罚。

3. 社会权利不同

社会赋予角色的权利，就是角色依法应享受的权益，或者是应取得的精神或物质报酬。学生角色的权利主要是依法接受教育，并取得经济生活的保证或资助。职业角色则是依法行使职权，开展工作，并在履行义务的同时取得报酬。

大学毕业生就业后从学生角色向职业角色的转换，不是瞬间发生和完成的，而是需要一个艰苦的转换过程。

目前，虽然有"先就业再择业"的说法，但对涉世未深、缺乏职业规划能力的大学毕业生来说，第一份工作能否选好、做好，还是至关重要的。一份心理学调查显示如果一个人对某份工作满意，他能发挥其全部才能的80%～90%，并且能长时间保持高效率而不疲倦；相反，如果他对工作不满意，则只能发挥其全部才能的20%～30%，还容易产生厌倦。可见，对第一份工作的主观评价，决定了是否能将它做好，更关系到今后的职业发展。

（三）正确认识学校和职场环境

学校是学生的主要学习活动场所，职场则是职业人的主要活动环境，两者存在许多不同，决定两者所对应的学生角色与职业角色也有着本质的区别。

1. 活动方式不同

在学校，作为受教育者，学生以学习书本知识为主要活动，其认识社会的途径主要是间接的，认识的内容主要是理论性的、理想主义的；同时，由于学生在上学期间多接受来自家庭和社会的供给和资助，其学习生活是一种集体生活，学校在学生生活的管理上对学生提出统一的行为规范，使得学生长期处于被动接受的角色。而在职场，社会职业角色则要求运用自己掌握的知识和能力，通过具体的工作岗位向社会提供自己的劳动。同时，在遵守法律法规、社会公德和单位规章制度的前提下，从业人员在生活上有较大的自由度。因此，从学生角色转换为社会职业角色，就是一个从接收到运用、从输入到输出的重大活动方式的改变。

2. 目标不同

学校的目标是培养人，学生在学校要学习文化知识，掌握社会生活技能。而用人单位的目标首先是生存、是赚钱，然后才是培养人。用人单位对从业人员的要求是运用知识和技能，并在运用过程中不断完善知识，强化、提高技能，其对从业人员的实践能力要求很高。

3. 完成任务的方式不同

学生在学校多强调的是个性，学校也鼓励学生的个性发展。在学校里，学生完成学习任务基本上是"单兵作战"，独自完成各类作业、试卷、设计，即使需要做一些团队作业，比较用功的学生也可以单独搞定。但在职场上，几乎所有的任务都需要通过团队协作来完成。而且，每个人的任务完成情况会受到上一个环节的制约，也会影响下一个环节，甚至影响到整个公司。因此，企业强调的是团队精神和严谨的工作纪律。需要的是个人与团队默契的配合，用集体的智慧和力量完成工作，如果做不到这一点，是很难圆满完成任务的。

4. 评价成绩的角度不同

学校和职场都看重成绩，但一个看重的是学习成绩，一个看重的是工作成绩。由于考试是限时进行的，对人们短时间记忆、处理复杂信息的能力要求比较高，所以高智商的人在考试时特别占便宜，很容易在学校里取得好成绩。但要想取得好的工作成绩，智商就远远没有情商重要了。大量研究显示，一个人在校成绩优异并不能保证他一生事业的成功，也不能保证他能攀升到企业领导地位或专业领域的巅峰。在美国流行这样一句话："智商（IQ）决定录用，情商（EQ）决定提升。"诸多证据显示，情商较高的人在人生各个领域具有较多优势，无论是谈恋爱、人际关系或是理解办公室中不成文的游戏规则，成功的机会都比较大。

5. 人际关系复杂程度不同

在学校，学生日常接触的大多是年龄相近、经历相仿的同学，彼此更容易理解和沟通，人际关系比较单纯。而职场中人际交往的对象涉及上司、同事、下属、客户、合作单位等方方面面，人际关系相对于学校中的同学关系要复杂得多，职场人际关系给上班族带来的心理压力绝不亚于工作本身。

（四）学生和职业人功能的差别

学生和职业人的功能也有很大的区别，他们承担着不同的使命。

（1）从个人责任方面来看，学生的责任就是学好知识，而对于一个职业人来说，他承受的压力更大，肩负着为公司带来利益的使命。

（2）从个人与家庭的经济供给方面来看，学生作为孩子，社会为他们创造了优越的条件，家庭几乎倾尽所能，供其上学，而职业人则是家庭经济收入的主要获得者，开始要养活自己，还需要为家庭其他成员尽一份责任，开始回报父母，赡养老人，甚至养儿育女。

（3）从个人对社会贡献方面来看，学生的学习是为以后进入社会变成职业人做准备，职业人则通过从事某一种职业，进入一种社会劳动分工体系中参与其活动，这种活动成果就是该职业人对社会的贡献。

三、培养良好的角色转换意识

大学生在角色转换过程中有些不适应是自然的，应对这一点应有充分的认识，加强角色转换意识，积极缩短适应期，而不应因此失去信心、放弃希望。如果把求职比作职业生活的序幕，那么就业才是正剧的开始。大学毕业生步入社会舞台之初，一般要经历角色领悟、角色认同、角色实现三个阶段。那么，怎样才能顺利地度过适应期呢？

（一）在角色领悟阶段立足现实，增强独立意识

刚走上工作岗位的大学生应尽快从对学生生活的沉湎中解脱出来。学生时代相对单纯、自由，学习生活上依赖教师和家长，工作后大学生要承担一定的社会责任，要在工作中能独当一面，人们也开始把大学生作为一个独立的社会人来看待，这就要求大学生有独立意识。

（二）在角色认知阶段虚心学习，树立岗位意识

大学毕业生作为职业岗位的新手，必须充分了解和熟悉工作环境、工作对象的特点和规律，从而对新工作有个较全面的认识和把握。因此，应主动关心和搜集有关信息，比如本职业的传统和现状，本单位的历史和前景等。在工作之余，应主动与单位的领导和同事交往，了解情况，对本职工作所需的知识、技能，尽早有针对性的注意积累，这样才能在适应角色上领先一步。

（三）在角色实现阶段大胆实践，加强协作意识

大学生理论方面有了一定的积累，但在具体的实践活动中还是一个新手，面对许多实际工作，缺乏经验和办法，但没有必要因此而自卑、退缩，相反应打破大学生是"时代骄子"的说法造成的心理压力，敢于实践，善于请教，才能把理论知识和实际工作结合起来，在实践中完善自己的知识结构，并最终充分发挥出知识上的优势。

在角色实现过程中，良好的同事关系是事业成功的重要保证。在学生时代，同学之间虽然也有一定的协作，但完成学习任务主要还是靠自身的努力；而在现代的生产活动和科研活动中，集体的协作越来越重要，难以处理好同事间的人际关系，难以在工作中打开局面。因此，增强协作意识，不但对更快、更好地完成角色转换，而且对今后的迅速成长，走向成功都具有重要意义。

（四）合理流动，促进角色转换

在我国，个人的职业岗位是相对稳定的，许多人第一次选择的职业成为其长期从事的职业，甚至是终身职业。在这种条件下，就业以后，人们往往立足本职，努力做好工作以求得进一步的发展。但也应看到，在改革开放建立社会主义市场经济体制的新形势下，社会分配角色逐渐减少，职业流动也越来越频繁。职业流动是指劳动者在不同职业之间的变动，也是角色转换的过程。当一个人不适于在原岗位上发展时，也可以另辟蹊径，转换职

业，寻求新的目标和新的成才道路，去创造出新的业绩。人不适于某个单位，可能有自身的原因，也可能有单位本身或领导的问题。有时，人在某个单位处境不好，难以发展，是条"虫"，但换了个环境，发挥了自己的才能，就成了"龙"。人，正是在对环境的积极适应、主动寻求和进行力所能及的改变过程中，才使自己强大有为的。合理的职业角色转换不仅能满足社会的需要，也符合个人追求成就的愿望。

需要指出的是，并不是所有的职业流动都是合理的。合理的职业流动能够促进角色转换，反之将使角色转换发生障碍。合理的职业流动是指由于个人的能力不能发挥或确实不适合某一职业而流动。但是有的流动却是受社会环境的其他因素的影响，如从众心理，这山望着那山高，这样的流动仍然不能解决角色的适应问题。因此，选择应当是审慎的，盲目的非科学的强迫性转换，会对社会造成一定的损失，对个人的角色适应也是不利的。

【延伸阅读】

初入职场应注意的几个问题

1. 了解单位的文化氛围

每个公司都有自己的文化氛围：有的崇尚张扬，有的崇尚沉稳踏实，有的要求员工按部就班，有的需要员工更活跃一些等。要先去了解这个企业的"生存法则"，尽量及早融入。

2. 从小事做起

年轻人容易好高骛远，不屑于做日常工作中的琐事。其实领导考察你，正是从小事开始，所以无论领导交给你的事多么零散，或者根本不是你分内的事，你都要及时地、充满热情地处理好，即使领导不再追问，也不可不了了之，一定要给领导一个下文。只有逐渐得到领导的信任和肯定，才会有"做大事"的希望。

3. 适时表现自己

领导在场时不要缩头缩脑，退到别人后面，而是要适度表现，敢于说话，开会时不妨坐得离领导近一点，尤其当领导让大家发言时，平时积累的几条合理化建议可以让领导对你刮目相看。当然，举止应稳重，不要随便打断领导的发言，更不可夸夸其谈，喧宾夺主。

4. 正确对待批评

刚开始工作时犯的错误不会葬送你的前途，要抢先道歉或主动检讨，并虚心听取批评。总想着掩盖错误或满口辩解之词——不是强调客观、就是推罪别人，这种表现比错误本身更糟糕。

5. 不要随便踏入人际关系的漩涡

毕业生缺乏处世经验，有时一上班会发现办公室里分成几个小帮派，千万别急着给自己归堆。有时某些同事会对你讲一大堆某人怎样好、某人怎样坏的话，道听途说、添油加醋，千万别轻易被误导。最好先对是非保持沉默，对同事全都笑脸相迎，独立观察和思考，看清形势再说。不要讲同事与领导的坏话，这些话多半会很快传到他本人耳朵里，弄得你不好立足。

6. 善于向别人学习

毕业生毕竟缺乏实践经验，要想迅速成长，必须善于向同事学习，虚心请教，不要自以为是。另外，近几年企业常提到"团队精神"，就是因为许多人自恃学历高或毕业于名校，不善于与他人合作，以自我为中心，企业绝不欢迎这种人。所以年轻人应谦虚，善于倾听，常做换位思考，不说非建设性的话。

7. 注重一些细节

手脚要勤快，不仅自己的办公桌要井井有条，同事或上司做一些体力活，如打扫办公室卫生时一定要主动抢着做。穿着干净利落，会让人觉得你精神百倍，干劲十足。

8. 不要迟到

有必要时，把工作带回家处理，不要对领导说"这事我明天再干行不行"一类的话。当然，大学生在校期间如果能去单位做些实习、假期去公司打工，或接受专门的职业培训，对进入工作岗位后少犯错误、争取好开端还是挺有必要的。

第二节　角色转换心理调适

大学毕业生从学生角色到职业角色的转换过程中，必然伴随一系列心理问题。因此，大学生在开始自己的职业生涯之前，应该掌握角色转换过程中常见的心理问题及其调适方法，加强角色认知，提高承受能力，做好上岗前的各项准备，顺利地实现角色转换。

一、角色转换的定义

（一）社会角色

人处在不同的社会地位，从事不同的社会职业（或中心任务），都有相应的个人行为模式，即扮演不同的社会角色。

社会角色，是指由人们所处的特定社会地位和身份所决定的一整套规范和行为模式，是人们对具有特定地位的人的行为的一种期望，是社会群体的基础。随着社会实践的发展，社会角色的内容会不断更新，其内涵将会更加丰富。社会角色的本质是社会赋予人的社会权利与社会义务的统一体，他反映了每个人在社会和在人际关系中的地位，是个人身份的显示。所以说，社会角色对于每一个人来说是相对的，同一时期同一个人所扮演的角色是综合性的、复杂的，总是集多种角色于一身；而不同时间、不同场合和不同环境中所扮演的社会角色又是不同的，要行使不同的权利，履行不同的义务，遵循不同的道德规范。

（二）角色转换

角色转换是指个体在社会关系中的动态变化过程。人的社会任务或职业生涯发生变化，角色也随之发生变化。角色转换的根本变化是权利和义务的变化。大学生完成学业，毕业就业，由原来的学生角色转变为新的社会角色，而这一转换不是瞬间发生和完成的，而是一个过程性行为，它包括取得角色和进入角色这两个环节。

角色冲突是普遍存在的，不过，可以通过角色协调使得冲突尽可能地降至最低限度。协调新旧角色冲突的有效方法是角色学习，即通过学习培训，提高角色扮演能力，使角色得以成功转换。

二、学生角色向职业角色转换的两个阶段

大学毕业生从学生角色向职业角色转换通常要经历两个阶段，一是毕业前的角色转换，二是见习期的角色转换。在角色转换的过程中，必然伴随程度大小的角色冲突。因此，只有尽早做好准备，确立职业角色观念，提高职业角色技能，增强职业角色扮演能力，才能使自己的职业生涯有一个良好的开端。

（一）毕业前的角色转换

大学毕业生一般从最后一学期就开始从事社会实践或下工厂实习了。这一时期是大学生接触社会、了解职场的重要时期，也是转换角色的重要阶段，应当注意以下几个问题。

第一，把心理准备作为学习训练的重要内容。毕业前心理准备和调适，是实习阶段转换角色的最佳时期。在这段时间内，除了按照学校正常教学计划完成课程的学习，更要有足够的心理准备迎接角色转换。大学毕业生大多都有人生理想和职业生涯规划，但并非都能成功实现。渊博的知识，厚实的技能是走向成功的关键，但健康的心理同样不可或缺。如果心理准备不足，就会产生过激情绪，导致能力低下，在愤世嫉俗的言行中使得自己的才华泯灭。因此，在校期间要提前调整好心态，既要有成功的心理准备，也要有受挫的心理准备。在求职顺利时不沾沾自喜、骄傲自满，飘飘然然，保持一颗平常心；在求职遭遇歧视、冷眼、不公平待遇、不被重用的情形下，保持良好的心态，具备抗压受挫的心理承受能力和屡挫屡试、不懈努力的意志。这既是角色转换的必然要求，也是事业成功者的必备素质。

第二，重视工作岗位的专业知识和技能的学习训练。大学的课程设置总体上偏重于基础知识的学习和基本技能的培养，不一定涉及特定岗位上所需要的专业知识和技能。因此，在社会实践和下工厂实习期间，要根据自己所学的专业或自己的求职定向，有针对性地学习与岗位需求相匹配的专业知识和专业技能。通过学习和训练，加深对未来职业岗位的认知，培养职业兴趣，提高专业技能。

第三，努力提高自身的综合素质。大学毕业生求职是否成功固然与自己的学识有关，但自身的综合素质却起着决定性的作用。现代企业用人，既看重求职者的专业素质，更看重求职者的综合素质，即求职者的沟通能力、协调能力、个人特长、语言表达能力、文字表达能力等。因此，大学生在校期间，除了认真完成自己的学业外，还要积极参加学校的各种课外活动，如社团活动、演讲征文比赛、文艺表演、各种社会实践等活动。在这些活动中，提高沟通协调能力、语言与口头表达能力，为日后的求职打下良好的基础。

第四，了解职场，准确定位。毕业前实习是择业的最佳时期。毕业生在实习实践过程中，或与即将就业单位的接触过程中，要全面了解用人单位的基本情况和职场用人的需求情况，切身体会感受社会对大学生的认可程度及自己的学识与岗位需求的差距。要依据这些情况适时调整职业期望值，准确定位职业追求与职业岗位，防止"高不成，低不就"始终游离于职场之外，耽误自己的择业与创业。

（二）见习期的角色转换

一般来说，大学毕业生参加工作后的一年或半年为见习期，之后转为正式人员，有人形象地称该阶段为"磨合期"。初到工作岗位，生活、工作环境与大学相比，都有很大的区别。高校大多位于大中城市，学习和生活条件比较优越，空闲时间比较多，生活节奏比较慢，压力较小；而众多的职业工作岗位不一定在城市里，有的环境相当艰苦，同时经常需要加班加点，工作繁忙，属于自己的时间越来越少。因此，从大学学习环境到职业环境的变化，往往会加剧角色冲突。为此，大学毕业生应该加强见习期内的角色学习，使角色转换顺利实现。具体应该从以下几个方面努力。

第一，要认真参加岗前培训。岗前培训对于刚刚走上工作岗位大学生的角色转换是非常重要和必要的，它不仅仅是让新员工了解单位的基本情况，掌握规章制度和工作程序，更重要的是通过岗前培训来熟悉企业文化，树立集体主义观念，培养人际协调能力和奉献精神，以及团队协作意识。从某种意义上讲，岗前培训可以直接反映出新员工素质的高低，因此单位都非常重视，并依此择优录用，分配工作岗位。毕业生一定要以认真的态度把握好这样一次充实自己、表现自己和提升自己的良机。事实证明，很多毕业生就是因为在岗前培训期间显露才华，表现出色而被委以重任。

第二，要谦虚好学。大学毕业生都具有一定的知识和能力素养，但知识转化为行动力，直至产生效益，需要综合因素的辅助，尤其是见习期的大学毕业生，在陌生的环境，面对陌生的同事，更需要加强学习。一方面，学校所学的知识技能与实际运用可能存在差异，有的知识滞后，有的所学只是纯理论的东西，还有的所学专业与工作岗位毫无关系；另一方面，在社会化大生产环境下，每一个岗位都与其他岗位紧密联系，讲求团队协作，必须在工作中学会与人沟通、协调，尽快让自己融入工作环境。因此，大学毕业生要做到谦虚好学，在学中做，在做中学。要善于观察工作环境，亲切随和，处理好与同事间的人际关系，让同事了解自己的性格、世界观、人生观和价值观，缩短与同事间的距离，成为大家的朋友。要坚持学习书本知识，更要向同事学习，努力发现每个同事身上的闪光点，取其所长，补己所短，切忌以文凭自傲，孤芳自赏，让同事反感，使自己孤立无援。只有如此，才能在短时间内，充分展示自己的学识和能力，获得青睐。

第三，要培养责任意识。大学毕业生大多都想在事业上大干一场，建功立业。但是多数人在走上工作岗位之初，一般不会被委以重任，而是先从最简单的辅助性工作做起，这也符合人才成长的基本规律。很多用人单位正是利用这些辅助性的工作来考察考验新员工，培养员工的责任意识。有不少大学生凭着对工作的新鲜感和学识上的优越感，对见习期的工作岗位往往看不上眼，认为自己大材小用，一些工作不愿意干，甚至闹情绪。其实，这是缺乏责任意识的表现。每一个工作都有其自身价值，在其位谋其职，无论工作大小，分工高低，都要以高度的事业心和责任心认真对待。大学毕业生要努力培养责任意识，学会把自己的工作放在全盘工作中去统筹考量，主动挖掘自身工作的作用和意义，在工作中融入集体，实现价值。

【案例点击】

小文毕业后进入了一家国有企业，因为习惯了上学期间自由散漫、无拘无束的生活。初来公司，她对公司严格的规章制度很不适应，不仅自由散漫，经常迟到早退，而且布置的任务能拖就拖，一到下班的钟点，她扔下手里没干完的活，走得比谁都快。因为边干活边听音乐，办公室主任说了她好几次，她却不以为然。结果不到半个月，公司就请她走人了。本来公司还很欣赏她的专业能力，但无组织无纪律的工作态度让他们最终决定放弃。

【案例点评】

纪律性是企业维护正常生产秩序的基本保证，如果纪律问题不首先处理好，纪律散漫，不注意融入团队，团队的集体力量就无法得以体现。

第四，要养成扎实的工作作风。严谨细实的工作作风是成就事业的关键。在校学习与在职场工作是两个完全不同的角色。学与做也是两个不同的过程。学习中的粗心大意、粗枝大叶，是可以修正的，但工作中一个小小的马虎，可能产生难以估量的损失。初涉职场的大学毕业生一定要注重培养严谨、细致、扎实的工作作风，养成良好的工作习惯，防止工作粗粗拉拉、丢三落四，只求过得去，不求过得硬。要以干事业的热情干工作，坚持高标准、高要求，无论工作轻重、事情大小，都认真对待，认真完成，争创一流的工作业绩，为自己的职业生涯奠定良好的基础。

三、大学生角色转换过程中常见的心理问题

【案例点击】

心理障碍导致频繁跳槽

王斌是一个比较优秀的中文专业大学毕业生。他曾经成功地应聘了一家大公司的文秘职位。试用期刚开始，王斌就很珍惜自己好不容易得来的机会，而且对工作也很有激情。一来为公司更好的发展，二来也为自己求得更好的发展空间。但时间不长，他就厌倦了。他发现，公司养着一群出工不出力的闲人和动嘴不动手的"侃爷"。王斌的工作稍稍做出一点成绩，大家都会用异样的态度对待他，甚至在背后对他指指点点，好像光拿钱不干活的人应该理直气壮，为公司做事的人反倒不可理喻。"这样的公司，做好本职工作对我来说太轻松，待遇也可以，可是总觉得自己的能力无法得到充分发挥，可混日子又不是我的品格。"出于这种"毋宁死，不苟活"的情绪，王斌在那家公司没干到一个月就心灰意冷地自己炒了自己的"鱿鱼"。朋友们也很为王斌伤脑筋，帮他找了一个又一个新的工作，尽管不一定都是文秘工作，但职种也都不错，可由于王斌本身的心态一直陷在当初文秘工作时的那种阴影里，始终没有调整好，以致一次又一次地重复着自炒"鱿鱼"的傻事。

【案例点评】

王斌刚走上工作岗位，在短期内没有完成心理上的角色定位可以理解，但是一次次地重复跳槽的事情，那就要从自身找原因了。王斌这种情况是依恋学生角色的典型表现，其思维模式陷入"以自我为中心的"的误区，主观按照自己的评判标准来分析、理解工作中的各种现象，把自己的角色定位凌驾于企业之上，因此在自己的思维中一直萦绕着这样一些想法："单位怎么到处是钩心斗角，派系斗争，家长里短，没有一点真诚"，"这个单位简直就是农贸市场，乱哄哄的，我不会在这里干太久的"。这些"固执"、"主观"的念头一直暗示着王斌，成为其陷入心理误区、无论到哪里都无法适应工作环境的重要原因。

每个大学生即将进入新的工作岗位时，都会有很多的憧憬与期盼。但是理想与现实总不可避免地存在差距，大学毕业生需要理性地设定起点与目标，平衡抱负与实际的界限，客观地评价自己、调整心态，理智地处理一切难题。由于受到社会因素、家庭因素尤其是自身认知能力、人格心理发展、意志品质及情绪情感等因素的影响，有些人不能正确认识和分析角色转换的重要性，或者在角色转换中不能持之以恒，在角色转换过程中导致一些心理问题，主要表现在以下几个方面。

（一）对学生角色的依恋心理

一些毕业生在角色转换过程中容易出现依恋学生角色的怀旧心理。十多年的读书生涯，使大学生对学生角色形成一种相对固定的习惯。因此，在职业生涯开始之初，许多人常常会自觉或者不自觉地把自己置身于学生角色中，在生活上依赖父母，学习上依赖老师，工作上依赖领导，行动上依赖书本，以学生角色的社会义务和社会规范来要求自己、对待工作，以学生角色的习惯方式来待人接物，以学生角色的思维方式来观察、分析事物和处理问题。

（二）苦闷压抑的孤独心理

走出校门，踏入社会，大学毕业生旧的交际圈子已渐行渐远，而新的交际圈子尚未建立。面对新的工作环境和一张张陌生的面孔，每个大学毕业生都会有一段短暂的友情真空时期。特别是那些远离家乡求职的大学毕业生，节假日和周末变成漫长的等待，孤独感更加强烈。另外，工作单位等级分明的上下级关系，居高临下的命令方式等也容易使大学生产生压抑感。

（三）渴望大展身手的急躁心理

理想与现实之间的确存在差距，这种差距表现在学校所掌握的知识短期内较难贯通于实践中。所有的工作程序、工作流程、做事的技巧都需要用心体会并掌握。一般来说，从一名大学生锻炼成为一个熟悉业务运作、能独立承担任务的职业者需要一个磨合过程，有时这个过程会需要相当长的时间。企业会给新人个性张扬自由发挥的空间，也会提供一个展翅高飞表现自我的平台，但这是有条件的，不能打乱正常的工作程序，不能不考虑企业的实际情况。

（四）眼高手低的自傲心理

大学毕业生接受高等教育，只能算是拥有先进知识的人，还算不上人才，只有运用知识、创造知识、创造价值，才能算是人才。但有的毕业生却因仅拥有先进知识就看不起基层工作和基层工作人员，甚至认为一个堂堂的大学毕业生干一些琐碎的不起眼的工作是大材小用，有失身份和尊严，结果是大事做不来，小事又不做。有的甚至目空一切，以为自己最正确，用批判的眼光看待社会、单位和周围的一切，把自己游离于单位或群体之外。有的在角色转换的过程中受社会的影响，表现出浮躁的作风、不稳定的情绪和盲目攀比的心理，缺乏对工作性质、职责任务和工作技艺的深刻认识和理解；或缺乏韧劲和毅力，对本职工作不能坚持和深入；或不安心本职，见异思迁等。事实上，如果不能静下心来踏踏实实地学习和适应工作，不管什么样的单位都不适合。

【案例点击】

他不愿放低姿态：怎能被"娘子军"领导？

鸷军毕业于一所名牌大学，在一家机构做销售工作。3个月过去了，鸷军的业务成绩并不好，部门主任让只有高中学历、但能力不错的老员工许艳带鸷军。而鸷军却有自己的想法：我一个本科生怎么能被学历比我低的"娘子军"领导呢？

【案例点评】

自傲心理产生的后果就是眼高手低，在实际工作中表现为大事做不了，小事又不做，很难完成角色转换。

（五）见异思迁的浮躁心理

大学毕业生在角色转换中还表现出不踏实的作风、不稳定的情绪。有的大学生工作几个月后，甚至几年还静不下心来，可谓"身在曹营心在汉"，三心二意，这山望着那山高，工作恍惚不定，经常在琢磨如何"跳槽"。这种浮躁心态使不少毕业生工作浮在表面，长时间进入不了角色，找不到工作事业的方向。

（六）对职业角色的畏惧心理

大学生群体中，每个学生既是年轻群体中的佼佼者，又是非常普通的社会一员，大家彼此平等相待，相互认同，没有管理者和被管理者之分，更没有领导意义上的上下级之分。一旦走出校园，走入社会，面临的将是"资历丰厚、等级森严"的群体和陌生的新环境，这就形成了一种心理上的紧缩感，往往不知所措，一些性格内向的人还会产生自卑感。面对新环境，一些大学生在刚走进新的工作环境时，不知道工作应该从何处着手，该如何处理复杂的人际关系，在工作中胆怯畏惧，缩手缩脚，怕承担责任，怕艰苦，怕出事故，怕闹笑话，怕造成不良的影响，于是"作茧自缚"、"画地为牢"，扼杀了自己的闯劲和活力。

【案例点击】

晓芳是一名中文专业的大学生，毕业后进入一家私营企业策划部工作。由于以前在学校是一名普通学生，没有组织策划过任何活动，对于策划没有任何经验，因此她初到策划部时心里没底，工作起来战战兢兢、小心翼翼，在工作中不敢主动提出自己的建议，总怕说错话、办错事，遭人耻笑。一看见领导，她就莫名其妙地心跳加速，舌头似乎出了毛病，说话结结巴巴的。工作时，由于过度紧张，她常在关键时刻莫名其妙地出错。

【案例点评】

　　紧张不安的情绪，每个职场新人都会有，只是程度轻重不同而已。原因在于对自身能力的不自信和对陌生人（环境）的恐惧感。要消除这种负面情绪，办法有二：一是努力提升自我能力以增强自信；二是多与人交流，试着将负面情绪转移，提高交际能力。如果以上办法都无效，就应去看看心理医生，接受专业的治疗和帮助。

　　（七）消极退缩的自卑心理

　　大学生初入职场，面对新的工作和生疏的人际关系，往往缺乏应有的自信。一些大学生在工作中放不开手脚，看到别人工作经验丰富，觉得自己这也不行，那也不行，胆小、畏缩，不知工作应从何入手，担心自己做错了事，会造成不好的印象。另外，大学生初入社会，很容易产生不被重视的"自卑感"。在校园内，每个学生都是处于平等状态，但到了一个新的工作单位，作为新来的试用者，要从最基层干起，且各方面都很难引起人们的重视，也很难有表现自己的机会。因此，很多大学生产生沮丧情绪，产生"不求有功，但求无过"的消极心理，进而产生自我否定心理。

　　上述这些心理问题，如果得不到正确有效的调适和矫正，就会严重阻碍毕业生的角色转换，直接影响毕业生个人的成长和工作。因此，注意调整、控制、改善自身的心理状况，是毕业生实现角色转换的有效方法之一。

【趣味活动】

改变自己形象的训练方法

　　方法一：个人形象的学习训练

　　找一个或几个你身边的成功者或影视中你崇拜的偶像，观察他们的外貌、服饰、发型、举止、态度、语言等，加以概括，并找出可学之处。你会发现，他们可能具有这样一些共性：走路挺胸抬头，快步向前；举止高雅、庄重而不刻板；说话干脆利索，不吞吞吐吐或含糊不清；待人接物热情、大方、不卑不亢；当众发言，条理清晰，逻辑性强；开会准时并主动靠前就坐等。

　　方法二：练习爽朗的大笑

　　各种笑的感觉是不一样的，爽朗的大笑不是狂笑，也不是似笑非笑或苦笑，而是一种发自内心的笑。发自内心的笑能治愈自己的不良情绪，但如果你心情不好，就有"笑不出来"的感觉，学习窍门就是要强迫自己笑，笑能通过脸部的肌肉运动改变面部的表情，进而使自己的心情开朗起来。学会笑、运用笑会使你变得更开心、更自信、更具有魅力。

四、学会角色转换的心理调适

大学生本身具有较高的素质，可塑性较强，在角色转换过程中要主动克服心理障碍，主观上对待工作和同事做到虚心、耐心和安心，客观上对待工作踏实、细致，从心理上主动进入职业角色，学习职业角色，适应职业角色，形成少议论、多观察、勤做事的工作风格。作为新员工到了新单位，第一要务就是尽快熟悉工作环境、熟悉业务、熟悉同事，在工作中抱着学习的态度，虚心向老员工请教。

（一）充分相信自己，保持良好心态

充分相信自己，保持良好心态是角色转换的先决条件。大学毕业生从小学、中学到大学都是在拼搏中走过来的，步入社会以后，更需要有年轻人的朝气与自信。要相信任何困难都不可怕，命运最终掌握在自己手中。当然，由学校向社会的转换过程中，难免会出现某些心理上的波动，或因环境陌生而孤独，或因条件艰苦而失落，或因单位人才济济而畏惧等，这些都是正常的，不必大惊小怪。重要的是保持心理的平衡，莫让不良的情绪左右自己。

（二）安心本职工作，培养吃苦耐劳精神

安心本职工作，培养吃苦耐劳精神是角色转换的基础。对于毕业后慎重选择的第一份工作，要顺利实现角色的转换，必须在心理上先要平静下来，学会自我调适，把该做的工作做好，把充沛的精力用在做有益的事情上。不要挑肥拣瘦，要善于啃硬骨头，发扬吃苦耐劳的精神，克服在角色转换过程中遇到的种种困难。如果"这山望着那山高"，经常与不同单位的同学比工资、待遇、级别及住房等，就会陷入心理失衡的误区。

（三）虚心学习知识，提高工作能力

虚心学习知识，提高工作能力是角色转换的重要阶段。大学所学的专业知识和能力训练只是人生职业历程的基础，对职业的适应和发展的作用是有限的，因此角色转换的重要措施就是重新定位、规划自己的学习内容、学习方式，不仅要学习岗位必需的业务知识，而且要善于在实践中学习，尤其要虚心向身边有经验的技术人员、领导、师傅和同事学习，学习他们观察问题、分析问题和解决问题的方法，不断丰富自己的专业知识，提高自己的业务技能，最终使自己不断进步和完善自我。

（四）勤于观察思考，善于发现问题

勤于观察思考，善于发现问题是角色转换的有力保障。大学毕业生进入职业角色，只有善于观察问题，才能发现问题；只有运用自身掌握的知识去努力解决问题，才能掌握大量的第一手资料；也只有分析研究职业对象的内部规律，才能培养自己的独立见解，逐步具备独立开展工作的能力，更好地承担角色责任。洛克菲勒早年在别人的工厂上班，每天的工作就是查看从上面流下的液体是否把装有石油的铁皮桶封盖好。对一般人来讲，这种

工作枯燥到了极点。但洛克菲勒一边工作一边想，能否把流下来的液体从目前的滴数减少。于是他开始查阅资料，进行了多次实验，他改进过的机器每封一个桶就节约一滴，后来经过几次改进，大大节约了成本，深得老板的赏识。洛克菲勒这种勤于观察思考、善于发现问题的能力使他后来成为世界有名的石油大王。

（五）勇挑工作重担，乐于无私奉献

勇挑工作重担，乐于无私奉献是完成角色转换的重要标志。大学毕业生走上工作岗位以后，切忌在工作中斤斤计较，要牢记有作为才能有地位，吃亏是福的理念，在奉献的同时可以收获成绩的喜悦，可以收获领导和同事的信任尊重，可以提升自己的工作能力和工作水平。因此，应当从一开始就严格要求自己，树立主人翁意识，增强社会责任感，培养无私奉献的精神，任劳任怨，不计较个人的得失，努力承担岗位责任。同时，在工作中还要学会宽容与忍让，做到不揽功诿过。

五、实现角色转换应注意的几个问题

（一）培养吃苦精神，热爱本职工作

敢于吃苦，热爱本职工作是角色转换的重要前提。新生代大学生，独生子女居多，优越的生活条件，使他们普遍缺乏吃苦精神。许多大学毕业生都希望找到一份待遇优越、工作环境好的工作。过高的求职愿望与艰苦的工作环境一旦发生明显冲突时，许多人便放弃原有的工作，频频跳槽。很多人进入不了岗位角色，经过几个月甚至一年的适应还是静不下心来，工作业绩一般。人往高处走，水往低处流，这是人生的常态。有向往、有追求固然是好的，但实践证明，频繁调换工作岗位不一定是件好事，不仅对角色转换不利，而且会影响职业兴趣的培养和工作成绩的取得，从而影响角色转换。大学毕业生要敬业，更要乐业，要有意识地培养自己对工作的兴趣，提高工作热情，在工作中提升自信，发展自我。

（二）更新知识结构，提高工作能力

更新知识结构，提高工作能力是实现角色转换的迫切需要。由于相对狭窄的专业课程设置和短暂的大学生活，大学生在校期间学习到的知识毕竟是有限的。当今，科学技术发展突飞猛进，日新月异，知识更新的周期大大缩短。这就要求初涉职场的大学生，要不断更新知识结构，努力提高实际工作能力和水平。要努力学习专业知识，提高专业技能，将自己在学校所学的知识运用到工作实践中去。要拓宽自己的知识面，努力学习与本职工作有关联的前沿知识，做到既博又专。只有这样，才能顺利实现角色转换。

（三）勤于思考问题，不断总结提高

勤于思考问题，不断总结提高是角色转换的本质要求。初涉职场的大学生普遍对周边新鲜事物比较感兴趣，但随着时间的推移，这种兴趣往往趋淡。有的大学生刚开始对工作还比较用心，但随着时间的推移，认为自己各方面都还可以，所以不再潜心研究问题。人在职场，同样一份工作，有的人干得非常出色，有的人却干得一般，这里除了能力与素质外，重要的区别在于是否善于思考问题。所以，对于刚刚走上工作岗位的大学生来说，一定要培养思考问题的兴趣，并把这种兴趣延续到日后的工作中去。这既是角色转换的要求，也是事业成功的关键所在。

（四）正确对待分工，经受特殊考验

正确对待分工，经受特殊考验是顺利实现角色转换的客观要求。孟子曰："天将降大任于斯人也，必先苦其心志，劳其筋骨，饿其体肤，空乏其身……"有的用人单位，往往以苦累的工作岗位来考验一个人的吃苦精神和对待工作的态度，并以此择人用人。初涉职场的大学生，往往经受不住这种残酷得不近人情的考验，愤愤不平离开用人单位。刚刚走上工作岗位的大学生，一定要经受住用人单位的种种考验，安心本职工作，把最不起眼的工作干好、干出色，把苦活累活干实、干漂亮，不计眼前得失，正确对待分工，主动适应环境，顺利实现角色转换。

（五）要树立良好的第一印象

仪表是职业形象的基本外在特征，端庄的仪表会给人良好的第一印象。初到工作单位，要注意穿着打扮，衣服不一定讲究高档、时髦、追求名牌，但要符合自己的经济状况和现实身份；发型要定期修理；注意个人卫生；始终保持积极向上的良好印象。在随后的职业生活中，可以参考职业的要求不断修正自己的外在形象。

【延伸阅读】

树立良好第一印象的几个细节性技巧

1. 要礼貌的寒暄

与人首次见面，一定要礼貌性地寒暄一番，可以简单地介绍一下自己，也可以诚恳地希望对方以后能给予及时的指教和帮助。这样可以给对方留下初步良好的印象，也就是说，你必须表现出谦恭有礼的态度，随时说声"你好"或适时招呼"早安"、"午安"、"晚安"。

2. 要经常面带微笑

一些不懂得利用微笑价值的人，实在是很不幸的。要知道，微笑在交往中是能发挥极大效果的。无论在家里，在办公室，甚至在途中遇见朋友，只要不吝惜微笑，立刻就会显示出意想不到的良好效果。许多专业推销人员，每天都要花两三分钟的时间，面对镜子训练自己的微笑。

3. 要记住对方的名字

不论身处何种场合，当他人将对方介绍给你时，你就必须马上记住并能叫出对方的姓名。毕竟老是说"您"、"阁下"那一份生疏、不自然是无法博得对方好感的，唯有适时称呼对方姓名，才能显出亲切感。

4. 要适时附和对方的言论

一个人不论其年龄、地位的高低，他都是一个极为关心自己的人，假如你能适时回应、附和对方所说的话，一定可以赢得对方的好感。因为由于你的附和、赞同，表示出你和对方意气相投，谈话有共同语言和共同感兴趣的事情。那么，他在感觉自己被关心之后，也会转而注意你的。

5. 要善听人言，善解人意

专心倾听对方谈话，也是交往的秘诀之一。一个不听人言、自说自话的人，多半都会惹人生厌。所以除非必要，否则你最好保持沉默，不去打断别人的谈话。这样，对方就会觉得受到尊重，且以为你对他的言论产生兴趣，相对地，他也会对你发生兴趣。

6. 要针对对方关注之事予以刺激

尽快发现对方关心、注意何事，这对你的交往非常有利。不管交往对手是谁，只要你能找出适当的话题，抓住对方的注意力和兴奋点，就能刺激对方对自己的兴趣。

7. 不要吝啬赞美对方

每个人都希望获得别人肯定，并据以确认自己的重要性。因此，内心都非常渴望他人的赞赏。赞美对方的行为，往往会收到事半功倍的效果，因此在交往中必须善于运用。

（六）建立和谐的人际关系

人在社会活动的一切领域都不可避免地会发生个体之间的相互作用和联系，这种在社会活动过程中所形成的建立在个人情感基础上的相互联系就是人际关系。俗话说，"天时不如地利，地利不如人和"，由此可见，良好的人际关系对个体的发展和事业的成功是多么的重要。事实上，人际关系渗透到了所有的社会关系之中，人际关系无处不在，它对于人的各个方面的发展都具有非常重要的意义，和谐的人际关系是职业成功的重要因素。然而大学生从学校毕业后初次进入工作岗位，来到社会错综复杂的大环境里，由于不懂得职场礼仪知识和规则，缺乏人际沟通的能力与技巧，常常被错综复杂的职场人际关系搞得晕头转向，出现了种种不适应问题。

1. 缺乏职业礼仪知识

【案例点击】

梅丽大学毕业后的第一份工作是人力资源部经理助理。刚上班，经理让她给副总裁打个电话，请副总裁处理一件工作。于是梅丽就打了电话："是于副总吗？刘经理叫告诉你，你把×××事情赶紧处理一下，刘经理很急的。"刘经理在那里摇了几下头，办公室里的人听完她说的话都笑了。

【案例点评】

梅丽在打电话时，语言里面就已经有了不礼貌的言辞，刘经理在职别方面并没有权利要求于副总去执行什么工作，这种命令式的语气虽然是转告，却显示出对副总严重的不礼貌。礼貌是多方面的，包括语言、行为、举止，甚至包括暗示性、职别性的礼貌。对于职场的礼仪规范知识，大学生们相当欠缺，然而，这些却是职场里升迁不可忽视的因素。

2. 不能正确领会领导、同事的意图

【案例点击】

晓雯是一名师范大学的毕业生，毕业后被一所重点中学录用。由于是新来的老师，除了完成自己的教学任务外，教研室主任和其他老教师总是将一些诸如办公室清洁卫生、批改学生作业、打印教学计划、填写教学日志、盯学生晚自习等事务性工作交给她做。刚开始，晓雯由于自己是新来的还忍着，两个星期后，就与教研室主任发生了强烈冲突，认为教研室主任和其他老师在欺负自己。但是，从此以后，教研室主任和其他老师再也不交给她任何任务了。

【案例点评】

职场新人到工作岗位后，单位领导和同事一般都会多派一些工作给他们。但他们往往不能正确领会领导的意图，认为自己整天都在打杂，碌碌无为，而且谁都可以支使他们，觉得在单位受到了不公平的待遇。其实，领导和同事真正的意图是，一方面为新人提供更多的学习和锻炼自己的机会，给新人充分表现自己才华和能力的机会，另一方面也是通过此途径对新人进行考核。职场新人谨记，当领导不再将很多工作派给你，你的担子越来越轻的时候，这是一个危险的信号，因为"忙"是好事情，当你不忙的时候，可能离辞退你也不远了。要注意"大处着眼、小处着手"，一丝不苟地做好每一件"小事"。小事中见大精神，可为以后做大事积累资源。

【延伸阅读】

工作中应注意理智对待四种消极同事

1. 嫉妒型。当你取得成绩或碰上好事情时，他们就会生气。这时唯一可以做的就是对他们表示同情并且不要在意。这样，他们的嫉妒只会令自己不好受。

2. 搬弄是非型。这类人通过"嚼舌"试图令同事间彼此憎恨，从中获利。对此种人很难做到置之不理，唯一的办法就是尽可能地远离他们。

3. 生气型。这类人总是无端发脾气，给人"黑脸色"，遇到这种人，你最好不要在他们生气时做出反应。当他们发现生气并不能影响到任何人而只会损害自己的肝脏时，就会降低发作的频率。

4. 寄生虫型。这种人爱占他人便宜，烟瘾大而从不掏钱买烟，从不错过每一次聚餐邀请，对这种人只能是尽量避开他们。

第八单元
大学生职业成功策略

▶▶ 学习目标

1. 了解成功和职业成功的基本概念。
2. 掌握大学生职业成功观存在的误区及应对措施。
3. 分析影响大学生职业成功的因素。
4. 掌握职业成功的技巧与策略，并熟练运用到职场生活中。

【案例导入】

　　一个送水工，一般每个月只有 500 块钱的收入，而他，也不过只有 600 块钱左右。那些送水工，干上一年半载不干了，另谋高就去了。而他，干了一年又一年，有认识他的人，告诉他说，年轻人，你有文化，又年轻力壮，怎么不去找更来钱的事做？这送水是没文化的人干的体力活，不应该是你干的。他却告诉别人说，我觉得送水挺好的，我喜欢干这事！别人听了就摇头叹息，背地里说他是个十足的傻瓜。要知道，城里有好多高中生一个月都能挣上 1000 多块钱。

　　5 年，对于一个工作辛苦的人来说，很长，但是对于一个工作快乐的人来说，则很短。5 年，他开开心心地当一名送水工。5 年过后，他终于辞职了。他用自己这些年的积蓄开了一家送水公司。人们觉得他必定失败无疑，城里的人家，早就订水了，他新开一家公司，谁订他的水？

　　人们都错了，他没有失败，有很多人订他的水。订他水的人，是他这些年认识的客户，以及客户的亲朋好友。现在，他送水的业务占了全城的一半。一个小小的送水工，竟然成了一个有名的送水公司的老板。

　　一个人，只要认认真真地干一件事，只要干上 5 年，就一定能够干出成绩，创造出一个世界来！

【讨论】

1.他从一个普通的送水工到老板的成长经历，告诉了我们什么？

2.你认为一个人要成功，需要具备什么样的心态或观念？

每个大学生在人生的旅程中，都要经历不同的成功之路的选择。在职业生涯的 每一步选择中，既有幼稚的盲从，又有成熟的抉择；既体验了失败的痛苦，又领略了成功的喜悦。大学毕业生面对激烈的竞争与挑战，开拓职业生涯新领域，掌握职业成功的策略，无疑会为大学生缔造一条崭新的成才之路。在现实生活中，有人将 能否成功归结为是不是有学识和胆量；有人归结为是不是有志向和能力；有人归结 为是不是勤奋肯干；还有人归结为是不是有机遇等。其实，通往职业成功的道路 有很多，但并不是靠单方面条件就能达成的。作为大学毕业生，在步入职场之前应 首先了解职业成功的基本内涵，认识推动大学生职业成功的因素，掌握实现职业成 功的技巧与策略，只有这样才能以最好的"战斗力"在职场上打拼，才能到达职业 成功的彼岸。

第一节　职业成功概要

随着我国经济社会的不断进步与发展，高等教育已经进入了大众化教育的发展阶段。大学生作为国家着力培养的各领域人才，他们的职业成功观不仅影响着目前的学业倾向和学习行为，而且也影响着他们对未来的职业选择和发展前景。作为即将踏上社会的毕业生，学习和掌握职业成功的基本知识，可以帮助他们早日实现成功的梦想。

一、成功和职业成功的概念

（一）什么是成功

要想取得成功，首先要正确认识成功。在谈到成功时，人们往往和"功名"、"利禄"、"财富"联系在一起，在学期间看成绩，从业以后看名利。特别是在市场经济蓬勃发展的今天，财富从某种意义上成了成功的代名词。那么，究竟什么是成功呢？成功涵盖了多方面的内容，不同的人有着不同的诠释。

原微软中国研究院院长、中国创新工场董事长兼首席执行官李开复，在语音识别、人工智能、三维图形和国际互联网媒体等领域取得了重大研究成果，享有很高的声誉，他的人生经验和治学精神在我国青年中，尤其是青年大学生中引起了广泛的关注和认同。他认为，成功就是做最好的自己。他认为，人生最遗憾的莫过于轻易放弃了不该放弃的东西，或是固执地坚持不该坚持的。所以要有勇气改变可以改变的事情，有胸怀来接受不可改变的事情，用智慧来分辨两者的不同。成功说白了就是做最好的自己。

新东方教育科技集团创始人俞敏洪，从提着糨糊瓶沿街贴招生广告的教师，到所创办公司在纽约证交所上市的亿万富豪，这样传奇的人生经历只用了13年的时间就实现了。俞敏洪认为，经历过生活考验和成功与失败反复交替的人，最后终成大器，没有经历生活的大起大落，但在技术方面达到了顶尖地步，比如学化学的人最后成为著名化学家，这也是成功。

英国政论家、历史学家埃米尔·赖希（Emil Reich）在《生命中的成功》中谈到"生命中的成功，不仅包括你的职业和收入，而且包括你的家庭、友谊、个人健康，还有精神的、智力的及情感的发展"。他认为"成功的三个常量"是"健康的身体"、"健康的道德情操"和"健康的经济状况"。

成功学创始人戴尔·卡耐基（Dale Carnegie）的接班人、成功学代表人物拿破仑·希尔（Napoleon Hill），著有《成功规律》、《思考致富》及《人人都能成功》等风靡世界的畅销书。希尔把自己归纳的成功法称为"PMA计划"，这个计划的核心几乎可以用"积极的心态"加以概括。希尔还把"积极的心态"具体分解为确定的目标、多走些路、正确的思考、高度的自制力、领导才能、自信、迷人的个性、创新精神、热忱的性格、专心致志、合作品格、冷静地对待失败、永葆进取心、恪守时间、身心健康、良好的习惯等17个成功的原则。

为此，成功没有统一固定的标准，而是一个多元的概念。目前得到大众普遍认同的是斯腾伯格在其《成功智力》一书中对于成功定义的阐述，其对成功的定义包含两个层面：一是个体通过努力能够最终达到的人生理想目标的成功；二是每个正常的个体都可以发展的成功。总的来说，成功就是个体用创造和实践的能力去适应环境、选择环境和塑造环境，并最终获得期待结果。

【案例点击】

有两只蚂蚁，在一棵绿树上爬行，第一只蚂蚁朝着树干一直往上爬，另外一只呢，它时不时地爬到树枝上去，时而在绿叶中憩息，享受着微风的吹拂，时而停下脚步欣赏树底下的风景，时而捉一只虫子享用享用。

第一只蚂蚁很快爬到了树的顶端，在那儿喘气，等着另外一只蚂蚁。过了许久，另外一只蚂蚁才爬到树端。第一只蚂蚁一见它就得意地说："哈哈，看我，爬得又快又高，你爬得太慢了！"而另外一只蚂蚁却笑了笑，高兴地谈起了沿途看到的风景、一路的享用。这时，第一只蚂蚁回头想了想，自己的回忆里似乎只有一个劲地往上爬……为什么自己就没有发现一路上那么多的好风景？

【案例点评】

第一只蚂蚁属于"忙碌奔波型"的，竭力追逐成功，看重人生的目标和结果，却较少感受到人生中的幸福。第二只蚂蚁则属于"幸福型"的，在追求成功的过程中，享受生活的幸福与快乐。

（二）什么是职业成功

大学毕业生追求职业成功，首先应建立在对何谓职业成功的理解上。现代很多人理解职业成功的定义往往是获得较高的薪水和职务、较高的社会地位和声望。以至于社会上出现了许多大学生追求高学历、高收入、高职务，拼命挤入大城市、大公司工作的现象。财富和地位成为人们奋斗的目标，如果达不到这个目标或没有在所期望的时间内达到这一目标，他们便灰心地认为自身是失败者。事实上，处于此情景中的人已经沦落为观念的奴隶，这种职业成功观是一种偏见。

在西方的学术文献中，职业成功通常被定义为"一个人在职业生涯发展的过程中所累积起来的积极的心理上或与工作相关的成果或成就"。具体分析，职业成功通常有如下几种情况：一是个人的价值取向、能力、个人特质与其所选择的职业正相适合，且在这一职业岗位上工作得心应手，顺心顺意。二是个人有自我职业目标，无论是初就业便一直在某种职业岗位上，还是发生数次职业流动，最终个人既定职业目标得以实现，就是一种职业成功。三是在所从事的职业工作岗位上，尽心尽力，尽职尽责，做出了突出的成绩，本人有一种自我满足感、成就感或得到领导、同事的认同，这也是一种职业成功。四是勇于创新，敢于"另辟蹊径"，"在没有路的地方去踏出一行新的脚印"。但凡这样的人，必是有所建树、有所成就者，也是一种职业成功。总之，在获得一定收入和职位的同时，有着饱满的工作热情、幸福的家庭生活和健康的心理素质，这才是真正意义上的职业成功。

【案例点击】

两个选择军队工作的年轻人，一个人的目标是成为上校，最后他获得了少校军衔。另一个人是他的朋友，目标是成为中将，最后他成为陆军上校。第一个人的军衔比第二个人低，但是第一个人实现了他的目标，而他的朋友没有实现他的目标。

【讨论】

谁获得了更大的成功——获得更高军衔的人还是超过这个目标的人？

二、职业成功四部曲

职业成功之路，就是把职业理想转化为现实的道路。人要走向职业成功，务必奏好择业、学业、就业和创业四部曲。

（一）第一部：择业

选择职业是成功的起点。对一个人来说，能选择到适合自己志趣和特长的职业，就能激励个人忘我地工作，刻苦钻研业务、提高职业能力、促进自我完善，创造出人生最大的价值。反之，选择一个令人厌倦或与自己的能力不相适应的职业，就会压抑人的情趣，窒息人的才华，难以实现一个人可能创造的最大的人生价值，甚至成为自暴自弃的温床。

对社会来说，选择到合理的职业，有利于实行生产资料与劳动力的优化组合，提高劳动生产力，减少由于不适应职业岗位而造成的各种浪费，减少社会矛盾和社会问题，形成人力资源的合理布局和正向流动，有利于国计民生。

（二）第二部：学业

学业，是职业成功的基石。狄更斯说过，成功好比一部梯子，"机会"是梯子两侧的长柱，"能力"是插在两柱之间的横木。只有长柱没有横木，梯子就没有用处。这表明，获取职业劳动的能力十分重要。它一般包括四个方面：第一，体力。即人的身体素质，包括力量、耐心、速度、身高、体重及对外界的适应力和劳动负荷。第二，智力。即个人的聪明程度，表现为认识客观事物，并运用知识分析和解决问题的能力。智力包括感知力、记忆力、思维力、想象力四个基本部分及实践能力、组织管理能力和社交能力等。第三，知识。即人的头脑中所储存的信息。它可分为一般知识、专业知识和操作技术知识三部分。第四，技能。即从事职业劳动的操作能力。职业劳动能力既是从事职业劳动的必要条件，又是发挥个人才能的重要方面。要获得良好的职业劳动能力，就必须接受职业技术教育，刻苦攻读学业，并圆满地完成学习任务。

（三）第三部：就业

就业是职业成功不可缺少的条件。英雄只有找到了用武之地方可显示出英雄本色。大学毕业生只有投身到火热的职业生活中，找到恰当的职业岗位，才能发挥自己的才能，谋求职业的成功。理想的就业岗位应当能满足个人的物质生活需要和职业兴趣，能发挥自己的职业特长和才干，并符合个人的社会理想。

（四）第四部：创业

创业是成功的关键。一般来说，一个人在25岁之前就基本上完成了择业、学业和就业的任务，25岁至退休之前则是创业时期。掌握了职业劳动能力的人在就业之后不创业，就像一只蜜蜂只采集花粉而不酿蜜一样，白白浪费了时光。人是要有一点精神的，应不断地奋斗拼搏，力争上游，谋求事业的成功，在自己的人生旅程上留下闪光的足迹。

多少年来，在人生道路上奔波的人们，都在探索人生的奥秘，寻找人生的真谛和哲理。英国唯物主义和现代实验科学的鼻祖培根说过，跛足而不迷路，能赶过虽健步如飞但误入歧途的人。在纷繁复杂的人生道路上，应当认清方向，走好择业、学业、就业和创业这紧要的几步，把创业的音符，汇入职业生涯的旋律，奏出悦耳的人生乐章。

三、大学生职业成功观的误区表现

（一）功利主义的职业成功观

职业成功是一个人在职业生涯发展过程中所积累的积极的心理与工作相关的成果或成就。职业成功的本质是人生价值的实现。人生价值包含自我价值和社会价值两个方面，包含着社会与个人、物质与精神、外在与内在等多方面的因素，只有这些因素相互协调，相互促进才算是真正意义上的成功。当前的一些大学生在衡量成功的标准时很少考虑应该为社会做哪些贡献，淡化了社会责任感，一味地追求物质财富的丰厚和外在条件的满足，形成流行的、趋于一致的功利化的职业取向。大学生"考公务员热"与"一线城市热"现象就有功利主义因素的推动。报考人数差异很大，海关、财政、税务等部门场面火爆，几千人争抢一个职位；而农、林等部门都达不到开考的人数。在功利主义价值观的影响下，一些大学生对富豪、明星等"成功人士"表现出盲目的追捧，即使他们中的一些人的失德行为被揭露出来，而这些大学生还会为他们的失德行为辩解和鼓劲，表现出超乎寻常的宽容。相比之下，那些在普通岗位上默默奉献的人们，在某些大学生的眼里他们可贵的品质和价值得不到认识和尊重，这些默默无闻的人身上的成功被这些大学生忽视。这些现象说明一些大学生陷入了追逐功利化的误区。

（二）名利主义的成功观

一些大学生希望自己事业有成，在他们心目中的成功是"出人头地"做"人上人"，是成就个人的职位、权利和收入，而不是真正成就事业，是把从事的职业作为工具和手段来实现对自我利益的片面追求。为了实现这一目的，他们对职业的期待和选择不从自身的实际情况出发，过于看重个人的成功，因此他们成为学业中的佼佼者，社团活动中的骨干力量，许多的荣誉接踵而来，在自我价值认同中不断战胜他人，获得优势。有些大学生奉行"吃得苦中苦，方为人上人"的信念和"学而优则仕"的观念，从历史范畴看，这种"人上人"的成功观有中国封建文化深远的渊源，在传统中国人眼里，人生价值的实现意味着显耀，意味着特殊，意味着与一般百姓的不同。

（三）浮躁的职业成功观

大学生是一个渴望成功的群体，但是近些年来社会上泛滥着有关成功方面的理论和书籍，把充满艰辛历程的成功描述成几条可以简便操作的法则。对于这些宣传，大学生感兴趣的不是成功者的内在品质和综合素质，而是花样繁多的有关成功的法则、捷径等，其内容往往是满足大学生迫不及待的成功欲，使大学生能够快速掌握职场上成功的技巧，实现速成。

四、引导大学生树立科学的职业成功观

（一）培育自我价值与社会价值相统一的价值观

职业成功即为人生价值的实现，人生价值包含自我价值和社会价值两个方面。二者相互依存，相互促进，构成矛盾统一体。正如马克思所言："在选择职业时，我们应该遵循的主要指针是人类的幸福和我们自身的完美。不应认为，这两种利益是敌对的，互相冲突的，一种利益必须消灭另一种的；人类的天性本来就是这样的：人们只有为同时代人的完美、为他们的幸福而工作，才能使自己也过得完美。"当代大学生奉行的成为"人上人"及功利主义的职业成功观脱离了社会价值，片面地强调实现自我价值，显然是不利于个人和社会发展进步的不合理、不健康的思想意识。面对这种不良现象，高校广大教育工作者在责任意识和忧患意识的驱动下，应通过课堂教学、日常管理、社会实践和校园文化建设等多种渠道提升大学生的公民意识和社会责任感，从而培育其正确的价值观，使其真正成为追求自我价值与社会价值相融合、相统一的先进群体。大学生只有以这一正确的价值观为基点，才能形成健康、科学的职业成功观。

【趣味活动】

价值观澄清

在一次海洋旅行中，我们乘坐的"泰坦尼克号"不幸撞上了冰山，即将沉没。但船上只有一艘救生艇，只能乘坐5个人，在救援未到之前，只有先救出5人再说，其余的人只好等待机会，但船正在一点一点往下沉，有可能消失在海中。此刻船上乘客14人，如果由你做决定，你觉得谁应该优先被救出来？

1. 请每个成员自己思考后做出选择。

2. 分享自己的选择，聆听别人的选择。

3. 可以修改或调整自己的选择。

下面是待救助的人物明细，请你说明救助的先后顺序及被救理由。

自己，请自述：_____

孕妇，28岁，妊娠7个月：_____

大法官，男45岁，已婚，精通法律：_____

运动员，男20岁，未婚，奥运国手：_____

市长，女42岁，已婚，有远见与魄力：_____

老人，75岁，行动不便，原救生专家：_____

股市大亨，男40岁，已婚，影响股市：_____

电脑工程师，男27岁，未婚，科技新贵：_____

记者，女 35 岁，已婚，资深当家主播：_____

医生，女 40 岁，未婚，内科权威：_____

小孩，女 8 岁，小学二年级，聪明伶俐：_____

中学老师，男 43 岁，已婚，从教 20 年，水平高：_____

导演，男 37 岁，已婚，多次获国际大奖：_____

歌手，女 23 岁，国内人气最旺的青春偶像：_____

（二）树立以成就事业为本的名利观

当代大学生不良成功观的方方面面都包含错误的名利观，即把从事的职业主要作为工具和手段以实现对自我利益片面的追求。因此这类学生心中期望的"事业有成"，往往不是真正成就事业，而是成就个人的职位、权力和收入。实际上正确的职业成功观必须以成就事业为前提，在此基础上满足个人相应的名利需求才合乎情理。对于一些大学生表现出的扭曲的名利观乃至成功观，必须通过有效的教育环节进行纠正，要从根本上转变大学生世俗的、错位的名利观，把他们对名利的追求引向合理的、正确的轨道上。亦即教育和引导大学生树立以成就事业为本的职业观、名利观，以便使大学生拒斥、远离不良的人际纷争和一味地追名逐利，从而转向事业的奋斗和作为上，最终获得与事业成就相匹配的声誉、地位和收入。

（三）激发目标与过程相一致的奋斗观

职业成功的预期目标应在奋斗过程中实现。但大学生功利的、浮躁的成功观重视的是成功的结果，而容易忽视奋斗过程、合法性手段和主观感受。对此教育者要引导、激励大学生树立目标与过程相一致的奋斗观。首先，强调奋斗过程的渐进性，让大学生深刻体会到"不积跬步，无以至千里；不积小流，无以成江海"的道理。其次，强调奋斗过程的正当性，让大学生摒弃不劳而获的思想，消除投机心理，形成依靠自身实力和正当手段取胜的职业态度。最后，强调奋斗过程的内在性，职业成功从来都是充满希望的荆棘路，要塑造大学生迎接各种挑战的坚韧品质，使其具有职业成功必备的内在素质。通过这些努力，激发大学生的奋斗精神，使他们渴望在奋斗中不断自我发现，不断成长进步，并获得自我认同、自我创造、自我实现等情感体验。只有这样，才能使大学生真正领悟成功蕴含的价值和意义。

（四）倡导个性化、多元化的择业观

多元化的职业选择，社会才有创造活力。受功利主义成功观主导，许多大学生习惯以外在标准衡量职业价值，从而形成流行的、趋于一致的择业观。大学生就业持续多年的"一线城市热"及"考公务员热"就有这种因素的推动。这种倾向必然阻碍大学生实现真正的人生梦想。人生的意义在于发掘潜能、服务社会、实现自我，从而感知生命的丰富性和完整性。人自有多样化的志趣，大学生唯有坚持个性化、多元化的择业观，才能激发生命中

的创造活力，找准人生奋斗的轨迹，进而不断迈向进步。为此，首先要加强大学生职业理想教育，使大学生体悟到不同职业所蕴含的人生价值，引导大学生树立正确的职业观，以倡导多样化的职业目标，改变职业选择的从众性和单一性现象。其次，高校的职业教育要融入生命价值观教育，让大学生在择业时，学会倾听内心的声音和尊重生命本体的意志，从而激发大学生人生拼搏的动力。概而言之，倡导个性化、多元化的择业观，以期大学生在未来的职业生涯中释放潜能，做最好的自己，是对大学生职业成功观最有力而科学的诠释。

【延伸阅读】

职业成功的 10 条建议

1. 抓住机会，尽力争取。
2. 从最基层做起，拾级而上。
3. 靠努力挖取第一桶金（包括增长才干、积累经验等）。
4. 要有职业发展理想，拓宽职业舞台（你的心有多大，你的舞台就有多大）。
5. 加强职业生涯的经营与管理。
6. 不断学习，向实践学习，在自己的经历中学习。
7. 不断追求成功，超越自我，走向未来。
8. 处理好家庭与事业的关系。
9. 事业的成功靠的是良好的综合素质。
10. 道义诚信是事业成功的第一要素。

第二节　大学生职业成功的因素

没有人不渴望事业成功，但却并非所有人都能获得事业成功。当我们分析那些叱咤职场者的成功历程，总有一些相似的轨迹。这是隐藏在他们个体差异中的普遍规律，是在我们成功路上起到助力作用的关键因素。

【案例导入】

吴斌与他的创业团队

吴斌，男，武汉某大学经济与管理学院 2007 级硕士研究生。本科期间，吴斌就读武汉某大学医学院。在临床实习中，吴斌常常目睹到病人因伤口所带来的巨大痛苦。于是，他暗下决心，一定要研究出一种理想的新型辅料，既要减轻创伤给人带来的痛感，又要解决疤痕难消的难题。2005年6月，吴斌牵头组建了"纽绿特"创业团队，并研制出以甲壳素为主要成分的"纽绿特活性辅料"。这种新型辅料采用了崭新的"吸水保湿疗法"，实验证明，新疗法比老疗法使伤口愈合时间缩短了2到3天，具有无瘢痕修复、快速愈合、无须换药等特效。2005年10月，他的团队参加了第五届全国"挑战杯"大学生创业计划竞赛，一举获得了大赛金奖。他们研发的产品还申请了4项国家发明专利。将临床医学的务实严谨与经济管理的求变灵活相结合，扎实地学习医学知识、深入地探索科研创新，是吴斌大学期间的奋斗目标，将知识转化为生产力则成为他的团队实现理想的执着追求。2007年6月，在一位民营企业家的投资下，武汉一家生物科技有限公司在东湖高新开发区正式注册成立。通过前期完善的临床试验，吴斌公司的产品已显现出良好的发展前景。共青团湖北省委实施的"青年创业支援计划"将"壳聚糖生物医用辅料"作为首批省级扶持项目，提供资金扶持，并引入YBI（Youth Business International）模式，组织专家对这家生物科技有限公司进行人力资源、财务管理、物流、技术等方面的全面系统培训。公司规模也从现有的20多人扩增至100人左右。吴斌说，创业的路上有数不尽的艰难险阻，但是，越是艰难就越能坚定他走下去的决心。

【案例点评】

机会总是垂青于有准备的人。正确的目标、坚定的信心、扎实的知识基础，使吴斌在机会来临时能牢牢抓住机会，也为他自己的成功创造了机会。影响职业成功的因素有很多，既有诸如社会条件、创业环境等外在因素的影响，也有个体目标、信心等内在因素的影响。外因总是通过内因起作用，况且外在因素往往是个体难以改变的，所以作为初入职场的大学毕业生，要想取得成功，必须从个人内在因素入手，正确认识成功，进而树立目标、增强自信、做好准备、走向成功。

一、影响大学生职业成功的价值体系

价值观是个人在长期学习、生活过程中所形成的对于客观世界的态度、信念、信仰、理想等。价值体系即由价值观构成的具有一定层级和结构的体系，从其内容来讲，价值体系反映了主体的根本地位、需要、利益及主体实现自己利益和需要的能力、活动方式等方面的主观特性；从其功能来看，它对职业生涯发展起着评价与导向的作用，可以说有什么样的价值观就有什么样的职业方向与标准。

（一）要敬业

一个人要想成就事业，敬业是第一要义，这也是对职业人最基本最普遍的道德要求。敬业，就是尊敬、尊崇自己的职业，用一种恭敬严肃的态度来对待自己的职业，珍惜岗位、勤勤恳恳、兢兢业业、忠于职守、尽职尽责。梁启超先生在《敬业与乐业》一文中曾指出：

"凡做一件事，便忠于一件事，将全副精力集中到这事上头，一点不旁骛，便是敬业。"敬业精神表现为强烈的主人翁意识、为人民服务的观念和高度负责的职业责任感，它要求从业者对待自己的工作要兢兢业业、恪尽职守、敢于负责、甘于奉献、以苦为乐，把职业当作人生中最重要的事情，时刻全力以赴、尽职尽责，把事情做到最佳。

搜狐公司总裁张朝阳说："我公司聘人的标准是敬业精神。我认为，工作是一个人自上而下的基本权利。有没有权利在这个世界上生存则看他能不能认真对待工作。对待工作的态度，我认为是个道德问题——职业道德。在美国，如果一个人本职工作做不好，就会失去信誉，他再找别的工作，做其他事情都没有可信度了，也就没有信誉和业绩。敬业精神是个比较理性的概念，但实行起来，可以明显地感觉出来，是否把工作当作自己生活中重要的事情，是否为了干好工作与别人协作好、配合好，是很容易看出来的。"

【案例点击】

日本有一位妙龄少女，步入社会的第一份工作就是刷马桶。起初她根本适应不了，当她将抹布伸向马桶的时候，本能地想呕吐，她实在不想干了。这时一位前辈没有跟她讲什么人生之路应该怎样走之类的大道理，他只是拿起抹布，一遍遍地擦洗马桶，直到擦得光亮照人。接着他用茶杯从马桶里兜了一杯水，然后一饮而尽，好像喝一杯可口可乐一样，没有一句话，却使这位少女从身体到灵魂都在震撼。她从未想到人们眼中的马桶，竟可洗得这样干净。一个马桶，竟显示出人生的最高深的哲理，只要有激情、刻苦、敬业，任何事都能创造奇迹。她痛下决心就算一生刷马桶，也要做一个最出色的洁厕人。她以这样的心态迈出人生第一步。今天，她成为日本政府的重要官员。她的名字叫野田圣子。

【案例点评】

对绝大多数人来说，要想取得成功，敬业是先决条件。但凡成功人士的背后都历经无数努力和千百倍辛苦。

（二）要诚信

"诚信"是公民基本道德规范之一。孔子曰："自古皆有死，民无信不立。"国无信不立、家无信不立、人无信不立，都显示了诚信是个人与社会、个人与个人之间相互关系的基础。要诚信就是要求大学毕业生在工作中做到诚实、守信。诚实，指忠诚正直、表里如一、说老实话、办老实事、做老实人。守信，指言行一致、说话算数、遵守诺言、不虚伪、不欺诈。

当今社会是一个讲诚信的社会。一个人良好的诚信就是进入社会的一张通行证。有了这张通行证，才能够使自己得到人们的认可，在职场中做人做事通行无阻。反之，如果没有这张通行证，将无法立足。诚信是不少企业录用人才的首要标准。信誉不好的人，会使领导不敢重用、同事不敢亲近、客户不敢合作。对于领导交代的任务，做不到的事不应夸口，应当诚实地告诉领导自己需有待提高，反而会让领导了解你的诚实可靠，不浮夸，够实在。与同事相处，诚信也很重要，对同事的承诺不应食言，经常对同事开空头支票，会得不到同事们的信任。与客户之间的交易更要讲诚信。现代市场经济条件下，诚信是顺利进行经济活动的前提和基础，如果诚信不好，将会影响自身的形象和企业的形象，就会在经济社会中失去机会。

（三）要正直

正直就是公正无私、刚直坦率，就是要求我们在处理问题时，应当站在公正的立场上，按照同一标准和同一原则办事，不偏不倚。

大学毕业生从事一定的岗位，会持有一定的工作职权。"正直"就要求大学毕业生在工作中接触各种各样的人员，处理大大小小的事物时要同一标准、同一原则，不谋职务之便、不徇私舞弊；要有公正的处事标准和原则，奉公守法、廉洁正直，维护用人单位和客户的利益。

【案例点击】

有位老锁匠技艺高超，可惜年事已高，为了不使技艺失传，他准备把手艺传给弟子。弟子甲、乙两人都异常聪明，老锁匠无法取舍，最后决定以一场考试来决定衣钵传人。考试内容就是让两个徒弟去打开两个相同的保险柜，谁用的时间最短就可能得到老锁匠的真传。徒弟甲轻而易举地打开了保险柜，乙在极短时间内也打开了，但似乎稍逊于甲。老锁匠没有立即表态，只是若有所思地问大徒弟保险柜里面有什么？徒弟甲兴奋地说里面全是钞票，一百元一张的。老锁匠接着又问乙同样的问题，乙徒弟支吾了半天，才木讷地说你只让我开锁，所以没有看里面有什么。结果，老锁匠让乙徒弟继承了衣钵。

为什么老锁匠选乙作为衣钵传人呢？老锁匠的理由是他收徒弟就是要把他培养成一个高超的锁匠，必须做到心中有锁而无其他，否则心有私念就会起贪心。因为，登门入室对锁匠而言易如反掌，如果以此为获利捷径，最终违法犯罪，害人害己。修锁的人，心上要有一把不能打开的锁。

【案例点评】

其实，无论我们涉入职场中的哪一行业，所处任何工作岗位，都需要在心中装一把不能打开的"锁"，需要坚持一定的处事原则，这就是正直。没有正直，就算一时侥幸有所成就，那也只是一时之利，不会有长久之益。

二、影响大学生职业成功的知识体系

知识是职业活动的基础，是技术能力的支撑，是整个职业历程的起点。知识结构则指一个人经过专门学习后所拥有的知识体系构成及结合情况。当今社会呈多元化发展趋势，新兴学科、新型职业不断涌现，对人才的需求也逐步向多元化、复合型方向发展，这对职业人的知识结构提出了新的要求。现代社会需要的人才不仅要知识结构合理，还要具备根据社会发展和职业具体要求，科学地组合自己所学知识以适应职业要求的能力。

合理的知识结构，并不是指知识越多就越好，而是要不断升级与更换。因为即使是同样的知识基础，由于结构不同也可以产生截然不同的属性。在当今社会，没有合理的知识结构，是很难在职业岗位上有所建树的。虽然不同的职业或同一职业的不同层次，对人的知识结构的要求各不相同，但是无论其相互间差异有多大，在其结构上都有着普遍性的要求，那就是：基础知识要宽厚，专业知识要精深。一个人要建立合理的知识结构，首先必须学习和掌握广博的知识，不仅要学习自然科学知识，还要掌握一些人文科学知识和管理方面的知识，并且要注意国内外经济发展动态，不断充实自己。此外，要多参加社会实践，积累感性认识和实践性经验，没有感性认识做基础，书本上的知识就难于掌握，也就难于应用到生产实践中去。

除了合理性，知识结构还要能够适应现代社会职业岗位的要求。现代社会职业岗位对于职业人的知识结构、科学文化素质要求越来越高。这是社会进步、经济发展、社会竞争加强的必然结果。越来越多的用人单位为适应现代社会发展的需求，为在市场经济竞争中立于不败之地，开始重视人力资源的合理配置。因此，对知识结构多样性及实用性的要求越来越强。对于职业人来说，要想适应这种环境，促成自己的职业成功，就必须在加强知识结构上多下功夫。

那么，初涉职场的大学生如何才能有效地提高职业知识体系，以尽快地适应职业要求呢，我们可以从下面两方面去努力：

（1）需根据职业岗位所要求的知识和技能来调整和完善自身所具有的知识和技能，使之适应职业岗位发展要求。大学生在校期间所建构的知识和技能是不能完全满足工作需求的，因此，还需要经过自己的主观努力，尤其在知识经济时代，知识更新的速度不断加快，所有的职业岗位都随着科学技术的进步和经济发展新阶段的要求，增加了新的内涵，不学习新技术、不更新旧知识、不建立新的理念，很难适应岗位需求。大学生应根据岗位工作需要，不断调整完善自己的知识结构和技能，以适应科技发展和职业发展的需要。同时，熟练掌握了从事职业活动所必需的岗位知识与技能，就获得了适应职业的应变能力，能独立思考和处理问题，决定自己应该做什么、如何去做，就能更好地开展工作，提高职业水平，达成职业目标，为职业成功奠定基础。

（2）需从职业的角度思考进行学习总结，总结行业的发展趋势，并思考如何将行业发展与自我发展结合起来。要了解所在行业的发展趋势，明白在这个行业里成功的一般路径是什么；了解所在的企业，知道它在整个行业中的地位，探寻它带给自己什么；明晰自己的职位在公司中所处的位置，结合公司的组织结构和运行特点，明确怎样把自己的潜力发挥到最佳。因此，要想在职业岗位上有所创造、有所发展，就必须要求养成自我"充电"的习惯，不断汲取新知识、提升新技能，树立学无止境、精益求精的意识。只有那些在工作岗位中不懈追求、永不懈怠的人，才能成为社会职业所需要的应用人才，才能在平凡的岗位上做出卓越的成绩，走出一条成功之路。

三、影响大学生职业成功的态度行为

对刚参加工作的大学毕业生来说，给人留下的印象十分重要。当别人对自己的知识、能力还不了解的时候，给别人的印象就在于言行举止之间所表现出的为人处事的态度，这个也叫作"首因效应"。从某种角度来讲，态度决定一切。而往往刚刚从学校毕业的部分大学生不太注意他们的态度与言行。他们在学校里自由散漫惯了，常常不自觉地把在学校里的这些习惯带入工作岗位中，使自己不经意间陷入一个很窘迫、尴尬的境地；而有的大学生则不同，他们十分注意工作中应有的态度和行为，一开始就赢得了先机、赢得了主动，为日后事业的发展奠定了好的基石。决定成功机会的态度如图8-1所示。

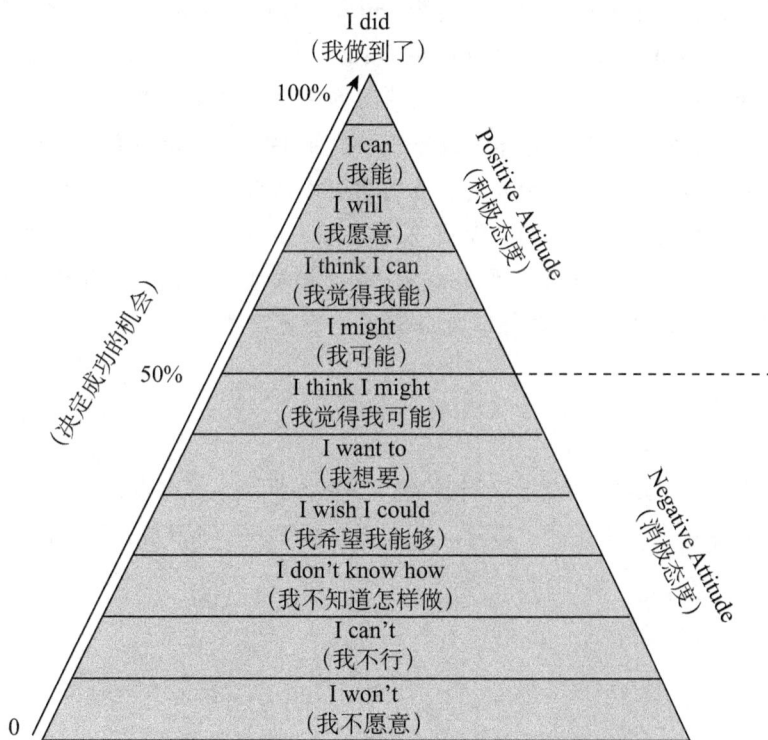

图8-1　决定成功机会的态度

（一）强烈的自信心与自我力量感

自信能使人在逆境中拥有不妥协、不放弃的坚定信念，更能令人拥有开拓进取、不断创新的勇气，它常常促使人转危为安、好梦成真。没有信心的人会变得平庸、怯懦、顺从，而拥有自信的人通常能在逆境中发挥出超常的能力，因为自信赋予了他更大的爆发力。因此，当我们遇到问题时，一定要相信自己，只有这样才能将能力发挥至最高最大，从而达成超乎预计的成果。

尽管人的能力存在差别，但只要具有自信心，相信自己的能力并将其充分发挥，善于总结经验、教训，善于改进方法和策略，那么经过主观努力之后，许多事情是能够完成的。在很多时候，可以把成功和失败归因于个人努力水平的高低和工作方法的优劣。强烈的自我力量感有助于发挥出更高的水平，自我力量的掌控程度可以对结果产生很大的影响。因此，自信心与自我力量感可以作为工作中积极的工作态度。

【案例点击】

1900年7月，德国精神学专家林德曼独自驾着一叶小舟驶进了波涛汹涌的大西洋，他在进行一项历史上从未有过的心理学实验，预备付出的代价是自己的生命。林德曼认为，一个人只要对自己抱有信心，就能保持精神和肌体的健康。当时，德国举国上下都关注着他独舟横渡大西洋的悲壮冒险，已经有一百多名勇士相继驾舟均遭失败，无人生还。林德曼推断，这些遇难者首先不是从身体上败下来的，主要是死于精神崩溃、恐慌与绝望。为了验证自己的观点，他不顾亲友的反对，亲自进行了实验。在航行中，林德曼遇到难以想象的困难，多次濒临死亡，他眼前甚至出现了幻觉，运动感觉也处于麻痹状态，有时真有绝望之感。但是只要这个念头一出现，他马上就大声自责："懦夫！你想重蹈覆辙，葬身此地吗？不，我一定能成功！"终于，他胜利渡过了大西洋。

【案例点评】

一个自信的人，也是一个敢于面对现实、不怕挫折的人。其实，人的一生之中难免有些挫折，要想事业有成，就要敢于面对现实，不怕挫折，面对困难，面对逆境，不屈不挠，百折不回。

【趣味活动】

自信培养活动：天生我材——学会欣赏自己

时间：约15分钟

准备：一张纸，一支笔

操作：指导者要求大家认真思考，并写下最欣赏自己的 7 个方面，分别是：

1. 我最欣赏自己的外表是_____；

2. 我最欣赏自己对朋友的态度是_____；

3. 我最欣赏自己对学习的态度是_____；

4. 我最欣赏自己的一次成功是_____；

5. 我最欣赏自己的性格是_____；

6. 我最欣赏自己对家人的态度是_____；

7. 我最欣赏自己做事的态度是_____。

约 7 分钟完成，然后选几个学生代表在全班交流活动的感受。

（二）积极的进取心与责任心

进取心是可以使人具有目标指向性和适度活力的内部能源，可以给予人认真而持久的工作动力，而具有进取特质的人也就具备了事业成功的心理基石；强烈的责任心可以使人能够审时度势地选择适合自己的目标，并持久地自信地追求这个目标。因此，具有积极的进取心和强烈责任心的人更容易获得事业的成功。在工作中，应尽量使自己以饱满的热情投入其中，时时以积极的进取心激励自己，并以强烈的责任感面对每一项工作，这样才能不断缩短与成功的距离。

【案例点击】

两个同龄的年轻人同时受雇于一家店铺，并且拿着同样的薪水。可是因为责任心的不同，使这两个小伙子的事业有不一样的发展。其中叫阿诺德的小伙子青云直上，而那个叫布鲁诺的小伙子却始终在原地踏步。布鲁诺很不满意老板的不公正待遇，找老板问明情况。老板出了一道题目："集市上在卖些什么？"给这两个小伙子，他们的答案却大相径庭。布鲁诺从集市上回来，向老板汇报说："今早集市上只有一个农民拉了一车土豆在卖。""有多少？"老板问。布鲁诺赶快戴上帽子又跑到集上，然后回来告诉老板一共 400 袋土豆。"价格是多少？"布鲁诺第三次跑到集上才问来了价钱。而阿诺德的表现就令老板相当满意，他经过自己的调查，把情况一并汇报说："到现在为止只有一个农民在卖土豆，一共 400 袋，价格是 ××；土豆质量很不错，我带回来一个让您看看。这个农民一个钟头以后还弄来几箱西红柿，据我看，价格非常公道。昨天西红柿卖得很快，库存已经不多了。我想，这么便宜的西红柿，老板肯定会要进一些的，所以我不仅带回了一个西红柿做样品，而且把那个农民也带来了，他现在正在外面等着回话呢。"

【案例点评】

故事中的两个小伙对待工作责任心的不同，得到的待遇也是有差异的，差异就在于前者的责任心不如后者，前者没有担当，不能独当一面，而后者正好相反，是一个让老板省心的好员工。所谓"欲立人，担责任"。大学毕业生要像阿诺德那样，在工作中成为一个有担当、能承担、敢作为的人。此外，还应严格遵守工作时间和工作制度，努力了解企业和组织文化，培养工作热情，掌握工作技能，提高工作效率。

（三）积极主动的工作热情

在工作中积极主动对于职场人士也是非常重要的。积极主动不仅表现在工作中的大事上，更表现在一些细节的小事上。有些人对于能表现自己、迅速提高自己的大事很主动积极，但对于一些细节的小事却视若无睹。实际上，从小事入手、积极主动地处理好每一件小事，既是一种思维能力，也是一种解决问题的能力，还是一种处世能力。刚毕业的大学生都存在着做事眼高手低、挑三拣四的现象。"求大"、"速成"，自我期望值过大。他们整天幻想一下子成就一番大事业，不屑于那些整理文件资料、打扫卫生这些琐碎的小事。有人将其笑称为"草莓族"，形容一些职场新人外表光鲜亮丽，"质地"却绵软无力，遇压就抵抗不住变成一团稀泥。

其实，对于刚刚走出校门的学生而言，满腔的热情，志怀高远是好事，但毕竟还没真正经历过社会的磨炼，不可能一下子就干成轰轰烈烈、惊天动地的大事。多数人还是需要从大处着眼，低处着手，每天都做着平凡的工作。因此，特别是对于刚进公司的新人，即使是小事，也不能没有眼色，遇事推诿，偷奸耍滑，有太多抱怨，而应当表现得积极主动一点，甘愿做杂人、干杂活，不起眼的工作也努力做好，给领导和同事留下一种扎扎实实、勤勤恳恳的良好印象。一旦有机会，领导才会放心让你适应更高的要求，担当更大的责任。

【案例点击】

美国标准石油公司曾经有一位小职员，他只要有机会签名时，就一定在自己签名的下方，写上"每桶4美元的标准石油"字样，不管是出差住旅馆的时候，还是书信和收据上等。也因此被同事调侃为"每桶4美元"。公司董事长知道这件事后十分感动，认为举动虽小，但却时时刻刻都主动地在宣扬公司的声誉，后来，这位小职员成了公司的第二任董事长。

《为学》篇中提到在四川的偏远地区有两个和尚，一个贫穷，一个富裕。有一天，穷和尚告诉富和尚说他想到南海去，富和尚不以为然，认为自己多年来就想租船沿着长江南下，到现在都还没做到，嘲笑穷和尚只是痴人说梦。令他没想到的是，第二年，穷和尚果真从南海归来。

【案例点评】

不同的态度带给我们的是不同的人生。人生目标有难有易，但只要积极地做了，那么，难的也会变得容易，不做的话，再容易的也变得很困难。许多事业有成的人，他们表现出强烈的工作意愿，在行为上更主动自觉。常听一句广告词"心动不如行动"，心动一百次不如行动一次。我们每天身边都会围绕着很多的机会，也会产生很多想法，但我们总是给自己找各种各样的借口而疏于行动，结果让机会和我们擦肩而过。

（四）虚心求教

毛主席说，谦虚使人进步。孔子也说，三人行必有我师。可见人无完人，任何人任何时候都一定有值得他谦虚学习的老师。身为天之骄子的大学生抑或研究生，往往自恃过高，以高学历或名校自居，放不下"身价"，全然忘记对于一个刚参加工作的人最基本的要求就是要虚心了。

初涉职场的大学毕业生能否在较短时间内站稳脚跟，在单位拥有一席之地，被同事接纳，被领导认可，不是光靠学历文凭，也不是光靠任何投机取巧的小聪明，还得靠实实在在的办事能力和工作业绩。一些大学生进入单位后，担心自己不受领导重视，就急于表现自我，往往过于张狂。这样做的后果，只会适得其反。更糟的是会使你过早地成为同事们的竞争对手，被人"隔离"。因此，即使大学毕业生思想活跃，有想法，有激情，走在社会的最前列，但由于受人生经历的限制，在许多方面尚存在许多不足之处，尤其是新到工作场所，对许多人和事还不了解，此时，理当把姿态放低一点，抱着"一切从头做起的心态"，向领导和同事请教，不论对方年龄大小，学历如何，都要虚心求教，拜人为师，树立良好口碑，赢得好感与信任。

在单位里，很少会有同事主动地将他们工作实践过程中积累起来的宝贵经验和财富传递给大学毕业生。因此，在工作中做人做事更要谦虚谨慎、戒骄戒躁，遇到棘手的问题拿不准时，不妨主动地、毕恭毕敬地向前辈请教、向周围人学习，不断吸收他人的宝贵工作经验和社会经验，提高用专业理论解决工作实践中实际问题的能力、提高人际矛盾冲突的有效化解能力、提高团结协作的意识与能力等，不断提高自身综合素质，不断消融与单位、领导和同事之间的隔膜，缩短社会适应期。

【延伸阅读】

关于心态与职业成功的格言名句

1. 发生了什么并不重要，重要的是你如何去感受所发生的事情。

2. 一个人若是对自己所做的每一件事都竭尽全力，那他必将为自己赢得越来越多的机遇。

3. 人能设想和相信什么，人就能用积极的心态去完成什么。

4. 微笑是天底下第一张通行证。

5. 没有不对这个生意感兴趣的人，只有让人不感兴趣的表达方式。

6. 人活着是一件多么美妙之事！

7. 真正的积极有时包括一种无为，一种面对现实的客观和如实接受，接受该接受的，做自己能做的，看上去很无奈，但它却是最佳的积极。

8. 人的健康是争取来的。这个争取，是心理上的积极，行为上的主动。

9. 积极心理则是树立信心的首要条件。

10. 积极与健康为伴，消极同羸弱相随。

11. 我们在一项任务刚开始时的心态决定了最后有多大的成功，这比任何其他因素都重要。

12. 态度会决定我们将来的机遇，这是行之四海而皆准的定律。

13. 你认为你行，你就行。

14. 积极的人视挫折为成功的踏脚石，并将挫折转化为机会，消极的人视挫折为成功的绊脚石，任机会悄悄溜走。

15. 他心怎样思量，他的为人就是怎样。

16. 具有积极心态的人心中常能存有光明的远景，即使身陷困境，也能以愉悦、创造性的态度走出困境，迎向光明。

17. 积极能使一个懦夫成为英雄，从心志柔弱变为意志坚强，由软弱、消极、优柔寡断的人变成积极的人。

18. 只有强烈的欲望会给你驱动力，而只有积极心态才能供给产生驱动力所需的燃料。

19. 环境永远不会十全十美，消极的人受环境控制，积极的人却控制环境。

20. 不愿冒风险的人，通常只能选择别人剩下来的东西。

四、影响大学生职业成功的人际关系

人生在世，总会遇到错综复杂的人与人之间的矛盾，也总要不断处理这样那样的人与人之间的关系，人际关系是否和谐对人的一生会产生很大的影响。良好的人际关系有利于人生目标的实现，而紧张的人际关系则会在人生道路上设置起重重障碍。

【案例点击】

江萌三个月前到一家培训公司上班。由于熟人的关系，工作经验不足的她被任命为实习经理。这本来是一个可借此发展的好机会，但她却感到从来没有过的压力。刚接过来的工作没有头绪，和公司的同事、客户又不熟悉，所以许多人都对她议论纷纷。本来性情就特别急躁的江萌脾气越发大起来，她给下属的工作时间越来越苛刻，经常要求他们加班，工作稍有不合意的地方她就会冲下属大发脾气。渐渐地，她和下属之间好像隔了一堵墙，没有人跟她交流，也没有人敢走近她。

【案例点评】

在现实生活中常常有一些人，明明工作能力很强，却因为处理不好人际关系而不断受到挫折；也有些人能力一般，但与他人保持良好的人际关系，也因此总在关键时刻获得他人的帮助，最终获得成功。可见良好的人际关系是在社会立足的基石。

在工作中建立和谐的人际关系，最主要的是要处理好与领导之间的上下级关系及与同事之间的关系。因此要从自身出发，做到以下几点。

(1) 尊重对方。每个人都渴望别人的尊重。尊重一个人，就不能因为他有不良习惯或污点而蔑视或歧视他，更不能因彼此观点、意见的不同而轻视对方甚至攻击对方。尊重对方意味着彼此平等，要承认每个人的人格与尊严都是平等的，没有高低贵贱之分。尊重对方，要以礼相待，要信任对方，要懂得保护对方的隐私。尊重对方就是尊重自己，只有在此基础上才能获得对方的尊重。

(2) 主动随和。通常情况下，谦虚随和、平易近人的人更容易受到别人的欢迎，因为他们会给人一种亲切感，使人们愿意与其交往。而性格内向、沉默寡言、不能主动与人交流的人则会带给人们一种高傲、冷漠、难以接近的感觉，这样往往会影响他人与其接近的兴趣，使其与他人的关系变得冷淡而疏远。要和别人保持良好的关系，应当主动与人交往，与大家打成一片。

(3) 真诚以对。真诚指在人际交往中，要以"真正的自我"出现。真诚是内心情感的自然流露，它建立在对人有乐观看法、对人有基本信任、对对方充满亲切和爱护的基础上，同时也建立在接纳自己、自信谦和的基础上。任何人在交往中都希望获得对方的真诚，没有人愿意与虚伪的人交往。但要注意的是，真诚不是自我发泄。在人际交往中，能谈谈自己的内心真话是使对方感到你真诚的方法之一，但要避免在对方面前发泄自己的负面情绪。

(4) 通情达理。人际交往中需要通情达理，即设身处地地理解对方，体验对方的内心世界，同时用理性去考虑和回答对方的问题。要多考虑对方的感受，学会换位思考。凡事以理为先，切不可过于自我，只从自己出发考虑问题。

(5) 平等待人。在同一个单位，人与人间的交往应当是平等互敬的。待人接物要落落大方、不卑不亢，无论是对待上级还是对待下级，既不能过于谦卑、阿谀奉承，也不可盛气凌人、欺善凌弱。不能以职务高低、年龄大小、资历深浅来决定对人的态度。只有做到一视同仁、平等对待，才可能增加交往的广度，建立良好而广泛的人际关系。

(6) 服从领导。若下级对上级的要求视若无睹、拒不执行，则会使这种机制遭到破坏，致使工作无法进行。这种现象必须杜绝。当然，上级也难免有不足，也有犯错误的时候，但无论上级有什么缺点和错误，只要是工作的时候，都应当服从他的正确领导，要明白他的正确指挥是代表单位而并非个人。因此，要尊重上级，自觉服从上级的指挥，听从上级的工作安排。对于上级的决定，如实在难以接受，应当单独找其陈述理由，而不应当众拒绝。要自觉维护上级的权威，要善于向上级学习，并与其保持密切的工作关系。

第三节 大学生职业成功的技巧

人生在世，事业为本。每一个有远大抱负的大学生在踏上工作岗位时，都有立志成才的愿望，都有宏伟的事业蓝图。一个人只有立足岗位、务实创新、勤于实践，才能尽快实现自己的人生价值。所以大学生要取得职业成功，必须及时获取职业成功的技巧与策略，并熟练运用到职场生活中。

一、职业成功的标准

职业成功的标准是人们对职业成果意义的认识和评价，它取决于人们自身的需要和愿望。既然人的需求是多种多样的，人对职业成功的评价就必然是多元化的。当我们越是关注职业成功的主观标准时，多元化的特点就越明显。我们可以将职业成功的标准概括为以下9种：

（1）财富标准：认为通过工作获得更多的经济回报，发财致富就是现代人的成功标志。

（2）晋升标准：认为职业成功就是晋升到组织等级体系高层或者在专业上达到更高等级。

（3）安全标准：渴望长时间的稳定工作，以获得职业上的安全。

（4）自主标准：强调职业成功就是在工作中自主自由，对职业和工作有最大限度的控制权。

（5）创新标准：标新立异，做出别人没有做出的事情。

（6）平衡标准：在工作、人际关系和自我发展三者之间保持有意义的平衡。

（7）贡献标准：对社会、组织、家庭做出贡献。

（8）影响力标准：在组织中、行业内、社会上有足够影响力，能够改变他人的心理和行为。

（9）健康标准：在繁重工作的压力下依然保持身心健康。

以上几种职业成功的标准不是完全独立、相互排斥的。在每一个人的心目中，职业成功的标准是一个有层次的结构，与其内在的需求体系相对应。

职业成功标准的多元性还体现在个体职业成功标准的阶段性上。在职业生涯发展的不同阶段，人们所面临的任务不同，其追求也不一样，评价也会有变化。在职业生涯的早期，养家糊口、成家立业都需要财力物力，人们可能更注重财富标准；到了中期，人们可能会更关注职业发展的机会、家庭工作平衡、自我价值的实现；而到了晚期，临近退休，人们可能更强调安全、有保障。

【趣味活动】

界定成功

活动目标：通过本活动，让同学们对成功有一个感性的了解，思考自己如何走向成功。

活动流程：

步骤1：首先问自己如下几个问题：

今年我想得到什么？ _____

五年内我想得到什么？ _____

一生中我想得到什么？ _____

某天，当我有了时间，我要干什么？ _____

若只剩下最后一天，我最遗憾的是什么？ _____

步骤2：请写下你"成功"的定义是_____

理由？ _____

回顾与总结：一般人失败的原因，便是不愿意对自己负责，总找借口，总认为是因为别人的原因使自己无法成功；总认为是因为别人不好而导致自己失败。通过仔细观察可以发现，这些失败者天天都在抱怨。但事实上，这对自己并没有任何好处。所以，假设你想要更成功的话，请从现在开始，百分之百地对自己负责。

二、职场成功关键：四种优秀素质

（一）自我认知力

对于一名追求成功的职场新人来说，无论现在处于什么状态、从事什么行业，只要能深刻地认知自己，明白自己的长处与短处，就有了成功的可能。全面、准确、深刻地认知自己是困难的，但这无疑是一种出色的能力——许多出色的职场新人共同拥有的一种素质就是：他们都清晰地知道自己的优势何在、自己能做什么、自己要往什么方向前进。在这个浮华喧器的社会中，自我认知能力能够让职场新人冷静地分析自己与外界的关系，判断自己的优势与劣势，从而清晰地找准自己的位置。

【案例点击】

华人首富李嘉诚早年生活艰苦，经历过无数磨难。少年时，他曾在香港的茶楼里做侍应生，虽然身为侍应生，但那时的李嘉诚有个远大的梦想，那就是要成为一名实业家。可是，像他这样没有后台、没有本钱的人，该怎样投身实业呢？早熟的李嘉诚自小对自我有强大的认知能力，他相信自己有做销售员的潜质，而且做销售员可以更快地积累资本，早日为自己实现成为实业家的梦想。在这种强烈的自我认知的引导下，17岁的李嘉诚大胆地迈出了新的一步，他辞掉了茶楼里安稳的工作，成为一家塑胶厂的推销员。

在辛苦的推销生涯中，尽管经历了种种艰苦困难，但李嘉诚毫不退缩，因为从 17 岁那一年，他就深刻认识到了自己的定位与能力，他相信自己的判断，相信凭着自己的潜质终会成就一番惊人事业。

【案例点评】

李嘉诚的成功，虽然有机遇的垂青，但更多是他强烈的自我认知及不懈努力的结果。

自我认知的能力对职场新人来说是如此重要。它让每一位职场新人冷静地判断、分析自己的职业发展前途，从而制订切实可行的发展方案，而不是成天抱着一夜暴富的幻想，欺骗自我，最终一事无成。自我认知也是一种成功的暗示，可以让我们在充满压力与挑战的职场生涯中，在最失望、最困难之时，依然能看到远方摇曳着的希望之灯，鼓励着我们不断努力、不断向前，最终抵达辉煌的彼岸。

（二）自激力

对于职场新人来说，自激力很多时候是一种比口才更重要的素质。口才不好可能会错失某个客户，而不懂得如何激励自己则可能导致职场生涯提前终结。

【案例点击】

日本保险界最成功的推销员原一平，因为幼时家境富裕，他从小就像个标准的小太保，叛逆顽劣的个性使他恶名昭彰而无法立足于家乡，后来家道中落，他在 23 岁时不得不离开家乡孤身到东京打天下。原一平刚刚涉足保险行业时毫无经验，不仅言辞笨拙经常得罪客户，而且由于身材矮小饱受讥笑，作为一个曾经家境富裕的贵公子，那时的生活，仿若天空一下子塌了下来。

但这一切并没有打垮原一平，贫富两重天的生活变化令他明白激励自己的重要性——在原一平的内心，他时刻为自己燃着一把"永不服输"的火，激励着他愈挫愈勇。27 岁时，原一平的业绩成为全公司之冠，并且夺取了全日本的第二名。36 岁时，原一平成为美国百万圆桌协会成员，他协助设立了全日本寿险推销员协会，并担任会长一职长达数十年。因他对日本寿险行业的卓越贡献，日本政府授予了他最高殊荣奖。

【案例点评】

原一平辉煌的职业生涯是由一连串的成功与挫折构成的，他的成功是一个自我激励、自我超越的过程。

自激力是自信心与意志力的综合体。作为职场新人，在工作中最常遇到的往往不是笑脸与鲜花，而是无穷无尽的压力与挑战。所以，对于追求成功的职场新人来说，拥有强大的自激力非常重要。这种力量使他们不再害怕压力，因为他们清楚，没有压力，就不会有辉煌成就；这种力量使他们不再畏惧挫折，因为他们对此甘之如饴，生命的乐趣就蕴涵在挑战与征服中。在职场新人的生涯中，压力与挫折是磨炼意志的修行场，自激力则是协助职场新人攀上成功顶峰的垫脚石。

（三）判断力

判断力有多重要？

【案例点击】

在 IBM 的大型主机还主宰着商业社会时，比尔·盖茨就预见到个人电脑必然会普及："让每一个家庭的每张桌子上都运行着一部电脑，每部电脑里面都运行着微软的软件。"正是这种对行业发展趋势、对市场发展方向的深刻分析能力让盖茨数度笑傲福布斯全球资产排行榜。

对于职场新人来说，判断能力就是大海航行时的方向标：在茫茫职场中，你必须能够判断出哪里有职场新人的机会，哪一些会是潜在的客户。

【案例点击】

奥姆是美国赫赫有名的职场新人"教父"，他最成功之处并不在于他的说服能力或推销技巧，而在于他独具慧眼，总能发现一般职场新人无法发现的商机。当奥姆还是保险公司一名小小的推销员时，有一次他偶然经过一家小公司，从外面看到这家公司里有十几个人正在忙碌地、跑来跑去地组装个人电脑，办公室的桌子上堆满了线路板和各种机箱。办公室虽然简陋狭小，但在奥姆看来，这家公司充满了勃勃生机，具有无限的发展潜力。

虽然奥姆服务的客户都是大公司，但这一次，他提出要见眼前这家不起眼的小公司的主管。有人把奥姆带到了一个 20 岁的年轻人面前，这个年轻人当时正在一张黑色的桌子前工作。奥姆与他详谈之后，预感到这个年轻人创建的公司会有一番大作为，奥姆说服年轻人接受了他们的保单。

但是，奥姆所在的保险公司在政策上不接纳雇员少于 50 人的公司作为投保对象，而这位年轻的家用电脑领军人物的公司只有 16 个雇员，奥姆决心挑战这个屏障，因为他有预感这家小公司一定会有大发展。

奥姆找到自己的经理和有关组织部门，以及所有他能找的人，试图破除这个政策上的限制，经历多次挫折与失败，奥姆甚至签下了"军令状"，终于使公司调整了原先的政策，接纳了这家小公司的保单。不出一年的时间，这家只有 16 名员工的小企业就发展到了拥有500名员工的大企业！而当时站在桌子前工作的那个年轻人就是迈克尔·戴尔。

【案例点评】

像奥姆一样，出色的判断能力对于职场新人来说往往是成功的起点。判断能力来自直觉与经验的结合。如果说直觉是源于个人主观的感受，那么经验则是不断学习与磨炼的结果。任何一个成功的职场新人，都必然要经受长时间的磨炼，才能练就准确的商业与社会判断力。

（四）学习力

【案例点击】

张伟是一家软件企业的IT销售经理，由于他所服务的企业客户分布在不同行业，所以经常会有各种不同的问题等待张伟解决，但张伟凭着自己快速的学习能力，在最短的时间内了解客户的企业背景与相关知识，继而提出有针对性的专业化服务，从而赢得了客户的赞誉。

有一次，张伟代表公司去参加一家大型房地产企业的软件系统招标工作。除了张伟所供职的公司之外，其他几家参与投标的IT企业都有着丰富的房地产软件系统开发经验，虽然张伟所在的公司没有这方面经验，但在业界有良好的声誉，所以招标方也邀请了他们参加。

由于面对强劲的竞争对手，且自身在这方面无充足的经验，所以张伟的领导对公司中标几乎不抱希望。但张伟却没有放弃，他认为自己的公司虽然没有房地产软件系统方面的直接设计经验，但是在其他方面的技术优势完全可以弥补这方面不足。从收到招标书到向客户介绍项目设计构想中间有一个星期的时间，在客户面前清楚地阐述自己公司的优势及对项目运营的构想是能否中标的关键。抱着尽力拼搏的信念，原先对房地产行业一无所知的张伟，找来了大量的行业资料仔细研读，连续三天三夜恶补房地产方面的知识。此外，他还根据招标方的企业发展情况，与公司的技术开发员仔细探讨系统设计的一些创新性构想与细节性问题。

一个星期下来，张伟整整瘦了一圈，但他对房地产行业已有了充分的了解。在面向客户的项目说明会上，张伟深入浅出地阐述了自己对项目运营的整体想法，他对项目运营所表现出来的专业性与理论高度使客户深深折服，最后力克群雄，赢得了合同。

在入行一年后，由于业绩骄人，张伟由一名普通的销售人员升职为大客户销售经理。在竞争激烈的销售行业中，张伟凭着出色的学习能力，成功地跨越了许多障碍，为客户提供最专业的服务，赢得了客户认可。

【案例点评】

时代不断变化，客户也在不断成长。在这个飞速发展的时代，除了变化，没有什么东西是不变的，而学习则是让职场人士了解外部世界、跟上客户步伐的最有效途径。

许多职场人认为只要经验丰富就可以应付一切，所以他们对学习的积极性并不高。这种错误的思维往往局限了他们的发展空间，令他们停滞不前。许多入行多年的职场人会发现自己虽然在某一方面有充足的经验，但达到某一高度之后就无法突破，在职业发展上难以获得更大的进展，甚至被一些更年轻的后来者超越。

究其原因，个人学习能力欠缺往往是局限其发展的重要原因。在一个瞬息万变、一日千里的商业社会中，客户的需求不断在变化，如果职场人只凭以往的经验，而没有及时、充分地更新知识，也没有去了解行业最新的发展情况，他们在面对其他准备充分的竞争对手时就容易处于劣势，同时也难以针对客户的最新需求提出最有效的解决方案。

擅长学习者不一定都是成功者，但成功者必然是擅长学习者。纵然如李嘉诚这类商业巨子，在年逾七旬之时，依然坚持每周读完三本书、几本杂志，让自己时时能了解社会发展的最新知识。而对于身处瞬息万变的社会中的职场人来说，学习新知识，了解社会、行业及客户的最新情况是一项必不可少的工作。

三、大学生职业成功的技巧

（一）加强学习，尽快成熟

列宁说过："学习，学习，再学习。"人的一生中要经历许多事情。要边干边学，干一行，学一行，爱一行。当前，科学技术在突飞猛进地发展，知识更新很快。仅仅靠在学校里学到的那些专业知识是远远不够的，所以到了工作岗位以后，一定要继续加强业务学习，不断用新的科学文化知识武装自己，这样才能不断提高自己的工作本领和工作水平。在加强业务学习的同时，还要重视和加强马克思主义理论与中国特色社会主义理论的学习。

（二）深入实际，深入群众

大学毕业生要深入实际、深入群众，坚持理论与实践相结合，坚持与工农群众相结合，把个人的前途同祖国的前途与命运紧密联系起来。实践证明，这是知识分子在祖国的建设和发展中贡献自己的聪明才智，实现自己的理想和抱负，担负起历史使命的唯一正确道路。在和工人、农民接触时，在和他们共同工作中，一定要有虚心学习的态度，并且把周围的群众团结好，才会感到愉快，否则就可能感到有些格格不入，感到自己处于孤立的状态，就会影响自己的工作和进步。当然，在群众中，在建设和改革的进程中，无疑会不断涌现出新的创造和美好的东西，但不可能一切都是美好的，也会暴露出一些消极的和腐朽的东西。要保持清醒的认识，而且要同群众一起，想办法去进行抵制和斗争。这既是对自己的考验和锻炼，也是参与改造、改善周围的工作环境和社会环境。

（三）勤于实践，勇于实践

实践是知识创新和发展的源泉，是检验真理的试金石，也是毕业生锻炼成长的有效途径。一个人的知识和能力只有在实践中才能发挥作用，才能得到丰富、完善和发展。毕业生要成才，就要勤于实践，将所学的理论知识与实践结合起来，在实践中继续学习，不断总结，逐步完善，有所创新，并在实践中提高自己现有知识、能力、智慧等因素合成的综合素质和能力，为自己事业的成功打下良好的基础。一是循序渐进，坚持不懈。做任何事，都不能操之过急。在工作中既要发挥自己的主观能动性，也不可锋芒毕露。二是勤奋努力，坚定不移。勤奋既要勤动脑，及时捕捉外界各种新信息，通过思考应用到工作中去，以提高自己的工作能力，又要勤动手，凡事不论大小应主动去做。三是要不断总结，不断提高。对于刚刚走上工作岗位的大学生，由于受到人生阅历、工作方法、工作经验等方面欠缺的影响，在工作中难免出现一些差错，但只要通过不断总结与反思，肯定成绩，纠正错误，是可以干好工作的。

（四）艰苦奋斗，自强不息

我们所从事的社会主义事业，是人类历史上最伟大的事业。因为最伟大，也就最艰苦，何况我们国家大，人口多，底子薄，地区之间发展又很不平衡。虽然从总体上说，社会主义现代化建设事业为大学毕业生提供了一展抱负、大显身手的广泛机遇，但能否抓住机遇，通过艰苦奋斗去实现自己的理想抱负，在很大程度上取决于个人。走上工作岗位后，不少人遇到的工作条件会是艰苦的，有些可能还非常艰苦。对此，要有充分的精神准备，要有不怕困难和压倒困难的决心和勇气。吃苦耐劳是我们中华民族的美德，苦能磨炼自己的毅力和志气，能使自己的精神得到升华。古人说"艰难困苦，玉汝于成"，也昭示了新一代大学毕业生必须艰苦创业，自强不息，才能有所作为。

【延伸阅读】

大学生职业成功必须具备的八大素质

1. 认同企业文化。

2. 忠诚企业团队。

3. 综合素质好。

4. 有敬业精神和职业素质。

5. 有专业技术能力。

6. 沟通能力强、有亲和力。

7. 有团队精神和协作能力。

8. 有工作激情。

参 考 文 献

[1] 柳建营，许德宽，郭宝亮. 职业生涯规划与指导 [M]. 北京：北京工业大学出版社，2004

[2] 郝凤茹. 职业精神 [M]. 北京大学出版社，2005

[3] 张再生. 职业生涯开发与管理 [M]. 天津：南开大学出版社，2003

[4] 程社明. 你的船你的海：职业生涯规划 [M]. 北京：新华出版社，2007

[5] 汪莉. 职业生涯规划与管理 [M]. 北京：中国华侨出版社，2008

[6] 孟娟. 谋职：职业规划中的 9 个设问 [M]. 北京：中国物资出版社，2009

[7] 王荣发. 职业发展导论：从起步走向成功 [M]. 上海：华东理工大学出版社，2004

[8] 古剑，邢晓理. 职业发展与自我经营 [M]. 济南：山东人民出版社，2009

[9] 黛安娜·达林. 职场人脉 [M]. 章佳，译. 北京：中信出版社，2006

[10] 凌晓萍，蒋家胜. 就业指导实务 [M]. 北京：北京理工大学出版社，2007

[11] 周睿祺. 职业院校毕业生就业指南 [M]. 北京：化学工业出版社，2008

[12] 陈刚，彭建华. 大学生就业与创业 [M]. 杭州：浙江大学出版社，2005

[13] 杨丽敏. 职业生涯规划与就业指导 [M]. 昆明：云南大学出版社，2005

[14] 宋专茂. 大学生就业心理辅导 [M]. 广州：暨南大学出版社，2004

[15] 史广政. 大学生就业指导教程 [M]. 北京：经济日报出版社，2005

[16] 郭训武. 大学生就业与创业教程 [M]. 北京：中国人民大学出版社，2005

[17] 段玉强. 大学生就业指导 [M]. 北京：中国经济出版社，2005

[18] 王海棠. 大学生就业指导教程 [M]. 北京：北京大学出版社，2009

[19] 黄炜，岳素娜，张才纯. 大学生就业不难 [M]. 北京：科学出版社，2008

[20] 汤习成. 就业与专业技能指导 [M]. 北京：中国劳动社会保障出版社，2007

[21] 蒋爱丽. 伴随你成长：大学生就业咨询实录 [M]. 北京：机械工业出版社，2008

[22] 陈春法. 就业辅导：基于对高职生就业力的提升 [M]. 北京：人民出版社，2007.9

[23] 哈伯德. 更美好的人生：给年轻人的职业忠告 [M]. 北京：中国档案出版社，2006

[24] 吴成林. 职场情商：职业人士成功素养 [M]. 北京：新华出版社，2006

[25] 张丽宏，张丽娟. 职业道德与就业创业指导 [M]. 北京：机械工业出版社，2008

[26] 约翰·麦那. 创业高手：了解你自己的创业基因 [M]. 李璞良，译. 北京：知识出版社，2004

[27] 常桦. 意志决定成败 [M]. 武汉：武汉大学出版社，2006

[28] 杨泰."大学生就业难"问题分析与对策研究 [D]. 长春：东北师范大学，2005

[29] 奉海英. 大学生就业政策及保障体系研究 [D]. 长沙：湖南师范大学，2009

[30] 高霞光. 高校女大学生就业现状分析与对策研究——基于女大学生就业期望的视角 [D]. 武汉：华中农业大学，2009

[31] 吴立保. 社会资本与大学生就业的实证研究综述 [J]. 扬州大学学报（高教研究版），2011（3）

[32] 刘春雷，于妍. 大学生就业压力和就业挫折研究概述 [J]. 吉林师范大学学报（人文社会科学版），2011（1）

[33] 李胜强，李虹，金蕾莅. 大学生就业压力的类型及分析 [J]. 清华大学教育研究，2011，32（2）

[34] 黄敬宝. 中国大学生就业问题研究综述 (2009—2011 年)[J]. 经济研究参考，2012（36）

[35] 杨林，王惠婷. 转型发展高校统计学专业人才培养模式探究 [J]. 中国校外教育，2014（33）

[36] 王颖. 浅谈高校职业生涯规划的发展和必要性 [J]. 科技资讯，2014（28）

[37] 马远. 高校大学生对其专业满意情况的探讨分析 [J]. 内江科技，2014（35）

[38] 李付俊，孟续铎. 我国产业转型升级下的高校毕业生就业——研究回顾与展望 [J]. 人口与经济，2014（6）

[39] 张扬，应若平. 中国高校毕业生就业问题研究 [J]. 湖南农业大学学报（社会科学版），2005，6（5）

[40] 卢倩. 当代大学生就业现状分析——从 3000 名大学生应聘清洁工谈起 [D]. 郑州：河南大学，2013

[41] 姜岩，樊立三，宋瑞梅. 马斯洛需求理论下大学生就业价值取向分析 [J]. 山东工商学院学报，2015（2）

[42] 江能兴. 高职毕业生求职途径的调查分析 [J]. 广东交通职业技术学院学报，2010，9（3）：111-112，115

[43] 唐忠明. 毕业生求职策略与技巧 [J]. 新课程研究（职业教育），2007，10

[44] 童绥勇. 大学生就业心理问题表现与调适 [EB/OL].[2015-05-15].http://uzone.univs.cn/blog/blog_4468016_gzufzg8e60o12fri8e61.html